新时代大学生
创新创业

微课版

尚德峰 赵晓晶 ◎ 主编

闵强 张楠 陈婉秋 郭宇 杨锏翔 梁晨 ◎ 副主编

人民邮电出版社

北 京

图书在版编目（CIP）数据

新时代大学生创新创业：微课版 / 尚德峰，赵晓晶
主编. -- 北京：人民邮电出版社，2023.9
ISBN 978-7-115-62473-4

Ⅰ. ①新… Ⅱ. ①尚… ②赵… Ⅲ. ①大学生－创业
－高等学校－教材 Ⅳ. ①G647.38

中国国家版本馆CIP数据核字(2023)第148103号

内 容 提 要

本书立足当前大学生创新创业实践的需求，以培养创新型人才为目标，对大学生创新创业的相关知识进行了全面而详尽的阐述，丰富大学生创新创业知识储备，激发大学生的创新创业意识，为大学生提高创新创业能力提供指导。本书分为理论篇、方法篇、实战篇和案例篇，内容包括创新与创业、创新创业思维、识别创业机会与风险、自我认识与团队建设、设计商业模式、整合创业资源、项目计划书的撰写与项目路演、新企业的创办与管理、创新创业大赛实践、经典案例解读及"互联网+"案例的启示。

本书既可作为高等院校大学生创业类课程的教材，也可供有志于创业的人士参考。

◆ 主　　编　尚德峰　赵晓晶
　　副主编　闵　强　张　楠　陈婉秋　郭　宇　杨铜翔　梁　晨
　　责任编辑　李媛媛
　　责任印制　王　郁　胡　南
◆ 人民邮电出版社出版发行　　北京市丰台区成寿寺路 11 号
　　邮编　100164　电子邮件　315@ptpress.com.cn
　　网址　https://www.ptpress.com.cn
　　天津千鹤文化传播有限公司印刷
◆ 开本：787×1092　1/16
　　印张：12.75　　　　　　　　2023 年 9 月第 1 版
　　字数：375 千字　　　　　　　2025 年 8 月天津第 6 次印刷

定价：48.00 元

读者服务热线：(010)81055256　印装质量热线：(010)81055316
反盗版热线：(010)81055315

随着创新创业受到社会各界的广泛关注，创新创业型人才培养已成为各高校教育改革的重要方向。党的二十大报告提出："必须坚持科技是第一生产力、人才是第一资源、创新是第一动力，深入实施科教兴国战略、人才强国战略、创新驱动发展战略，开辟发展新领域新赛道，不断塑造发展新动能新优势。"高校作为为社会输送人才的重要场所，在对大学生进行创新创业教育方面具有义不容辞的责任。

从国家发展的角度看，当代国与国间的竞争，不仅是创新科学技术的竞争，也是人才的竞争。大学生作为国家、社会的建设者和接班人，其创新创业素质的水平对我国的创新进程的发展起着关键性作用。大学生应积极承担历史使命，积极主动提升自己的创新创业素质，为我国综合国力和国际竞争力的提升提供源源不竭的动力。

从个人发展的角度看，创新创业是具有社会价值和经济价值的实践活动，能激发大学生的活力，锻炼大学生的能力，帮助大学生发现人生的意义，实现个人价值。因此，大学生有必要充分认识创新创业的重要性，主动投身创新创业实践。

一、本书的内容

本书针对大学生创新创业的实际需求和目前社会形势，对大学生创新创业必备的知识进行了详细介绍，以帮助大学生展开创新创业实践。本书分为理论篇、方法篇、实战篇和案例篇。

理论篇：立足当前社会创新创业发展的现状，对创新、创业及创新创业思维的知识进行了介绍，为大学生开展创新创业活动提供理论指导。

方法篇：立足大学生实际创业的需要，对识别创业机会与风险、分析自我和组建创业团队、设计商业模式和整合创业资源等内容进行介绍，具有较强的实用性与指导性，有助于大学生做好充足的创业准备。

实战篇：以大学生落实创业项目为依据，主要对撰写项目计划书、路演、开创企业、管理新创企业、参与创新创业大赛等内容进行介绍，可促进有志于创业的大学生顺利完成参与大学生创新创业比赛、获取创业投资、开办和管理新创企业等创业实践。

案例篇：以不同企业、团队的创业经历为主，对一些创业的经典案例和其他"互联网+"案例进行详细阐述，有助于大学生从各种创新创业案例中学习经验，得到启迪。

二、本书的特点

作为大学生创新创业的指导教材，本书具有以下特点。

（1）切合实际。本书以当前社会情况为大背景，对大学生创业活动的全流程可能面临的问题和需要了解的知识都进行了较为全面的阐述，以满足大学生学习和实践的实际需求。

（2）结构合理。本书在体例结构和内容安排上符合创新创业实践的一般规律，有助于大学生带着目标学习，学完后大学生也可以通过课后练习巩固相关知识。

（3）案例丰富。本书附有大量案例，包括每章开头的引例和正文中的精选案例，这些案例涉及大学生创新、创业的诸多方面，具有较强的可读性和较高的参考价值，大学生可以从中得到感悟并吸取经验教训。

（4）比赛案例和行业案例分析。本书对中国国际"互联网＋"大学生创新创业大赛和"创青春"中国青年创新创业大赛等赛事中获得奖项的真实案例进行具体分析，还对一些知名企业、品牌和行业案例进行分析，不仅可以使大学生得到启发，还能够学以致用。

本书由尚德峰、赵晓晶任主编，张楠、闵强、陈婉秋、郭宇、杨锎翔、梁晨任副主编。本书编写过程中参考和使用了有关资料，在此谨向这些资料的作者致以诚挚的谢意。

编者

2023 年 5 月

目录

CONTENTS

理论篇

学习提示

创新创业理论篇立足于当前社会创新创业发展的现状，介绍创新、创业与创造的内涵，以及创新思维与创业思维的培养方法等内容，是大学生开展创新创业活动的理论基础。通过学习与掌握这些知识，大学生可以深入了解创新创业活动的重要价值，为后续人生发展规划做好准备。

本篇内容

项目一　创新与创业

（1）知识目标：了解创新、创业的内涵，掌握创新型人才应具备的素质，了解创业的类型和过程，了解创新与创业的关系。

（2）技能目标：能够认识创新创业的时代背景和重要性，发现生活中的创新、创业元素，并能积极做出相应的尝试。

（3）素质目标：能够意识到创新创业对社会发展的重要价值，树立正确的创新意识，培养良好的创新素质，同时激发自己创新、创业的主观能动性。

引例

学业与创业——大学生李成的网络创业路

初上大学时的迷惘与选择

李成高中时学习不太认真，高考成绩一般，没有考上本科高校，成了一名专科生。学习期间他喜欢钻研计算机与数码产品，坚持学习计算机编程与网页网站制作，形成了自己的特长。毕业前，李成感到自己的学历低，无法找到合适的工作，决定努力学习要上本科。

入读本科后的创新行为

经过努力，李成顺利通过专升本考试，考上了华北水利水电大学的市场营销专业。经历过专升本考试，他感到在备考过程中自己遇到的问题，也是专升本考生普遍面临的问题。比如考试信息获取不及时，不知道自己能报考的专业和对应的考试科目，当需要查询信息时就要找到专业一个个进行文件检索，很不方便。然后他产生了一个念头：能否通过计算机完成信息的检索，方便考生进行查询呢？在考试结束后的暑假期间他就着手搭建这样一个信息检索和发布的网站，网站的第一个功能是专业对照与考试科目查询，访问者可以通过输入自己的专科名称查询可以报考的本科专业与对应的考试科目，他将这个网站命名为河南专升本网。

创建了河南专升本网以后的几年中，李成边上学边运营网站，经过几次比较大的升级改版，网站功能越来越完善。从最初使用别人的模板简单搭建的网站到后来自己开发程序重写网站，这个过程既是网站的发展历程，也是他个人开发能力不断提升的过程。

毕业后的创业行为

随着时间的推移，李成毕业了，他也发现随着移动互联网时代的到来，越来越多的用户习惯于使用手机获取信息，网页访问量出现了明显的下降。针对用户习惯的改变，作为一个服务网站，也要适应用户的新习惯，于是他开办公司，招聘人手，进入正规运营，同时将网站改为移动端的页面，创建了微信公众号——汇筑教育。经过几年的精心维护，新的公众号已经成为河南专升本考生获取考试信息的主要渠道。数据检索功能也从最初的专业对照与考试科目查询扩展到了专升本数据的全方位查询，同时开发了新的程序，可以对考生志愿进行录取预测。这些功能都极大地方便了河南专升本考生的备考，成为考生必备的掌中数据库。

商业思维与社会公益服务意识

随着网站功能的增加，河南专升本网的关注人数越来越多，数以十万计的学生在免费使用网站的数据资源，同事多次建议李成对学生数据资源的使用进行收费，哪怕每个学生支付一笔小小的费用，总额都会很大。然而李成坚决不同意，在他看来，公司开发的河南专升本网并不是一个单纯的商业网站，而是集商业性与公益性为一体的平台。他最初着眼于公益视角，发现市场的痛点，解决用户的困难。虽然现在建立公司进行创业，但他觉得，对于平台的经营者而言，最重要的是保有一颗初心，时刻充满服务意识，不要忘记自己的公益初衷，才能使平台发展得越来越好。

随着平台越来越大，用户越来越多，在公益服务的同时也逐渐出现了一些商机，很多广告商接踵而来，有不少公司和单位来找李成合作，希望能进行网络宣传与推广，这产生了不少收益，而面向学生免费，则一直是公司的底线。

【做一做】

试着关注河南专升本网的微信公众号——汇筑教育，看具体的功能中哪些是创新点。

创新是促进社会进步、经济发展和时代更替的核心动力，是国家得以振兴、强大的灵魂。不管是技术创新，还是产品与服务创新，都能推动企业的进步与发展，通过创新促进企业创造更多收益与价值，是从宏观层面为社会创造价值，服务社会。大学生应当认识创新的重要价值，充分发挥自己的创新优势，了解创新、主动创新、锐意创新。

任 务 一 解读创新

党的二十大报告提出"必须坚持守正创新"，只有创新才能把握时代、引领时代。国家更是早就发出了"大众创业、万众创新"的号召，这充分说明国家对创新的重视。

创新是人类文明发展的重要推动力，纵观世界发展史，人类文明发展的每一步都有创新的影子，从使用火、创造工具、发明语言和文字到两次工业革命、信息技术的发展和经济的全球化，整个过程都离不开创新的引导。大学生作为最具活力与潜力的群体，必然要响应国家号召，投身创新创业，绽放无限美好的人生。大学生除了要对创新创业保持较高的热情，也要认真地了解创新、创业的相关概念与内涵。

一、创新的含义

"创新"（innovation）一词起源于拉丁语，包括3层含义：一是更新，意为替换原有事物；二是创造新事物，意为创造未曾有过的事物；三是改变，意为对原有事物进行改造。从这3层含义不难看出，创新是人类特有的认识能力和实践能力，创新活动是人类特有的活动，人类通过发挥自身的主观能动性对整个客观世界进行改造，从而创造新的事物和理念，修正、补充旧的事物和理念。

总的来说，要理解创新的含义，首先要明确创新的基本内容，也就是创新的主体、创新的客体、创新的过程、创新的核心、创新的结果及创新的作用等。

（1）创新的主体。创新的主体指具有创新能力并实际从事创新活动的人或社会组织。

（2）创新的客体。创新的客体指客观世界，包括自然社会科学、人类的思维规律、社会环境及生活环境等。

（3）创新的过程。创新的过程指不断拓展和改变对客观世界认知与行为的动态活动。

（4）创新的核心。创新的核心是创新思维，指人们的思维不断向有益于个体或组织发展的新方向或使其更有效的方面变化。

（5）创新的结果。创新的结果包括两种：一种是物质的，如蒸汽机、计算机等；另一种是非物质的，如新思想、新理论和新经验等。

（6）创新的作用。简单地讲，创新的作用是满足个体或组织生存与发展的需要。

我们可以通过一个简单的示例认识创新。例如，袁隆平及其团队对水稻品种进行了筛选、杂交育种和试验种植等一系列创新尝试，利用不同品种之间的优势互补，成功培育出了实用高产杂交水稻品种"南优2号"，从而大大提高了水稻产量和质量，为解决世界粮食短缺问题，推动中国农业现代化发展做出了重要贡献。从该创新活动中可看出创新的6项内容及其关系。其中，创新的主体是"袁隆平及其团队"，创新的客体是"水稻"，创新的过程是"对水稻品种进行筛选、杂交育种和试验种植等一系列创新尝试，利用不同品种之间的优势互补，成功培育出高产杂交水稻品种"，创新的核心是"筛选、杂交育种和试验种植等一系列创新尝试"，创新的结果是"南优2号"，创新的作用是"大大提高了水稻产量和质量，为解决世界粮食短缺问题，推动中国农业现代化发展做出了重要贡献"。

从经济领域的角度来说，美国经济学家约瑟夫•熊彼特在其1912年的著作《经济发展理论》中直接将"创新"一词引入该领域。在该书中，"创新"是指将新的生产要素和生产条件重新组合后引入生产体系，即"建立一种新的生产函数"。在经济领域，创新包含产品、生产、市场、资源和组织5个方面的内容。

（1）采用一种新的产品，即消费者还不熟悉的产品或某种产品的一种新品质。

（2）采用一种新的生产方法，即制造部门在实践中尚未知悉的生产方法，这种新的方法不需要建立在科学新发现的基础上；这种生产方法可以体现为商业上对一种商品进行新的处理。

（3）开辟一个新的销售市场，也就是相关国家的相关制造部门以前不曾进入的市场，这个市场以前可能存在，也可能不存在。

（4）获得原材料或半制成品的一种新的供应来源，无论这种供应来源是否已经存在（过去没有注意到或认为无法进入），还是需要创造。

（5）实现一种新的组织，如形成一种垄断地位或打破一种垄断地位。

熊彼特的这种说法影响非常广泛，很多研究者在此基础上对创新做了进一步的研究与解读，取得了很多成果。总体来说，我们这样概括：对创业者而言，创新是创业者着眼于市场潜在的盈利机会，或技术的潜在商业价值，为了获取现实效益，对生产要素和生产条件进行新的组合，提升生产经营体系的效率，从而推出新的产品、新的生产（工艺）方法，开辟新的市场，获得新的原材料或半成品供给来源或建立企业新的组织的过程。企业创新是包括科技、组织、商业和金融等一系列活动的综合过程。

二、"大众创业、万众创新"的时代背景和意义

自"大众创业、万众创新"理念提出以来，我国迎来了全面发展的创新创业新时期，"大众创业、万众创新"逐渐成为我国经济发展新动力的重要组成部分。在创新创业的时代浪潮中，越来越多的大学生和社会人士投身于创新创业活动与实践之中。那么什么是"大众创业、万众创新"呢？

（一）"大众创业、万众创新"的时代背景

2014年9月，在天津举行的世界经济论坛新领军者年会（又称夏季达沃斯论坛）首次提出"大众创业，万众创新"这一概念，指出我国要借改革创新的东风，在我国960多万平方千米的土地上

掀起一个"大众创业""草根创业"的新浪潮，形成"万众创新""人人创新"的新态势。"夏季达沃斯论坛"是高规格的经济论坛，受到各国政府与经济界的广泛关注，"大众创业，万众创新"一经提出，迅速引了巨大反响。

2015年，国务院印发《关于大力推进大众创业万众创新若干政策措施的意见》，明确要创新体制机制，实现创业便利化；要优化财税政策，强化创业扶持；要搞活金融市场，实现便捷融资；要扩大创业投资，支持创业起步成长；要发展创业服务，构建创业生态；要建设创业创新平台，增强支撑作用；要激发创造活力，发展创新型创业；要拓展城乡创业渠道，实现创业带动就业；要加强统筹协调，完善协同机制。

2020年，国务院继续推出4条举措力促大众创业、万众创新，一要加大对创业创新主体的支持，二要鼓励双创示范基地建设大中小企业融通、跨区域融通发展平台，三要鼓励金融机构开展设备融资租赁和与创业相关的保险业务，四要实施创业带动就业示范行动，推动企业、双创示范基地、互联网平台联合开展托育、养老、家政、旅游、电商等创业培训，引导择业观念，拓展就业空间。

自"大众创业，万众创新"提出以来，我国先后提出了多项举措，以推动创新创业的发展。当前，我国的经济结构正处于重要转型期，更应该进一步解放思想，坚持创新驱动，为有创业需求的人提供自主创新创业的空间和环境，培养整个社会的创新创业精神，促进我国经济的新增长。

（二）"大众创业、万众创新"的深刻意义

国务院印发的《关于大力推进大众创业万众创新若干政策措施的意见》指出，推进大众创业、万众创新，是发展的动力之源，也是富民之道、公平之计、强国之策，对于推动经济结构调整、打造发展新引擎、增强发展新动力、走创新驱动发展道路具有重要意义，是稳增长、扩就业、激发亿万群众智慧和创造力，促进社会纵向流动、公平正义的重大举措。

（1）推进大众创业、万众创新，是培育和催生经济社会发展新动力的必然选择。随着我国资源环境约束的日益强化，要素的规模驱动力逐步减弱，传统的高投入、高消耗、粗放式发展方式难以为继，经济发展进入新常态，需要从要素驱动、投资驱动转向创新驱动。推进大众创业、万众创新，就是要通过结构性改革、体制机制创新，消除不利于创业创新发展的各种制度束缚和桎梏，支持各类市场主体不断开办新企业、开发新产品、开拓新市场、培育新兴产业，形成小企业"铺天盖地"、大企业"顶天立地"的发展格局，实现创新驱动发展，打造新引擎、形成新动力。

（2）推进大众创业、万众创新，是扩大就业、实现富民之道的根本举措。第七次全国人口普查公报显示，我国人口已达到141 178万人，每年的高校毕业生、农村转移劳动力、城镇困难人员、退役军人数量较大，人力资源转化为人力资本的潜力巨大，但就业总量压力较大，结构性矛盾凸显。推进大众创业、万众创新，就是要通过转变政府职能、建设服务型政府，营造公平竞争的创业环境，使有梦想、有意愿、有能力的科技人员、高校毕业生、农民工、退役军人、失业人员等各类市场创业主体"如鱼得水"，通过创业增加收入，使更多的人富起来，促进收入分配结构调整，实现创新支持创业、创业带动就业的良性互动发展。

（3）推进大众创业、万众创新，是激发全社会创新潜能和创业活力的有效途径。推进大众创业、万众创新，就是要通过加强全社会以创新为核心的创业教育，弘扬"敢为人先、追求创新、百折不挠"的创业精神，厚植创新文化，不断增强创业创新意识，使创业创新成为全社会共同的价值追求和行为习惯。

三、国家创新体系与科教兴国战略

创新是一个民族进步的灵魂，是国家兴旺发达的不竭动力。早在2006年，国务院颁布的《国家中长期科学和技术发展规划纲要（2006—2020年）》就提出了将建设创新型国家作为面向未来的重大战略选择。2019年，我国已步入创新型国家的行列。2022年，党的二十大报告提出加快实施创新驱动发展战略，实施科教兴国战略，强化现代化建设人才支撑，更进一步强化了创新在我国现代化建设全局中的核心地位。目前，持续推动我国创新体系建设、促进科教兴国战略的实施与落实，仍是国家发展过程中的重点。

1 国家创新体系

1987年，英国学者弗里曼（Freeman）率先使用了"国家创新体系"这一概念。20世纪90年代以后，国家创新体系逐渐发展为一个新的研究领域。1997年，中国科学院向党和国家提交了《迎接知识经济时代，建设国家创新体系》的报告，提出了关于国家创新体系的概念：国家创新体系是由与知识创新和技术创新相关的机构和组织构成的网络系统，其主要组成部分包括企业（大型企业集团和高技术企业为主）、科研机构（包括国立科研机构、地方科研机构等）和高等院校；广义的国家创新体系还包括政府部门、其他教育培训机构、中介机构和起支撑作用的基础设施等。

根据国家创新体系的定义，可以分析出国家创新体系构成的两个重要内涵。首先，国家创新体系涵盖与创新相关的各类机构，包括企业、科研机构和高等院校；其次，国家创新体系的构成还受制度、政策等因素的影响。从这个角度分析，国家创新体系的构成主要包括4个方面，如图1-1所示。

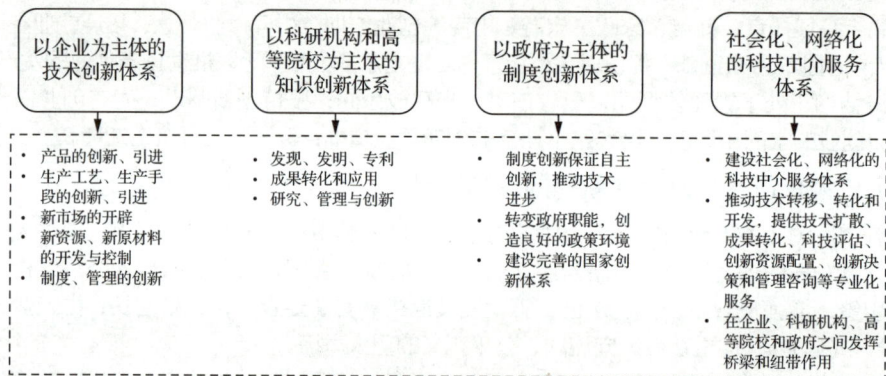

图1-1　国家创新体系的构成

随着我国创新型国家战略的不断推进，科技创新的重要性日益突出，并被提升到前所未有的高度。党的十九届五中全会通过的"十四五"规划建议，提出了我国"十四五"期间4个方面的重要内容——强化国家战略科技力量、提升企业技术创新能力、激发人才创新活力、完善科技创新体制机制。全会提出到2035年基本实现社会主义现代化的远景目标，其中包括"关键核心技术实现重大突破，进入创新型国家前列"。

根据2023年政府工作报告，2023年我国关于科技创新发展的目标是"科技政策要聚焦自立自强，也要坚持国际合作。完善新型举国体制，发挥好政府在关键核心技术攻关中的组织作用，支持和突出企业科技创新主体地位，加大科技人才及团队培养支持力度"。工作重点包括"加快建设现代化产业体系。强化科技创新对产业发展的支撑。持续开展产业强链补链行动，围绕制造业重点产业链，集中优质资源合力推进关键核心技术攻关，充分激发创新活力。加强重要能源、矿产资源国内勘探开发和增储上产。加快传统产业和中小企业数字化转型，着力提升高端化、智能化、绿色化水平。加快前沿技术研发和应用推广，促进科技成果转化。建设高效顺畅的物流体系。大力发展数字经济，提升常态化监管水平，支持平台经济发展"。另外，在推动发展方式绿色转型的工作任务方面，要落实"推进能源清洁高效利用和技术研发，加快建设新型能源体系"等工作重点，也需要创新作为支持。根据党的二十大报告精神，增强自主创新能力，提升国家创新体系整体效能，形成具有全球竞争力的开放创新生态，是未来建设的重要内容。

2 科教兴国战略

科教兴国是指全面落实科学技术是第一生产力的思想，坚持教育为本，落实创新地位，把科技和教育摆在经济、社会发展的重要位置，增强国家的科技实力及向现实生产力转化的能力，提高全民族的科技文化素质，把经济建设转移到依靠科技进步和提高劳动者素质的轨道上来，加速实现国家的繁荣强盛。

（1）科教兴国战略的提出

党的十四届五中全会正式将科教兴国战略确立为我国重要发展战略以后，我国先后发布了以下战略：优先发展教育，实施教育改革；深化体制改革，促进科技、教育与经济相融合；树立创新意识，建设国家创新体系；重视和加强科普工作；增强自主创新，建设创新型国家；优先发展教育，建设人力资源强国；构建以自主创新为主的中国特色创新模式。

《中华人民共和国国民经济和社会发展第十四个五年规划和 2035 年远景目标纲要》提出，坚持创新在我国现代化建设全局中的核心地位，把科技自立自强作为国家发展的战略支撑，面向世界科技前沿、面向经济主战场、面向国家重大需求、面向人民生命健康，深入实施科教兴国战略、人才强国战略、创新驱动发展战略，完善国家创新体系，加快建设科技强国。

（2）实施科教兴国战略的意义

科教兴国战略作为我国一项重要的发展战略，对增强我国综合国力，实现我国社会主义现代化，发展我国社会主义制度，促进我国经济社会的繁荣，实现中华民族伟大复兴具有非常重要的意义。在知识经济时代，各国政治、经济、军事等领域的竞争都是知识、科技的竞争，我国要实现政治、经济、军事的崛起与腾飞，就必须重视科技和教育，以教育促进科技发展，从而推动社会经济的发展和进步。社会主义制度是实现国家富强的有力武器，而依靠科教兴国战略，发挥科技和教育的力量与优势，可以快速推动我国生产力的发展，实现人民的共同富裕，推动社会主义制度更好的发展。

四、创新的类型

创新作为人类独有的创造性行动，具体的表现形式多种多样，涉及自然、人文、社会各个方面。根据创新类型的不同，可将创新分为思维创新、产品创新、服务创新等多种类型，这些创新类型相互联系与影响，也可作为独立的体系存在。大学生作为创新的主力实践者，应该了解创新的类型及相关知识，便于受到启发。

（一）思维创新

思维是人类独有的高级认识活动，其作用是通过探索与发现事物的内部本质联系和规律认识事物。思维创新是指以新颖独创的方法解决问题的思维，即突破现有的习惯性的思路，转而以超常规，甚至反常规的方法或角度思考问题，从而得出与众不同的解决方案，产生新颖、独到、有社会意义的思维成果。从这个角度看，思维创新是一切创新的前提。思维的创新是建立在破除思维定式基础上的。近年来，越来越多的高校开通了思维创新课程，如 Triz 创新思维训练等系列课程，这充分表明高校教育对思维创新的重视。

★谈一谈　科幻小说最大的特点是创新。在写作过程中，只有大胆地想象和创意，才能创作出好的作品，比如《三体》一书中提到的"黑暗森林法则"。这个概念很有意思，能使读者深入思考人类与外星文明的关系。谈一谈你最近看过的科幻小说或科幻类电影，其中包括哪些思维创新点。

（二）产品创新

产品创新指提出一种能满足用户需求或解决用户难题的新产品，是满足目标用户需求的有效手段。产品创新主要表现为两种：一是全新创新，指创造一个全新的产品以满足市场需求；二是改进产品的创新，即对以前某种产品的形式进行适当改变，从而适合当前或以后的需求。

（三）服务创新

服务创新是使潜在用户感受到不同于以前的新内容，将新的设想、新的技术手段转变为新的或改进的服务方式。服务创新属于理念创新，是贯彻用户导向服务理念的一个重要方面。用户的需求和期望是不断变化的，因此要不断地进行服务创新，以新的服务满足用户新的需求和期望。用户有时购买的不仅仅是商品，更重要的是商品的附加价值和服务体系。

服务创新的内容包括实现全新功能的服务创新，针对同一功能提出不同实现方式的服务创新，以及以提高效率、降低成本为目的的服务创新等。

通过服务创新走向成功——胖东来

胖东来是河南省一家知名的零售企业，从一个40平方米的小卖部发展到拥有数千名员工的商业巨头，胖东来贴心周到的服务在其中发挥了重要作用。

1995年，负债数十万元的于东来用借的钱租了一家小门店，开起了一家小杂货铺，取名望月楼胖子店，这就是胖东来的前身。当时，一些商家以次充好、售卖假货等换取高额利润，但于东来意识到只有真货、货美价廉的商品才是顾客真正需要的，只有坚持卖真货才能占领市场，于是于东来提出"用真品，换真心"的理念，贯彻"比别人价格便宜点、态度好点"的朴素经营理念，凭借独特的承诺和实实在在的商品与服务，赢得了顾客的信任，初步塑造了胖东来货真价实的市场形象。1997年，望月楼胖子店正式更名为胖东来烟酒有限公司。

1999年，胖东来将量贩业态引入许昌，其名牌服饰量贩开业，推出免费干洗、熨烫、缝边等超值服务项目，并在其7个连锁店同时落实"不满意就退货"的全新经营理念，由此形成完整的"用真品换真心、不满意就退货"的品牌服务营销理念。即便当时出现了不少恶意退货现象，但于东来依然坚持为顾客提供这一贴心的服务。与此同时，胖东来还推出了包括存车、打气、饮水等在内的免费服务。无论电器产品是否购于胖东来，如果一时难以修好或排在等待名单靠后位置，为了不耽误使用，胖东来都会准备常用小家电让顾客拿回家使用。一些高端电子产品在许昌没有维修点，胖东来就代顾客去郑州维修，除厂家维修点收取的维修费用外，跑路费等胖东来分文不取。在胖东来或许昌其他商店买不到的商品，胖东来原价代购，不加费用。这些服务抓住了顾客的心。凭借优秀的服务和良好的口碑，胖东来的营业额直线上升，企业的经营领域也进一步扩大，集购物、休闲、餐饮、娱乐于一体的大型综合超市——"胖东来生活广场"、胖东来服饰鞋业大楼、胖东来园林公司、胖东来家居馆、胖东来电器城、时代广场等陆续开业。其中，胖东来的优质服务作为吸引顾客的强大武器，为胖东来赢得顾客信赖，并在此后发展为涉及众多领域的大型商贸集团提供了诸多助力。胖东来始终把顾客的利益与需求放在首位，最大限度地让利于顾客，给予顾客极致的消费体验，包括如下方面。

（1）胖东来的顾客可享受"不满意就退货"，也就是"无理由退货、无条件退货"，不管消费者是对商品的颜色、款式、质地、价格等商品特征不满意，还是仅仅出于自身原因，只要在商品售出三天内，胖东来不问原因马上办理退货。

（2）胖东来承诺"7日内商品正常调价，给予退差价"。

（3）胖东来建立了较为完善的售前、售中、售后服务体系，服务项目多达上百个，而售后服务中有18个免费，如免费存车、免费打气、免费提供修车工具、免费存包、免费为手机充电、免费送货、免费维修、免费干洗、免费熨烫、免费锁边、免费修鞋等。不管顾客在哪里购物，车都可以免费存在胖东来；不管顾客是在哪里买的衣服鞋子，拿到胖东来都可享受免费熨烫、锁边、修补。

（4）对于顾客的投诉，胖东来不仅不反感，还鼓励和支持。

（5）在产品呈现方面，胖东来利用用户思维予以创新，如关联水果一起陈列，水果与果脯、花茶等搭配，季节性商品打地堆陈列，水果分等级分切，根据商品特点打造商品包装，各处陈列商品介绍牌，介绍商品特点、产地、成分、适宜人群、含糖量等，增强商场艺术感，给顾客审美与方便的体验。

（6）凡是顾客在胖东来买不到的商品或紧急需要的商品，可以拨打急购热线。胖东来负责在全国进行信息查询，尽快采购货品，哪怕是去对手店里买，也不会让顾客失望。

经营至今，胖东来的商品从珠宝到医药，从手机家电到蔬菜生鲜，从电影到书籍，从服饰鞋帽到餐饮小吃，所有普通老百姓的吃穿用度和娱乐需求，胖东来可一概满足，覆盖高、中、低全部的细分市场。其优质服务已成为国内外服务行业学习的典范。

【做一做】
查一下胖东来水果陈列量感是怎么做出来的。

（四）组织（管理）创新

组织创新是为了对企业的流程、规范、规章制度等进行变革，应用行为科学的知识与方法，将企业资源进行重组与重置，采用新的管理方式和方法、新的组织结构和比例关系，使企业发挥更大效益的创新活动。组织创新是针对企业进行的有计划的系统变革过程，它应随着外部环境和内部条件的变化而进行调整和变革。企业组织的创新活动是与外部环境和企业发展需求、管理需求密不可分的。当企业出现经营业绩下降、产品缺乏创新、组织结构臃肿、员工士气低下、不满情绪高涨等情况时，应当及时进行组织诊断，判断企业组织结构是否有开发创新的需要。

（五）技术创新

对于企业而言，技术创新不仅指应用自主创新的技术，也指创新应用合法取得的其他方开发的新技术，或者已经进入公共领域的技术。需要注意的是，虽然技术创新是企业发展的源泉和核心竞争力，但要意识到，技术领先并不代表创新成功。

（六）商业模式创新

商业模式创新是指企业将新的商业模式引入社会生产体系，并为客户和自身创造价值。通俗地说，商业模式创新是指企业以新的有效方式赚钱。新引入的商业模式，既可能在构成要素方面不同于已有商业模式，也可能在要素间关系或动力机制方面不同于已有商业模式。

五、创新的方法

创新虽然没有固定的形式，但可以科学运用一定的方法。掌握这些方法，可以有效提高进行创新的效率和成功率，对于大学生而言，是需要重视的学习内容。

（一）头脑风暴法

头脑风暴法是美国广告大亨亚历克斯·奥斯本在自己公司的决策实践中研究出来的。他发现群体决策时，群体成员的心理会产生相互影响，所有个体要么屈从于多数人，陷入从众式，要么屈服于高位者的意志，陷入权威定式，这无疑会削弱群体的批判精神和创造力，从而降低决策质量。为此，他急于找到一种能使所有人的思想自由迸发、灵感涌现的方法，最终发明了头脑风暴法。头脑风暴法凭借简单、快速且有效的优势，成为常用的创新方法之一。

1　头脑风暴法的原则

头脑风暴法通过小型会议的形式，只设立中心问题，与会者可以围绕该问题，自由交换想法或点子，并以此激发其他与会者的创意及灵感，产生"互激效应"，进而获得更优化的方法。为使与会者的思维活动产生"互激效应"，达到创新目的，在头脑风暴会议过程中，与会者需要严格遵守相应的原则。

◆　自由畅想。在头脑风暴会议中，主持人应营造一种自由、活跃的气氛，以激发与会者提出各种不着边际、天马行空的设想，彻底解放与会者的思想。与会者应集中注意力，就会议的中心问题自由发言。自由畅想是头脑风暴法的关键。

◆　以量求质。头脑风暴会议不需要一步到位，找到一个完美的解决方案；而是需要大量的设想，意见越多，越容易产生互激效应，也就越容易产出好创意。

◆　见解无专利。会议中、与会者除了提出自己的设想外，还可以鼓励其他与会者对自己提出的设想进行补充、改进，并产生不同的设想，不必担心自己的设想被别人抢走或抢走别人的设想。见解无专利是产生互激效应的基础。

◆　延迟评判。在头脑风暴会议中，禁止与会者随意评判会议中产生的各种意见和方案。任何与中心问题有关的想法都是有价值的，应认真对待会议中产生的任何一种设想，先不必评判其适当性与可行性。一旦进行评判，很可能导致其他与会者不敢提议，最后无法产出思维成果。

❷ 头脑风暴法的实施

头脑风暴法是一种群体讨论式的思维创造方法，该方法的操作具有一定的组织规则和流程要求，明确头脑风暴法的具体实施步骤，才能确保讨论的顺利展开。

（1）会前准备

会前准备需要明确会议需要解决的问题和与会者的数量，提前向与会者通报会议议题。同时确定会议的主持人和记录者，并将会议的相关信息通知所有与会者。

◆　选好主题。每次头脑风暴会议开始前都要确定一个主题，并将会议主题提前通知与会者，让与会者进行一定的准备。

◆　确定组织形式。一般头脑风暴法的与会人数为 5～10 人。最好包含不同专业或不同岗位的人，此外还需设置主持人 1 人、记录员 1～2 人，主持人只负责主持会议，对设想不作评论，而记录员则要认真地将与会者提出的每个设想无论好坏完整地记录下来。

◆　确定会议类型。会议的组织形式分为设想开发型和设想论证型。设想开发型是为了获取大量的设想、为主题寻找多种解题思路而召开的会议。因此，与会者要善于想象，语言表达能力要强。而设想论证型则是为了将众多设想归纳转换为实用型方案而召开的会议，与会者要善于归纳和分析判断。

◆　提前进行训练。会前对缺乏创新锻炼的与会者进行打破常规思考、转变思维角度的训练，以减少思维惯性，使与会者从传统、单调、紧张的思考环境中解放出来，以饱满的创造热情投入接下来的设想活动。

◆　搜集资料。会前需要预先准备好资料，使与会者对与会议主题相关的背景材料和最新发展动态有充分的了解，与会者自己也需要准备材料，尽可能多地了解相关主题信息。

◆　其他事项。与会者要有一定的训练基础，懂得该会议提倡的原则和方法；主持人要熟悉并掌握头脑风暴法的要点和操作要素，摸清主题现状和发展趋势；会场可适当进行布置，比如座椅排成圆环形，营造一种稍显轻松的讨论场景；再如准备几道趣味竞猜题，在正式开始讨论前供与会者思考放松、活跃气氛等。

（2）会议实施

头脑风暴会议的实施可以分为以下 3 个阶段。

第一阶段，主持人介绍并阐述问题，引出讨论主题，如果与会者对问题感到困惑，主持人可用案例进行分析。

第二阶段，每位与会者各抒己见，同时指定记录员记录下所有人提出的全部见解。主持人在会议过程中进行引导，并鼓励与会者自由提出见解。此外，主持人要掌握会议的整体进程，把控好讨论时间，太长时间的讨论会让大家感到疲惫，影响会议效果，而时间太短可能无法使与会者畅所欲言。美国创造家帕内斯（Panes）表示，讨论时间最好控制在 30～45 分钟，若该主题需要更长的讨论时间，则可将该主题分解为若干小主题进行专题讨论。

会议过程中，主持人还要在某个时间段恰当地通报当前进展，归纳前期的发言，引导接下来的发言，为与会者营造融洽、轻松的讨论氛围。

第三阶段，创意设想结束后，综合讨论所有意见。若是分组进行的，也可以使其他组的成员评价种种妨碍方案施行的限制因素，最终选出可行性最强的方案。

❸ 头脑风暴法的注意事项

在实施头脑风暴法时，应注意以下问题。

◆　开展头脑风暴时，应确定一个主题，做好前期准备工作，不要随随便便就开始设想，不然会降低此次讨论的最终效果。

◆　不能同时讨论多个主题，应保持主题的单一性，且主题不能太大，如果主题包含的内容过多，可将其分割为若干小主题独立展开讨论。

◆　发言时不要讲客套话，最好直奔主题，开门见山。

◆　不要在别人发言时私下讨论，影响别人思考；也不要消极旁观，低头不语，影响别人的情绪。

◆　记录员记录与会者的创意构思时，最好写在白板上或其他醒目的地方，一定要让所有与会者都能看到，以便启发他们发散思维，进行适度联想。另外，记录员字迹要工整清晰、一目了然，不要给别人造成阅读障碍。

◆　先将得到的创意进行分类，再作评价，以提高效率。

（二）菲利普斯 66 法

菲利普斯 66 法也叫小组讨论法，该方法以头脑风暴法为基础，采用分组的方式，限定时间，每6 人一组，围绕主题限定只能进行 6 分钟的讨论。该方法是由美国密歇根州希尔斯代尔学院校长菲利普斯（Phillips）发明的，因此被命名为菲利普斯 66 法。

这种方法的最佳应用场所是大会场，因人数较多，可通过分组形成竞争，使会场气氛热烈，犹如蜜蜂聚会，因此也有人把这种方法称为"蜂音会议"。

（三）设问法

设问法是指通过针对创新目标不断提问以扩展思维的方法。通过提问可以认识到现有事物的各种不足，从而有针对性地提出解决问题的建议，并产出创新成果。

设问法的效果取决于提出问题的质量。通常可以从以下几个方面提出问题。

◆　为什么。为什么要进行创新？为什么现有产品市场表现不佳？为什么良品率低？为什么原材料损害很大？等等。通过"为什么"的提问可以明确创新的现实基础。

◆　是什么。需要改进的问题是什么？新产品的要求是什么？等等。通过"是什么"的提问可以明确创新的目标。

◆　什么人。创新需要哪些人员？需要什么样的人员？创新成果需要面对哪些人群？等等。通过"什么人"的提问可以明确创新团队。

◆　什么时间。新产品要在什么时间上市？在什么时间段内使用？等等。通过"什么时间"的提问可以合理分配创新进程与工作时间。

◆　哪里。创新成果要应用到哪里？等等。通过"哪里"的提问可以明确创新成果的用途和使用环境。

◆　怎么做。怎么达成目标？怎么使产品具有相关功能？怎么打动服务对象？等等。通过"怎么做"的提问可以解决创新过程中出现的各种问题。

◆　多少。产量多少？成本多少？原材料多少？等等。通过"多少"的提问可以对创新活动进行定量分析，确保创新成果能够满足需要。

设问法促使创新者通过不同的角度思考问题，从而得到对问题相对完善和系统的认识，产出具有深度和科学性的成果。

（四）奥斯本检核表法

奥斯本检核表法由亚历克斯·奥斯本提出。该方法根据研究对象的特点，列出有关问题，形成检核表，并将研究对象与检核表项目一一对比讨论，以得到大量的创新设想。

1　奥斯本检核表法的内容

奥斯本检核表包含 9 个维度，75 个问题，这些内容都能为改良研究对象提供思路。运用奥斯本检核表法，可以将思考变为一个强制性的过程，从而有效地克服人们的思维惰性。奥斯本检核表法的具体内容如表 1-1 所示。

表 1-1　奥斯本检核表

序号	检核项目	评价指标
1	能否他用	现有事物有无新的用途？保持现有事物原状不变能否扩大其用途？稍加改变，现有事物有无其他用途？能否改变其现有的使用方式？如灯光除了照明，还能用作信号
2	能否借用	有无与现有事物类似的东西？能否模仿或超越？能否借用他人的经验或发明？现有的发明能否引出其他创造性设想？如利用超声波的特性进行碎石手术
3	能否改变	能否改变现有事物的形状、颜色、味道、外观、音响？是否存在其他改变的可能性？如通过改变灯泡的颜色和光的种类，制成了灭蚊灯
4	能否扩大	能否延长现有事物的使用时间？能否为现有事物添加部件，以延长其使用寿命，提高其性能？能否扩大现有事物的使用范围？如扩大望远镜的使用范围，使其变为天文望远镜
5	能否缩小	能否将现有事物微型化？可否将其缩短、变窄、分割、减轻？能否将其进一步细分？能否将其变为流线型？如将小型计算机改良为微型计算机，再改良为笔记本计算机
6	能否代用	能否用别的东西代替现有事物？可否使用别的材料、零件、工艺、能源？如用氢燃料代替石油
7	能否调整	现有事物能否变换先后顺序？内部元件可否互换？可否变换模式、操作工序、因果关系、工作规范、速度和频率？如瓷器上釉工艺的改良和发展
8	能否颠倒	能否颠倒现有事物的正负、里外、上下、主次、因果？如两面可穿的衣服
9	能否组合	能否将各种想法进行综合？能否进行材料组合、部件组合、功能组合？如将和面机、削面机和锅炉组合制成自动刀削面机

★想一想　以自行车为例，结合奥斯本检核表思考，可以在哪些方面进行创新？

② 奥斯本检核表法的应用步骤

奥斯本检核表法在改良产品方面具有非常优秀的效果，其具体应用分为 3 个步骤，分别是明确问题、检核讨论、筛选评估，如图 1-2 所示。

运用奥斯本检核表法进行创造性设想时，大学生应该按照检核表，逐条核对，不可遗漏，每个项目都应作为一个单独的创新项目来看，以免受到前面思考的影响。最后还应反复进行检核，列出尽可能多的设想，这样才能保证创新成功的概率。

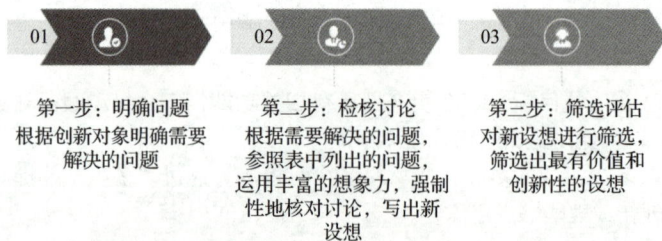

图 1-2　奥斯本检核表法的应用步骤

（五）特性列举法

特性列举法由美国内布拉斯加大学的罗伯特·克劳福德教授提出。该方法列举事物的所有特性，然后针对这些特性进行创造性思考，保证对问题的所有方面进行全面的分析和研究，特别适用于老产品的升级换代。

特性列举法的具体实施方法如下。

（1）确定一个明确的研究对象或研究课题。

（2）了解事物现状，熟悉其基本结构、工作原理及使用场合，应用分析、分解及分类的方法对研究对象进行必要的结构分解。需要分解的特性包括名词特性，如结构、材料、整体、制法等；形容词特性，如色泽、大小、形状、性质、状态等；动词特性，如提、拉、扔、加热、冷冻等；量词特性，如数量、使用寿命、保质期等。

（3）从需求出发，对列出的特性进行分析，并与其他物品对比，采用替代的方法对原特性进行改造，得到创新的思路。

（4）对整理出的创新思路，继续深化、具体化，最终得出创新方案并对其进行评价与优化。

（六）TRIZ 创新方法

在工程领域，创新有一种典型的方法理论，就是 TRIZ（俄文转化而来）创新方法，由苏联科学家根里奇·阿奇舒勒研究提出，这是一套通过发明解决问题的方法论，更加注重技术层面的发明与进化，是实现创新的实用型工具。

学习 TRIZ 经典理论的精髓是使用有限的原理与方法，解决无限的发明问题，若问题中的一个或多个矛盾得到了解决，就有一项具有发明水平的成果诞生。

在 TRIZ 研究领域中，它解决问题的方法和手段包括以 40 个发明原理为核心的矛盾矩阵、4 种分离原理、巨大的科学效应知识库及物—场分析与标准解等，用于解决技术矛盾和物理矛盾。同时，现有的 TRIZ 理论还加入了若干分析工具，统一了问题框架，使矛盾对立的双方可以快速分离，消除矛盾及不良作用，高效解决问题。目前 TRIZ 理论在创新平台中已经得到非常好的应用，人们可以利用它解决技术问题，形成创新方案。关于 TRIZ 创新方法，由于其内容过于丰富，建议读者课余阅读相关的资料进行学习。

六、创新型人才应具备的素质

2021 年，中国工程院院士杜彦良指出，只有具备了一大批创新型人才，才能推动我国经济社会高质量发展，才能实现科技强国战略，才能实现创新型国家。强起来要靠创新，创新要靠人才，创新型人才指富于开拓性，具有创造能力，能开创新局面，对社会发展做出创造性贡献的人才。大学生应当顺应时代潮流，争做创新型人才，为国家振兴做出自己的贡献，也为自己开创一个灿烂的未来。而要成为这样的人才，还需要具备以下素质。

（一）强烈的好奇心和求知欲望

古今中外的创新者，几乎都有强烈的好奇心和求知欲望。传说中牛顿好奇于苹果为何朝下落，研究发现了地心引力的奥秘；鲁班好奇于小草的锋利，发明了锯子；孟德尔好奇于植物的形状，总结出了遗传学分离定律和自由组合定律。只有具有强烈的好奇心和求知欲望，大学生才能在生活中找出可创新之处，自我驱动发现和探究问题，由此才能成为创新型人才。

（二）较强的自我学习与探索能力

创新意味着在前人没有到达的领域前行，很容易遇到未知的困难，也难以借助现有的知识和理论解决问题。这就意味着大学生必须有较强的自我学习与探索能力，能独立探索未知的领域，最终才能实现创新。例如，达·尔文为了研究生物的演进，在没有前人研究可供借鉴的情况下，奔赴各地研究化石，并自学了诸多动物学、植物学知识，最终提出了进化论。

（三）较高的专业知识水平

创新并不是凭空产生的，而是建立在创新者已有知识、技能、生活经验的基础上的。对于大学生而言，要想成为创新型人才，需要在某一领域或某一方面拥有广博而扎实的知识，以及较高的专业知识水平。

（四）良好的沟通合作能力

当今社会，要想实现创新，单靠一个人的力量已经越来越困难。因此，要成为创新型人才，大学生需要具备良好的沟通合作能力，依靠集体的力量实现创新。实际上，科学界很多重大的创新都是科研团队集体智慧的结晶。

（五）健康的体魄和良好的心理素质

创新是一项艰苦的工作，创新者既可能因为长期工作、反复实验而身体状况不佳，也可能因为创新不顺利、问题无法解决而承受较大的心理压力。因此创新型人才应该拥有健康的体魄和良好的心理素质，能承担艰苦的工作。

精选案例

以专业知识促进创业成功

陈枚是某大学一名大四的学生，学校当地茶文化盛行。由于陈枚的家乡云南也盛产茶叶，因此，大学期间，出于兴趣，陈枚主动学习了许多与茶叶相关的知识与技能，还去过当地的很多茶社和茶叶店铺，了解当地销售的茶叶。也是这一经历使他发现当地普洱茶市场有较大的空白。他想着，自己的家乡盛产普洱茶，自己何不在学校当地推广销售普洱茶呢？

陈枚决定与当地茶社合作，打开当地普洱茶市场。由于陈枚从小耳濡目染，对普洱茶非常了解，于是他找到一家普洱茶社，与老板商谈，准备打造一个弘扬茶文化、具有个人特色的店铺。但直接进行店铺销售显然不合适，因为此时当地的普洱茶市场可以说是鱼龙混杂，很多以次充好的茶叶大大影响了顾客对普洱茶的看法。而简单直接的推销，很难化解普洱茶的"信用危机"。基于此，陈枚主动进行了一些专业营销知识的学习与探索。一方面，他在一些用户流量大、活跃度高的平台注册了个人账号，利用自己掌握的普洱茶品鉴、普洱茶类别、普洱茶功能等专业知识，再加上茶道表演，向网络用户介绍普洱茶文化，吸引他们购买相关产品，或到线下茶社进行体验。另一方面，线下同步开展茶文化传播活动。线上线下同步营销，这种以茶会友、以文传茶的方式帮助陈枚聚集了大量忠实的顾客。为了配合这种营销方式，陈枚还改变了茶社的装修，用字画、艺术品等装饰营造出浓烈的艺术氛围，极大地迎合了顾客对品茶环境的需求。

渐渐地，茶社的顾客越来越多，甚至很多顾客特意前来与陈枚讨论茶文化。通过在这家茶社销售普洱茶，陈枚每年可以获得20万元以上的收益。接下来，他希望把普洱茶推向更多的地区。

分析　陈枚能够成功创业，一方面在于他对茶叶感兴趣，主动了解学校当地的茶叶销售情况；另一方面得益于他有相当的茶叶知识储备，并能就茶叶与营销进行自主学习，同时能够主动与茶社进行沟通协调，以较强的行动能力推动其创业进程。

任务二　解读创业

近年来，随着国家对创业支持力度的加大，不断推出有利的创业政策，营造良好的创业环境，越来越多的大学生在毕业几年甚至在校时就开始启动创业行为，勇敢地迈出挑战性的关键一步，为实现梦想付诸努力。而大学生想要创业成功，就需要深刻了解创业的内涵、类型、要素和创业精神等丰富的相关知识，唯有此，才能提升创业成功率与效果。

一、创业的含义

早在汉《西京赋》中有"高祖创业，继体承基"的短句，意思是开创基业，当时创业的词义为

"开创事业"或"创立基业"。随着时间的推移，创业开始指向在商业领域开创事业，例如创立企业、开设商店等某种经营活动，不断创造经济价值和社会价值的行为。

根据杰弗里·蒂蒙斯所著的创业教育领域的经典教科书《创业创造》中的定义，创业是一种思考、推理结合运气的行为方式，它受运气带来的机会驱动，需要在方法上全盘考虑并具有和谐的领导能力。

现代对创业概念的解读概括如下：创业是指某个人发现某种信息、资源、机会，利用或借用相应平台或载体，将其发现的信息、资源、机会，以某种方式进行转化，从而产生财富和价值，并实现某种目标的过程。这是对创业相对规范和标准的阐述，本书采用此种说法。

二、创业的类型

创业活动常涉及各行各业，创业项目的类型、动机和创业影响等也各不相同。按照不同的划分角度，创业可以分为以下类型。

（一）以创业动机为依据的分类

依据创业者创业动机的不同，创业可以分为生存型创业和机会型创业。

1 生存型创业

生存型创业是指创业者迫于生活、出于生存需要而从市场中捕捉机会进行的创业活动。这类创业具有低成本、低门槛、低风险、低利润的特点，其创业项目多集中于餐饮、零售等行业，规模较小，大多属于模仿型、复制型创业。例如，打算自食其力的劳动者成为个体工商户，开餐馆、服装店等都属于生存型创业。

2 机会型创业

机会型创业是指创业者基于实现自我价值的强烈愿望，在发现或创造新的市场机会前提下进行的创业活动。进行这类创业活动的创业者有明确的创业梦想，善于把握和识别创业机会。这类创业不仅能解决创业者自身就业问题，往往还能为更多人提供就业机会，在创造更大的经济效益和社会价值方面更具潜能。因此，无论是从缓解就业压力还是从创造社会和经济价值的角度，政府和社会都应该更加关注机会型创业，大力倡导机会型创业。

（二）以创业起点为依据的分类

依据创业者创业起点的不同，创业可以分为创建新企业和企业内创业。

1 创建新企业

创建新企业是指创业者或创业团队从无到有地创建全新的企业组织。这个过程充满机遇，可以使创业者或创业团队的想象力、创造力得到最大限度的发挥，但也充满较大的风险和难度，易使创业者或创业团队陷入缺乏资源、经验和相关方支持的困境。

创建新企业的实例较多且常见。例如，沈亚与洪晓波在长江商学院就读时，因一次作业关注到互联网零售行业的洼地——线上奥特莱斯，便计划将奥特莱斯的模式搬到线上，开拓新的商业模式，进入互联网折扣零售领域，唯品会便由此创立。刚开始唯品会只专注于奢侈品特卖，由于定价太高，销售不良，沈亚等很快开始研究"消费下沉"，将目标转向大众消费市场。由于该企业精确定位了经营范围、精细化企业管理，之后顺利在电商领域站稳了脚跟。

2 企业内创业

企业内创业是指现有企业为了适应市场环境变化、提高企业竞争力或营业能力，开发新产品或服务，在企业内有目的地推进实施。企业内创业往往由有创意的员工发起，能得到企业的支持，相关员工与企业共享创业成果，或者指由高层管理者规划的新产品、新渠道、新部门。

例如，华为集团为了解决机构庞大的问题，曾鼓励员工进行内部创业，将华为非核心业务与服务业务（公交、餐饮等）"分离"出去，以内部创业方式先后成立了广州市鼎兴通讯技术有限公司、深圳市华创通电子有限公司等企业。这些内创企业依托华为强大的经济实力与市场占有率为其提供相关服务，不仅使华为得到利益，也成就了企业内部员工的创业梦。

（三）以创业周期为依据的分类

依据创业者创业周期的不同，创业可以分为初始创业、二次创业和连续创业。

（1）初始创业。初始创业又名一次创业，也就是人们理解的一般意义上的创业，是指创业者通过市场调查，根据自身资源、优劣势，权衡利弊，决定创业类型并创办企业、招募员工，生产产品或提供服务，不断扩大市场的过程。这类创业一般是先求生存，再求发展。

（2）二次创业。二次创业是指初创企业在发展中建立合理的发展机制的过程，或者成熟企业在新的竞争或市场压力下寻求新发展、新突破的过程。二次创业非常注重创新三要素：人才、市场、资本。

（3）连续创业。产品或服务的生命周期是有限的，这就需要创业者继续创业、继续嫁接企业生命。进行第三次或三次以上创业的企业往往具有较强的实力并形成较大的规模。

（四）以创业形式为依据的分类

经济学家福布斯等人依照创业对市场和个人的影响程度，即个人改变和新价值创造两个维度，将创业分为复制型创业、模仿型创业、安定型创业和冒险型创业4种类型，如图1-3所示。不同的创业类型具有不同的特征。

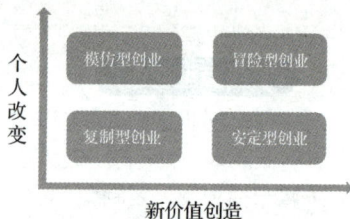

（1）复制型创业。复制型创业是指在现有经营模式的基础上，简单复制原有企业经营模式所进行的创业。例如，1998年，牛根生从伊利集团离开后，启动了"复制一个伊利"计划，创办了蒙牛乳业集团。

图1-3 基于价值创造的分类

（2）模仿型创业。模仿型创业与复制型创业一样，创新成分较低、价值创造较少，但冒险程度较大，学习过程较长且容易出错，具有较高的不确定性。例如，某产品经理辞职开"网红"奶茶店。但创业者若经过系统学习，具备相关能力和资源，也可能创业成功。

（3）安定型创业。安定型创业是指对创业者来说工作内容没有太大改变的创新创业活动。这类创业强调创业精神。例如，某研发部小组在开发完成一种新产品后，继续在该企业部门开发另一种新产品。

（4）冒险型创业。冒险型创业是指难度较高、失败率和投资回报率较高的创业活动。这类创业对创业者能力、创业时机、创业策略、商业模式创新、创业过程管理等都有较高的要求。例如，蔡先培50岁时放弃稳定的生活和工作，下海经商，最终创办了科宝·博洛尼。

精选案例

黄土地里刨出"金娃娃"

"成绩那是过去的事儿，新的一年开始了，作为大学毕业生，在新的一年里，我要带领农民大力发展农产品外卖，并开拓新的种植模式，带领农民从黄土地里刨出'金娃娃'。"虞城县乔集乡返乡创业大学生刘训长说。

刘训长是乔集乡六庄村人，2008年毕业于河南师范大学数学系。2008年夏天，大学毕业后的刘训长去了新乡，在那里他一边开书店，一边与新乡电视台合办培训学校培训农民。在新乡打拼期间，刘训长看到新乡、驻马店等地的农民做草场生意发了家，想到自己家乡农田中无尽的秸秆，他产生了返乡创业的念头。2012年夏天，怀揣着返乡创业的梦想，刘训长和妻子返回了老家乔集乡六庄村。

回到家乡后，他先是以帮人无偿收玉米为条件承包了 200 亩玉米地的秸秆，然后东挪西借搭好了羊舍，并买来 950 只羊饲养。当年秋收后，他把 200 多亩地的玉米秸秆粉碎后进行了真空包装，进行厌氧发酵储存。

创业路上总是充满艰辛。头茬羊养大出栏后，他认真算了一下，自己落个白忙活。面对亲人埋怨的目光，他乐观地说："万事开头难。这茬羊虽说没赚钱，可给下一次成功蹚出了路子。"2013 年秋，刘训长的第二茬羊上市，共获利二三十万元。成功后的刘训长充满干劲，两年后他又承包了 1600 亩土地，大力发展秸秆青储，并将饲料卖给一些养殖场。这使他每年的利润稳步增长。

2015 年，刘训长承包了几十亩苹果园，并与乐为牧业签订合同，又增添了养鹅和养鸭等养殖项目。当年他养鸭获利 18 万元、养鹅获利 10 多万元。此时刘训长的循环农业已初具规模，他开始利用电子商务在网上销售自己的苹果、鹅蛋等农产品，很快就将自己的农产品销售生意做得红红火火。

2018 年春，乔集乡党委得知了刘训长的养殖致富信息后，将 500 平方米的门面房交给刘训长无偿使用，让他成立电子商务公司，以便于发展循环农业。几年后，公司具有员工 400 余人，联合承包土地万余亩，成为虞城县电子商务农产品销售旗舰店，不仅完成了刘训长循环农业农产品的销售任务，还承担了乔集乡和其他乡的外卖和团购业务。

在刘训长的带领下，附近 100 多户农民脱贫致富。获得成功后，刘训长先后被农业农村部授予"新型职业农民""新型农业经理人"等荣誉。"刘训长是大学生返乡创业的成功典范，我们渴望更多的大学生返乡创业，用自己的知识为乡村振兴注入新鲜活力。"乔集乡党委书记王琪说。

★想一想 刘训长的创业属于哪种类型？如果让你结合家乡实际创业，你会选择做什么呢？

三、创业的要素

创业是由一系列要素组成的复杂活动，这些要素是创业必不可少的组成部分，也是提高创业者创业成功率的关键。总的来说，提到创业要素，最典型且公认的仍是杰弗里·蒂蒙斯提出的蒂蒙斯三要素模型，即完整的创业活动包括创业团队、创业机会、创业资源，如图 1-4 所示。

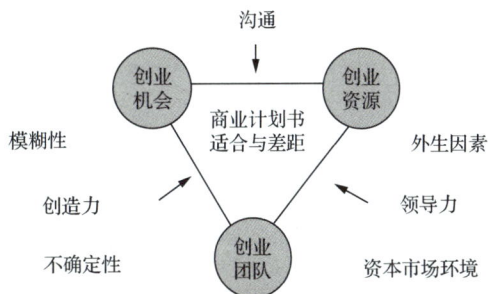

图 1-4 蒂蒙斯三要素模型

（一）创业团队

创业团队是开展创业活动的主体，创业不能单打独斗，正所谓"一个好汉三个帮"。若能形成一个分工合作、优势互补、风险共担的有较强凝聚力的优秀创业团队，创业活动的开展将更加顺利。在我国商业史上留下浓墨重彩的创业企业，往往都有一个声名赫赫的创业团队，如腾讯的"五虎将"、阿里巴巴的"十八罗汉"等。

扫一扫

创业团队的概念与要素

（二）创业机会

创业机会是以各种形式存在于创业市场的，有吸引力且适宜的，可以持续创造经济价值的特殊商业机会，这些商业机会最开始表现为针对某项新业务而产生的创意。创意一般是创业者关于创业的初步设想，但并不是任何创意都等于创业机会，只有优质、具有商业价值的创意才是创业机会。每一个成功的创业活动都是一个或多个创业机会的具体体现。创业者要善于发掘和把握创业机会，按照创业机会有效地匹配资源，最终获取收益。

（三）创业资源

麻省理工学院管理科学教授伯格·沃纳菲尔特 1984 年提出了资源基础理论，认为企业是各种资源的集合体，资源是企业的基础。创业活动能否顺利进行，很大程度上受到创业资源的影响。所谓创业资源，是所有对创业项目及创业企业经营发展有所帮助的要素及其组合。创业资源是企业创立和运营的必要条件，合理配置和运用各种创业资源，可以有效地将创业机会转变为实际的产品或服务，从而产生新的价值。

蒂蒙斯对三要素的观点如下。

（1）创业机会是创业过程的核心驱动力。如果没有创业机会，创业活动就成了盲动，难以创造价值。创业过程始于创业机会，而不是资金、战略、网络、团队或商业计划。开始创业时，创业机会的价值比资金、团队的才干和能力及适当的资源更重要。

（2）创业团队是创业过程的主导者和核心。创业团队的作用是利用自身的创造力在模糊、不确定的环境中发现创业机会，并利用企业网络和社会资本等外界因素组织和整合资源，主导企业利用搜寻的创业机会创造价值。

（3）创业资源是创业成功的必要保证。创业团队把握住合适的创业机会后，还需要相应的资金和设备等资源。如果没有必要的资源，创业机会就难以被开发和实现，创业活动是不可能发生的。

（4）创业过程实际上是三要素相互作用，由不平衡向平衡发展的过程。

三要素中，绝对的平衡是不存在的，但企业要保持发展，必须追求三要素的动态平衡。处于模型底部的创业团队要善于平衡，推进创业过程，必须做的核心工作是：对理性分析和把握创业机会，认识和规避风险，合理利用和配置资源，对工作团队适应性的分析和认识。

基于保持平衡的观念展望企业未来时，创业者必须思考的如下问题：目前的团队能否领导公司未来成长得越来越好；下一阶段要想取得成功会面临怎样的困难。这些问题在不同的阶段以不同的形式出现，关系企业的可持续发展。

四、创业的过程

创业是一项实践活动，要使这项实践活动产出成果，创业者往往会经历一个较漫长的过程。从时间维度分析，一个完整的创业过程可以分为多个不同的阶段，包括创意期、种子期、启动期、发展期、快速发展期及成熟期等，每个阶段都有不同的任务。创业者要分析创业所处的阶段，并采取正确的行动。

第一阶段：创意期。该阶段创业者对创业机会、商业模式、团队构成的设想还不具体，主要任务是积累知识、经验与能力，参加相关培训等。

第二阶段：种子期。该阶段创业者已经初步选定合适的创业机会，主要任务是物色团队成员，吸收和整合各种资源，初步构想商业模式，撰写创业计划书等。

第三阶段：启动期。该阶段企业已经正式成立，创业者的主要任务是推出初级阶段的产品，使团队分工明确、组织结构初具雏形，并制定管理制度和市场策略等。

第四阶段：发展期。该阶段企业已经度过了创业初期的"求生"阶段，生存问题基本得到解决。创业者该阶段的主要任务是从企业战略层面思考企业发展目标；规范组织制度，提高管理水平；调整和完善商业模式，实现资本的原始积累；吸收新的团队成员，培养企业骨干的能力等。

第五阶段：快速发展期。该阶段企业经过3～5年的发展，发展方向已基本确定，发展速度快、专业化程度高。创业者该阶段的主要任务是进一步确定企业发展目标和战略，发展新的商业模式；扩大生产规模，拓宽市场，发展多元化的业务线；节省开支，减少浪费；优化资金募集方式；做好知识产权保护等。

第六阶段：成熟期。该阶段企业已形成核心竞争力，管理职业化、科学化，具有一定社会影响力和知名度，但发展速度减慢。创业者该阶段的主要任务是继续拓宽运作范围，扩大企业规模；策划企业上市；培养优秀管理者和继任者；对组织结构、企业文化、企业制度等进行创新。

五、创业精神

要创建并发展自己的企业，应对创业过程中的各种风险和危机，创业者需要以强大的精神力量为支撑。对于大学生创业者来说，只有具备创业精神，才能在创业路上走得更稳。

（一）创业精神的含义

创业精神是指创业者在创业过程中表现出的主观思想，它是创业的心理基础。成功的创业者往往具有不同于常人的精神特质，如拼搏进取、坚持不懈、精益求精、大胆突破等，这些精神特质的综合就是创业精神。

（二）创业精神的表现

在创业活动中，创业精神往往表现为理想主义情怀、坚定的信念和坚持不懈的精神、敢为人先的冒险精神及出色的合作精神。

（1）理想主义情怀。很多成功的创业者身上体现出强烈的理想主义情怀。例如，稻盛和夫在京都陶瓷株式会社不到百人规模时，就不断强调"京瓷要放眼全球，向着全世界的京瓷前进"，并秉承这样的理念，带领京瓷发展为世界精密陶瓷行业的"领头羊"。事实上，一个没有理想、没有抱负的人，是不会成为创业者的，更不可能做出业绩。

（2）坚定的信念和坚持不懈的精神。创业是一个漫长且高风险的过程，如果想创业成功，创业者就必须保持坚定的信念和坚持不懈的精神。例如，华为公司曾经面临困境，如果当时任正非同意将公司以75亿美元的价格出售给摩托罗拉，就没有现在的华为了。

（3）敢为人先的冒险精神。创业者意识到社会经济中的缺憾及需求后，需要敢为人先，迎接挑战。创业者如果缺乏冒险精神，一味观望，就只能眼睁睁地看着机会流逝。

（4）出色的合作精神。个人的力量是有限的，单打独斗难以成功，只有具备合作精神，才能充分发挥团队力量。同时，积极进行外部合作可以获得更多的机会和资源。

精选案例

褚时健的创业精神

褚时健，云南红塔集团有限公司和原玉溪红塔烟草（集团）有限责任公司原董事长，1979—1994年，褚时健成功将红塔山打造为中国名牌香烟，使玉溪卷烟厂成为亚洲第一。1994年，褚时健当选全国"十大改革风云人物"，成了"中国烟草大王"。

1999年1月，71岁的褚时健被处无期徒刑、剥夺政治权利终身。保外就医后，2002年，74岁的褚时健与妻子在玉溪市新平县哀牢山，承包荒山种橙开始第二次创业。2004年获假释；后减刑为有期徒刑17年，2008年，减刑至有期徒刑12年。最终减为12年，2011年刑满释放。

2012年11月，85岁的褚时健种植的"褚橙"通过电商开始售卖，褚橙品质优良，被销售一空。褚时健成了"中国橙王"。

褚时健行为背后凸显了强大的意志，橙子6年挂果，褚时健80岁才能看见回报，却义无反顾地豪迈与无畏前行。

褚时健虽已于2019年去世，但其在互联网中仍留有许多印迹，褚时健是中国商界鲜有的众多企业家佩服之人。新东方创始人、东方甄选老板俞敏洪在褚时健去世后认为，褚时健用他的一生阐释了真正的企业家精神。

（三）创业精神的培养途径

大学生创业者可通过模仿、实践和培训3种途径培养自己的创业精神。

（1）模仿。模仿是培养创业精神最便捷的途径。创业者可以选择一个学习榜样，揣摩他的行为，分析他的言论，从而向他靠拢。很多成功的创业者都有这样的感受：他们创业过程中存在一个"偶像"，并不自觉地按这个"偶像"的言行要求自己、鞭策自己。

（2）实践。实践是培养创业精神最直接的途径。积极参与实践能带来及时有效的反馈，实践经验的积累能使创业者对创业逐渐形成更深入、更清醒的认识。当然，大学生由于时间和资金等条件的限制，无法开展全职的商业活动，但可以积极参与社会实践、磨炼自身意志、增长见识、积累社会经验，进而促进创业精神的培养。

（3）培训。学习他人的智慧与经验也是培养创业精神的重要途径。目前，许多高校开设了创新创业课程。同时，有关部门和社会团体也会组织相关的培训、讲座等，大学生应该专心学习与参加。

六、创新与创业的关系

创新与创业两个领域存在本质的深度契合，内涵方面的相互包容和实践过程中的互动发展。第一个提出创新概念的熊彼特认为，创新是生产要素和生产条件的一种从未有过的新组合，这种新组合能够不断更新原来的成本曲线，由此产生超额利润或潜在的超额利润。创新活动的这些本质内涵，体现出它与创业活动性质方面的一致性和关联性。

（1）创新是创业的基础，而创业推动创新。总体来说，一方面，科学技术、思想观念的创新，促进了人们物质生产和生活方式的变革，产生了新的生产、生活方式，进而为整个社会不断地提供新的消费需求，这是创业活动源源不断的根本动因；另一方面，创业本质上是一种创新性实践活动。无论是何种性质、类型的创业活动，都有一个共同的特征，即创业是主体的一种能动性、开创性的实践活动，是一种高度的自主行为。

（2）创新是创业的本质与源泉。熊彼特曾提出："创业包括创新和未曾尝试过的技术。"创业者只有在创业过程中具备持续不断的创新思维和创新意识，才可能产生新的、富有创意的想法和方案，才可能不断寻求新的模式、新的思路，最终获得创业成功。

（3）创新的价值在于创业。从一定程度上讲，创新的价值在于将潜在的知识、技术和市场机会转变为现实的生产力，实现社会财富的增长，造福于人类社会。而实现这种转化的根本途径就是创业。

（4）创业推动并深化创新。创业可以推动新发明、新产品或新服务的不断涌现、创造出新的市场需求，从而进一步推动和深化各方面的创新，进而提高企业甚至国家的创新能力，推动经济的增长。

由于创新与创业的密切关系，我国高等院校的创业与创新教育应该渗透融合，弘扬创新与创业精神，健全创新与创业机制，完善创新与创业环境，加强产、学、研结合，加强创新与创业的交叉渗透和集成融合，并不断与实践相结合，推动社会持续发展。

试一试

"我适合创业吗？"——创业者素质测试

在下列 32 组表述中，选择最能反映你个人观点的表述。

1. 表述 1（   ）
   A. 一定要完成工作
   B. 我喜欢与优秀的朋友在一起，这样我能够获得他们对我工作的见解和建议
2. 表述 2（   ）
   A. 当我的责任增大时，我会感到更加快乐
   B. 我喜欢把什么事情都事先安顿好
3. 表述 3（   ）
   A. 我决不做任何可能使自己受损失的事情
   B. 理解如何赚钱是创业的第一步

4. 表述 4（   ）

   A. 不管是多好的事情，如果这件事情的失败可能使我被嘲笑，我就不会冒险去做

   B. 除了工作外，我还记挂别人的安康

5. 表述 5（   ）

   A. 我会为自己开创的任何事业而努力

   B. 我只会做那些使我开心并有安全感的事

6. 表述 6（   ）

   A. 如果失败了，别人会嘲笑我

   B. 尽管我对自己很有信心，但还是需要别人的建议

7. 表述 7（   ）

   A. 遇到困难时，我要找到解决方法

   B. 如果在新开创的事业中失败，我会继续目前的工作

8. 表述 8（   ）

   A. 如果我觉得一个想法是好主意，我就会实践这个想法

   B. 我能够比现在做得更好

9. 表述 9（   ）

   A. 工作时，我会注意维系良好的人际关系

   B. 不管发生什么事，都是我从这些经历中学习的机会

10. 表述 10（   ）

    A. 即使我失败了，也能从中学到东西

    B. 我喜欢舒适的生活

11. 表述 11（   ）

    A. 我只会投资股票，总有一天幸运会降临

    B. 如果在工作中失利，我会努力找出原因

12. 表述 12（   ）

    A. 我会尊重我的员工，并对他们一视同仁

    B. 如果能有更好的工作，我会离开现在的工作

13. 表述 13（   ）

    A. 在实施一个新的想法前，我会慎重考虑

    B. 如果我的叔叔去世，我会先去参加葬礼，即便这会导致公司订单延误好几天

14. 表述 14（   ）

    A. 只有当我拥有资本时，才能够发展事业

    B. 我希望能够自己做出重要决定

15. 表述 15（   ）

    A. 当别人的好意和信任被辜负时，我不会坐视不理

    B. 如果事情没有按照我的想法发展，我会寻求其他替代机会

16. 表述 16（   ）

    A. 我可以犯错误   B. 我非常喜欢与朋友谈天说地

17. 表述 17（   ）

    A. 我希望我的钱能够安全地存在银行里

    B. 我完全认可我的工作，同时也了解它的优劣

18. 表述 18（   ）

    A. 我希望能够拥有很多钱从而过上舒适的生活

B．做决定时我希望能够得到别人的帮助

19．表述 19（　　）

　　A．人们首先应该照顾好自己的亲人和朋友

　　B．我喜欢解决难题

20．表述 20（　　）

　　A．即便可能损害自己，我也不会做让别人不开心的事情

　　B．钱是事业发展的必需品

21．表述 21（　　）

　　A．我希望我的事业能够很快发展起来，这样就不会遇到经济紧张的困境

　　B．不能因为不成功就去责备自己

22．表述 22（　　）

　　A．我应该独立地按照自己的想法做事

　　B．只有为自己的未来积累一大笔钱，我才会幸福

23．表述 23（　　）

　　A．如果我失败了，那主要是别人的错误造成的

　　B．我只会做那些让我感觉舒服且令我满意的事情

24．表述 24（　　）

　　A．在开始一份工作之前，我会认真考虑它是否会对我的声誉造成不利影响

　　B．我希望自己能和别人一样买得起昂贵的东西

25．表述 25（　　）

　　A．我希望有舒适的房子住　　　　　　　B．我会从失败中吸取教训

26．表述 26（　　）

　　A．在做任何工作前，我都要考虑它的长期影响

　　B．我希望每件事情都能按照自己的想法发展

27．表述 27（　　）

　　A．金钱能够带来舒适，所以我的主要目标是赚钱

　　B．我喜欢在能够经常见到朋友的地方工作

28．表述 28（　　）

　　A．我了解自己正在做的事，不怕受到别人的批评

　　B．如果我失败了，会觉得自己非常差劲

29．表述 29（　　）

　　A．碰到困难是常有的事，我应该尝试做一些有挑战性的工作

　　B．开始新工作前，我会采纳有经验的朋友们的建议

30．表述 30（　　）

　　A．我的所有经历都会激励我前进　　　　　　B．我希望能有很多钱

31．表述 31（　　）

　　A．我喜欢每天从容不迫，万事顺利，没有任何烦恼

　　B．不管遇到多大的障碍，我都会努力实现目标

32．表述 32（　　）

　　A．我不喜欢别人无故干涉我做事　　　　　　B．为了赚钱，我可以做任何事情

大学生可以通过表 1-2 所示内容计算得分，最终得出自己的创业者素质状况。

表 1-2　测验评分

题号	选 A 得分	选 B 得分	题号	选 A 得分	选 B 得分	题号	选 A 得分	选 B 得分
1	1	2	12	1	1	23	0	2
2	2	1	13	2	0	24	1	1
3	0	1	14	1	1	25	1	2
4	0	1	15	1	1	26	1	1
5	2	1	16	2	1	27	1	1
6	0	2	17	0	2	28	2	0
7	2	0	18	1	0	29	0	1
8	1	2	19	0	2	30	2	1
9	1	2	20	1	1	31	1	2
10	2	1	21	1	0	32	1	0
11	0	2	22	1	1			

结果分析：得分为 0 ～ 25 分，不具创业性；得分为 26 ～ 36 分，创业性处中立状态；得分为 37 ～ 47 分，具有一定的创业性；得分为 48 分以上，非常具备创业性。

课后思考与练习

1. 人类是十分善于运用和改进工具的族群，我们使用的很多工具中都能看到创新的影子，请你观察生活中的物品，分析它们具备哪些创新之处，并说明这些创新之处的优点。

_____

_____

_____

2. 在漫长的历史中，中外都涌现出了众多的创新者和创业者，同时不乏兼具创新和创业特质的人物。请同学们选择一个自己喜欢的创新创业人物（或团队），收集相关资料，讲一讲他们的创业故事。

3. 我国有许多创业企业，创业类型多种多样，什么创业类型让你印象最深刻？如果让你选择，你会选择以何种形式创业？说明你如此选择的理由。

印象深刻的创业类型：

_____

你选择的创业形式：

_____

理由：

_____

4. 中华民族历史悠久，发展进程中产生了不少的创造成果，列举你最感兴趣的创造成果，并谈谈其价值和对你的启发。

创造成果及其价值：

_____

对你的启发：

_____

5. 阅读分析以下案例，回答问题。

索南加是西藏自治区那曲市比如县人，他从小在虫草产区长大，对虫草了如指掌，深知虫草采挖过程中的艰辛和不易。虫草被采挖后，其根部会残留一定的泥土，采挖者在挖出虫草后，需要当天把附在虫体上的泥土清理干净，并在第二天将虫草暴晒在太阳下，以晒出金灿灿的颜色，保证虫草的药用价值和品相。

在传统的做法中，虫草采挖者大多使用毛刷去除泥土，但效果并不理想，耗时耗力。晒干虫草时，大多数人是将毛毯、毡毯等铺在地上，然后把虫草撒在上面，但这种方法用时较长，还要有人看守，费时费力。索南加注意到了其中的不便，他想，要是发明一种能够快速处理虫草的机器，就能免去这些麻烦，家乡的虫草产业发展也能更上一个台阶。

说干就干，索南加找到几个志同道合的伙伴，自学了机械知识，着手研制虫草清洗机，并不断试验、改良，先后研发了4代虫草清洗机，前3代为手动机器，第4代为电动机器。第4代机器上市后，以往一小时的工作，5分钟内就可以轻松完成，十分省时。而第3代机器通风透气效果好，晒干迅速，不仅可使虫体固定得更挺拔笔直，而且晒干后颜色更佳。

因为了解客户需求、了解市场，索南加的产品一经推出便得到虫草采挖者的大力追捧，大家纷纷排队抢购，短时间内就创造了400多万元的净利润。

（1）索南加为什么能取得成功？

_____

_____

（2）社会的快速发展对当代青年提出了更高的要求，培养创新型人才成为当前社会关注的重点，为了满足社会对创新型人才的需要，你认为大学生可以从哪些方面提升自己的创新素质，以成为合格的创新型人才？

_____

_____

_____

CHAPTER 02

项目二　创新创业思维

本章学习目标

（1）知识目标：了解创新思维的含义、活动过程、表现形式，熟悉创业思维的含义、原则和培养方法，认识基于互联网的创新思维与创业思维。

（2）技能目标：能够在学习和生活中运用创新思维解决实际问题，能够利用创业思维展开创业设想。

（3）素质目标：引导学生树立正确的创业观、价值观；加强学生的文化自信、创业为家国的情怀；引导学生树立为人民服务的道德理想；培养具有正确的思想方向、坚定的理想信念和对国家与人民忠诚的创新创业人才，激发其创新意识与创新潜力，唤醒其创新创业活力。

引例

事物是普遍联系的，创业是碰撞生思的
——工匠精神：服务社区居民的创业之路

张慧大学刚毕业，一直没找到合适的工作。一天在与朋友闲聊时，朋友告诉她，自己小区的业主群里有人在卖特色红苕凉粉，好吃又便宜，她打算给张慧预订一份，让她尝尝。这句话一下给了张慧启发，她自己很喜欢研究美食，平时也爱下厨，尤其是她做的面点，家人朋友吃过都赞不绝口，那么自己是不是也可以利用自己小区的业主群做生意呢？

张慧决定尝试一下，于是便做了一些三明治和坚果面包等，在业主群试探着发了一句："自己手工现做的新鲜面包，有人买吗？"没想到这句话很快就引来了回应。"都有什么呀？""有适合宝宝吃的糕点吗？"……一下子涌出来的询问，让张慧手忙脚乱，既要回复，又要记录，还要添加微信好友。这一次尝试性的"叫卖"让张慧发现，原来不少住户都嫌自己做糕点麻烦，有时候外面购买的糕点又太甜了，因此有新鲜的可以定制的面包，都想尝尝。这次"叫卖"给了张慧信心，她决定开一家"外卖店"。她立刻着手办理营业执照、卫生许可证等开店所需的证照，又在小区外租了一个店面，正式开始营业。张慧的这家店主要提供各种小面包、三明治和常见蛋糕品类，如清蛋糕、提拉米苏等，方便上班族携带和大家日常购买。如果客户需要其他蛋糕，可以进行"私人定制"，同小区的人想要购买，直接微信沟通即可，可送货上门。

由于张慧手艺好，用料、价格和服务等都让客户满意，因此没过多久，张慧就积累了一批忠实的客户。她打算过段时间，定期推出一些季节限定糕点，给大家更多的选择。

有时候，创业的灵感来源于一些生活中的联想。张慧就是因他人利用业主群销售凉粉，联想到自己可以通过相同的方式销售美食，从而开启了创业实践。因此，大学生要善于进行灵活思考，学会运用多种思维方式，而这有可能为我们带来新的解决问题的"好想法"。

任 务 一　探索创新思维

随着"大众创业、万众创新"浪潮的流行，越来越多的人开始重视创业、创新，并将创新视作推动社会发展的重要动能。然而创新并不是一件简单的事，虽然社会上有不少个体和组织能够一直保持持续创新，但也有部分群体对创新束手无策。事实上，个体能否保持创新，很大程度上归结于其是否具有创新思维。

一、创新思维的含义

思维是人类具有的高级认识活动和智力活动，是人脑对外部信息和内部信息进行加工的一种特殊活动，可以帮助人类探索和发现事物的内部本质联系与规律性。人类在不断认识世界、改造世界的过程中都会运用思维，而人类在运用思维时形成的习惯性思维模式，就是思维方式。创新思维是一种多元化的思维，可使人脑在对信息进行加工时，更有效地选择和取舍信息，从而使人们在实践活动中收获更大的价值。拥有创新思维的人能够不受现成的、常规的思路约束，以超常规甚至反常规的方法或角度思考问题，并提出与众不同的解决方案，从而产生新颖、独到、有社会意义的思维成果。

创新思维不是指单纯依靠现有的知识和经验进行抽象和概括，而是指在现有知识和经验的基础上进行想象、推理和再创造。总的来说，创新思维主要包括以下 3 个层面的特性。

（1）创新思维不同于常规思维，它是对常规思维的突破，具有革新的特点。

（2）创新思维是多种思维方式的综合，可具体表现为新的方法、行为和解决方案等。

（3）创新思维以社会客观需要为前提，在开展创新思维后，应该产生有效的思维成果，如新的社会价值。

二、创新思维的活动过程

一般来说，创新思维体现在创新的整个过程中。例如，大学生开展创新活动时，不管是处于创新活动前期的灵感阶段和构思阶段，还是处于创新活动的施行过程，都需要充分运用创新思维，以确保创新活动顺利开展。当然，运用创新思维开展创新活动并不能一蹴而就，从发现问题到提出设想，再到创新的落地，需要一定的周期，这个周期一般可分为灵感期、构思期、施行期 3 个基本活动过程，如图 2-1 所示。

（一）灵感期

灵感期是创新思维活动过程中的启发阶段。当一个创新主体从某些现象或挑战中发现一些需要解决的问题，并对这个问题的解决方案产生灵感，或获得解决机遇时，就进入了创新思维的灵感期。

在灵感期，创新者需要理解自己的灵感及灵感的具体应用，

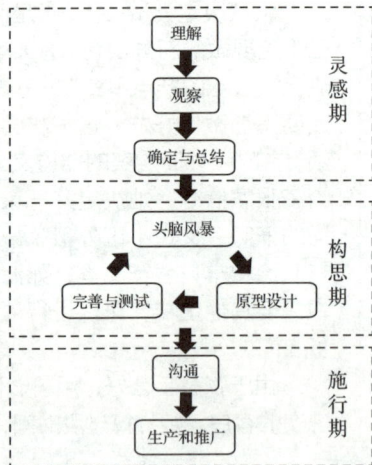

图 2-1　创新思维的基本活动过程

观察、分析、判断问题的本质及问题的现实状况，确保灵感的有效性，然后根据自己的灵感、自己发现的问题及可能的解决方案进行深入调查、分析和总结，提出创新的解决方案。

（二）构思期

构思是产生、发展和测试创意的过程，当创新者运用创新思维在灵感期获得创意的初步想法后，就要进一步对该创意进行详细构思，包括运用头脑风暴法等创新思维方法提出多个方案，对各方案进行筛选、测试和完善，继而根据最终方案进行具体产品的原型设计。例如，提出多种产品或产品功能的创意，然后进行分类，列出优先级，接着对这些有创意的想法进行详细构思，直至解决预设的问题。

（三）施行期

经过灵感期和构思期以后，创新就可具化为执行方案，最终施行。施行是将创新者的想法从项目阶段推向最终应用的路径。在这一阶段，大学生或其团队需要将构思期取得的成果转化为具体的产品或方案，并对其进行推广，帮助人们解决最初的问题。

三、创新思维的表现形式

创新思维是一种多元化的思维，在创新实践活动中常表现为多种思维形式，多角度、全方位地促进创新灵感的诞生。常见的创新思维表现形式包括形象思维、联想思维、发散思维、聚合思维、逆向思维、横向思维、纵向思维、直觉思维等。

（一）形象思维

形象思维是人的一种本能思维，以直观形象和表象为支柱。在日常生活、学习和生产活动中，形象思维一直发挥着重要作用。例如，画家绚丽的作品、舞蹈家优美的形体语言等都是形象思维的结果。形象思维具有形象性、想象性和粗略性3个基本特点。

1 形象性

形象性是形象思维最基本的特点。形象思维反映的是研究对象的形象，从形象上认识和把握研究对象的本质和规律。形象思维的形象性使其具有生动性、直观性和整体性的优点。

2 想象性

想象是思维主体根据已有的形象创造新形象的过程。形象思维并不满足于对已有形象的再现，而是致力于追求对已有形象的加工，从而实现新形象产品的输出。因此，想象性使形象思维具有创造性的优点。

3 粗略性

形象思维对问题的反映往往是粗线条式的，对问题的把握是大体上的，对问题的分析是定性的或半定量的。形象思维通常用于定性分析问题，而逻辑思维可以给出精确的数量关系，所以，在实际思维活动中，创新者需要将逻辑思维与形象思维相结合，使创新活动取得更有效的成果。

（二）联想思维

联想思维是指人们通过某一事物自然而然地联想到与其相关事物的思维形式。例如，看到一句诗，便能说出下一句；看到天空阴沉，便会联想到雨伞等。这些都是联想思维的体现。联想能力是人生来就有的，其本质在于发现不同事物之间的相似之处，从而产生新的设想，这个发现的过程就是创新的过程。常见的联想类型包括以下7种。

1 相似联想

相似联想是指由某事物的形象、特征、性质、功能联想到另一种事物，是一种由此及彼的联想方式。例如，提到梅、兰、竹、菊，就联想到端方君子；提到向日葵，就联想到太阳。人们模仿鸟的外形制造飞机的行为，事实上也是相似联想产生的结果。

2 跳跃联想

跳跃联想是指在看上去没有任何关系或联系甚远的事物之间形成联想，从而引发新的设想，这样的联想方式往往能产生独特的创意。例如，由黑夜中的闪电联想到生命的意志，由空寂的道路联想到金黄的麦田。

3 连锁联想

连锁联想是指通过某一事物联想到另一事物，再通过另一事物联想到新的事物，这样一环扣一环地进行联想，从而产生接连不断的创意与想法。例如，"泥、沙—混凝土—建筑"就属于连锁联想。

4 因果联想

因果联想是指两个事物因存在因果关系而引起的联想。这种联想是双向的，可以由因想到果，也可以由果想到因。例如，由闪电联想到雷雨和雨伞等。

5 自由联想

自由联想是指思维不受限制，主动积极地展开自由的想象。例如，由"铅笔＋橡皮"发明的橡皮头铅笔，为了看到笔芯的用量而发明的透明的笔杆等，都是自由联想的产物。

6 对比联想

对比联想是指由某一事物联想到与其相反的事物，如由美及丑、由多及少、由大及小、由好及坏等，通过事物对比产生新的创意。例如，一位商人看到孩子在逗弄一只长相"丑陋"的虫子，忽然想到，现在市面上都是好看的玩具，如果自己生产一些"丑陋"的玩具，孩子们一定很喜欢，果然"丑陋"的玩具一经推出就大受欢迎。

7 强制联想

强制联想是指将毫不相干的事物强制性地联系起来，并对两者展开丰富的想象，使其产生某种联系。例如，由"灯""动物"可以联想出"动物形状的灯""有动物花纹的灯""萤火虫样式的灯"等。这样跳跃度较大的思维方式能帮助人们突破经验的束缚，产生新的创意。

（三）发散思维

发散思维又称扩散性思维、辐射性思维，是指多角度、多方向设想、探求答案，最终使问题得到圆满解决的思维形式。发散思维是创新思维的核心，如"一题多解""一物多用""一事多写"等都是发散思维的典型形式。发散性的思维活动不受任何限制和禁锢，人们可以提出大量可供选择的方法、方案或建议，也可提出一些别出心裁、出人意料的见解，使看似无法解决的问题迎刃而解。

人们在对某事物进行发散思考时，可以基于材料、结构、功能、方法、关系、形态、组合、因果等向不同的方向发散，这样可以迅速提取多种不同的解决方法。

（1）材料。将该事物当作某种材料，设想其多种用途，从而进行发散思考。

（2）结构。以该事物的结构为发散点，利用其结构对多种可能性进行设想。

（3）功能。从该事物的功能方面展开想象，包括其具体的功能类目及设想实现该功能的多种途径时产生的创意。

（4）方法。以该事物的制造方法或原因等作为发散点展开思考。

（5）关系。从该事物与其他事物之间的联系进行联想。

（6）形态。从该事物的外观、声音、气味、明暗色差等设想创意。

（7）组合。对该事物与其他事物进行组合联想，通过不同的组合方式激发自己的发散思维。

（8）因果。以事物的发展结果为中心，推测造成该结果的原因，或以该事物发展的原因推测可能出现的结果，在这个过程中抓住灵感与创意。

案例阅读

曹冲称象

《三国志》中记载了一个小故事"冲（曹冲）少聪察，生五六岁，智意所及，有若成人之智。时孙权曾致巨象，太祖（曹操）欲知其斤重，访之群下，咸莫能出其理。冲曰：'置象大船之上，而刻其水痕所至，称物以载之，则校可知矣。'太祖悦，即施行焉。"曹操的幼子曹冲非常聪明，他五六岁时，南方的孙权赠给其父曹操一头巨象，曹操想知道这头大象有多重，便询问属下，然而没有人能够想到称象的方法。这时，曹冲说他有办法。他说："把大象放到大船上，在水面达到船身的位置做上记号，再让船装载其他物品，称一下这些物品，就可以知道大象有多重了。"

分析　小小年纪的曹冲想出了用船代替大秤，用与大象等重的其他物品简单地称出大象质量的方法，正是因为他创造性地使用发散思维，将大象的质量转化为其他物品的质量，解决了大象称重的问题。

（四）聚合思维

聚合思维是指集中与问题有关的所有信息，从不同来源、不同方向和不同层次对信息进行有方向、有条理的收敛，从而寻求唯一答案的一种思维形式。其方式是由周围向中心辐合，由外向里，异中求同，所以它也被称作辐合思维、收敛思维和求同思维。聚合思维具有以下 4 个特征。

（1）封闭性。聚合思维是将发散思维的结果从四面八方聚拢，并从这些结果中选择一个合理的答案，该过程中并不会随机添加其他新的创意想法，所以具有封闭性。

（2）同一性。聚合思维是一种求同性的思维过程，即通过求同找到解决问题的方法。

（3）程序性。在解决问题的过程中，聚合思维具有一定的程序性，即对先做什么后做什么进行一定的顺序安排，一切都有章可循、环环相扣，有逻辑性的因果链。

（4）求实性。聚合思维是对发散思维结果的筛选，相比发散思维的天马行空，聚合思维在确定最终方案时更具科学性和合理性，有一定的筛选标准，更具实用效果。

例如，1960 年，英国某农场为节约开支，购进一批发霉的花生喂养农场的 10 万只火鸡和小鸭，结果这批火鸡和小鸭都得病死了。不久之后，我国某研究单位和一些农民也用发霉的花生长期喂养动物，也导致了上述结果。1963 年，澳大利亚有人用发霉的花生喂养大白鼠、鱼、雪貂等动物，结果被喂养的动物也大都患病死了。研究人员收集到这些信息，认为发霉的花生中可能含有有害物质，后经化验研究，发现了致癌物质——黄曲霉毒素。研究人员总结多个案例，推测出一个合理的猜测，并寻求答案的过程，就是运用聚合思维的过程。

（五）逆向思维

逆向思维是对司空见惯的、似乎已成定论的事物或观点进行反向思考的一种思维形式。逆向思维注重"反其道而思之"，使思维向对立的方向延伸，从问题的相反面深入地进行探索，得出新创意与新想法。

逆向思维可以使人们基于原理、功能、结构、过程、方向、观念等因素进行思考与创新。例如，在司马光砸缸的故事中，司马光要拯救落水的孩童，正向思维往往是"让人脱离水"，但小孩子难以完成这一行为，而此时司马光选择"让水离开人"，砸缸拯救落水的孩童，这正是逆向思维的体现。

精选案例

为什么加固机尾？

某国的空军飞机在防空炮火中遭遇严重损失，为减少这种损失，他们请来飞机设计师对飞机进行加固。经过统计学分析，中弹后安全飞回来的飞机，机腹弹痕普遍较多，而飞机尾部弹痕比较少。于是飞机设计师提出加强机腹位置的安全防护，但统计学家认为应该加强飞机尾部位置的安全防护。这使很多人不理解，明明是机腹位置中弹多，为何要加固机尾呢？

原来，机腹虽然有弹痕，但能够正常返回说明机腹中弹对飞行的影响并不严重，而飞机尾部弹痕少是因为飞机尾部中弹后都无法返航了，因此统计结果呈现的是机腹位置弹痕多，飞机尾部位置弹痕少。后来，飞机设计师加固了飞机尾部，果然，返航的飞机中飞机尾部有弹痕的也比较多了。

（六）横向思维

横向思维是一种打破逻辑局限及原有问题的结构范围，从其他角度或其他领域寻求突破，从而创造出更多新想法、新观点、新事物的一种思维形式。横向思维的最大特点是打乱原来明显的思维顺序，从另一个角度寻求新的解决办法。它可以创造多点切入式的思考，也可以创造从终点返回起点式的思考。

例如，一个狡诈的骗子想通过"赌石子"的方式骗女孩的面包，他们约定玩一个"猜石子"的游戏。他们向一个布袋中放入一黑一白两颗石子，女孩如果从布袋中摸出白子，骗子就给女孩10枚硬币；如果摸出黑子，女孩就给骗子一块面包。为了赢得面包，骗子偷偷将两枚黑色的石子放进了布袋。女孩发现这一行为后，心里清楚摸出的都将是黑子。于是，女孩掏石子时，假装不小心将摸出的黑色石子掉在地上，混入地上的一堆石子里，让人分不清摸出的石子颜色，然后对骗子说："看看布袋里剩下的那枚石子的颜色，就知道我摸中了哪一个。"布袋中只剩下一个黑色的石子，他不得不承认女孩摸中了白色的石子。该故事中，女孩若依从骗子的逻辑行事，无疑将输掉游戏。但这时，她立足当前实际，跳出骗子的逻辑，从让对方承认自己摸出白子的结果推导，获得了一个新的解决问题的方法，这无疑是横向思维的体现。

（七）纵向思维

纵向思维是一种按逻辑顺序进行思考，直至获得问题解决办法的一种思维形式，遵循由低到高、由浅到深、由因到果、由始到终的层递式思维原则，以最终得出当前各种情况下最合理的结果。

例如，生产线上的机器总是停转，多次维修都无效，为了解决这个问题，生产组长决定探寻机器停工的根本原因。首先，他发现机器超负荷运转烧断了保险丝，导致机器停转。接着，他发现轴承润滑不足导致机器超负荷运转，而润滑不足的原因在于润滑泵的油泵轴磨损松动……这样一层层地进行推断，最终他发现最根本的原因是没有安装过滤器，致使杂质混入、机器阻塞，只要安装过滤器，一切问题都可以迎刃而解。

（八）直觉思维

直觉思维是指不受某种固定的逻辑规则约束而直接领悟事物本质的一种思维形式。例如，突然对某一问题产生"灵感"或"顿悟"，甚至对未来事物的结果产生"预感"或"预言"等，都是直觉思维的表现。直觉思维凭借人已有的知识经验产生，具有简约性、独创性和突发性3个特点。

（1）简约性。直觉思维是一瞬间的思维火花，是长期积累的一种升华，是思维过程的高度简化，但它却清晰地触及事物的"本质"。例如，魏格纳观察世界地图，发现大西洋两岸的大陆好像是互补的，南美洲大陆和非洲大陆可以拼合为一个完整的大陆，由此他猜想这两个大陆过去是一个整体。经过考察、验证后，他终于提出了"大陆漂移说"。

（2）独创性。直觉思维不专注于细节推敲，具有无意识性、随意性和灵活性，因此，人的认知结构能向外无限地扩展，具有反常规的独创性。

（3）突发性。直觉思维的过程极短，稍纵即逝，其获得的结果是不经意的顿悟、突如其来的灵感等。例如，著名的"万有引力定律"就是牛顿在苹果园休息时，不经意间受到苹果落地事件的启发而研究发现的。

利用灵感获得成绩

　　服装设计专业毕业的秦怡有一个从不离身的笔记本，里面满满的都是她灵感一现时画下的服装设计草图。在老师眼里，秦怡是一位开朗、勤学的学生，她专业成绩名列前茅，还经常拿着自己设计的作品请教老师，请求老师提出修改意见，以设计出更好的作品。她喜欢关注著名服装品牌的微博、微信等新媒体账号，并分析这些知名服装品牌的风格、特色和优势，从中寻找灵感。她还喜欢逛线下和线上的各种商城，欣赏各种服饰设计，提升自己对艺术的敏锐度。每当她产生灵感时，都会迅速在笔记本中将其记录下来。

　　毕业前夕，秦怡参加了一个地区性的服装设计大赛，她参投了 3 幅作品，每一幅都取得了十分不错的成绩。赛后，老师请她为学弟学妹们分享设计经验，她说："很多人认为，设计需要灵感，这没有错，但是灵感并不是凭空出现的，它来源于我们日复一日的积累和学习，只有奠定了足够的基础，才能在灵感到来时准确地抓住它。"

　　启示　灵感是一种创新思维。案例中，为了捕捉灵感，秦怡不断进行相关知识的学习，扩大自己的知识储备，并在灵感产生时将其记录下来，使稍纵即逝的灵感得以留存，该方法值得广大大学生学习。而正是得益于对灵感这种直觉思维的利用，秦怡才取得了不错的成绩。

四、基于互联网的创新思维

　　互联网时代是一个充满想象力的时代，在互联网快速发展的背景下，企业的创造、生产、销售等运营思路和方法都发生了重大变化，基于互联网的创新思维也应运而生。大学生生活在互联网大力发展的时代，在进行创新创业活动时，也可以运用结合互联网特性的创新思维进行思考，提升自身创新创业的有效性和可行性。

（一）用户思维

　　用户思维的本质是"以用户为中心"，对于企业而言，需要注重 3 个方面。一是了解哪些是自己的用户、其规模有多大、如何扩大用户规模。例如，拼多多这类电商平台需要尽可能广地触达消费者，其通过"砍一刀"等营销方式裂变，使用户规模得以快速扩张。二是站在用户的角度了解其所思、所想，从而更好地满足用户需求，促进产品的销售。三是注重用户体验，加强用户的参与感、体验感，以增强用户与企业之间的情感联系，例如现今不少企业建立了用户群，在群中以奖励形式发布任务鼓励用户参与，通过增强用户的参与感与体验感增强用户黏性。用户思维是市场经济条件下的基本法则，只有具备用户思维，企业才能获得用户的信任，成功销售产品、获取利润。

　　从创新创业的角度看，有用户的创新创业项目才是有价值、有发展前景的，因而在开展创新创业活动之初，大学生创业者就应该调查、了解创业项目所面临的市场和消费者，在产品设计、用户服务等方面增强用户的体验感和参与感，从而获得用户的信赖。

（二）迭代思维

　　在创新创业的研发、生产等阶段，创业者可以运用迭代思维。迭代即交换替代，我们可以将其简单理解为新开发产品上线、测试，发现缺点后立刻修改，然后继续上线测试的一种产品研发和更新的模式。迭代的内容可大可小，小到产品某一个功能的不断更改和完善，大到整个产品的优化和创新。如今的智能全面屏手机就是基于以前按键手机不断迭代发展而来的。迭代的过程其实就是创新的过程，通过迭代，产品的质量、开发效率和服务效果，乃至科学性和创新性等都可以得到大幅提升。在创新创业活动中，迭代思维其实是一种"微创新"思维，创业者通过不断的"微创新"实现创业项目和创业产品的迅速迭代，以精益创业的状态实现更优质的创业成果。互联网时代日新月异，许多 App 都采用具有主要功能即上线，后期不断迭代完善的方式面市。一方面抢占市场和先机，另一方面可以根据用户反馈进一步完善产品。

精选案例

小米的产品迭代

雷军离开金山后，带领团队创立了小米。刚开始，小米的主要业务是手机系统研发。他们创建了小米社区，并邀请用户一起参与 MIUI 系统的设计。对于比较好的用户意见，他们就会采纳，并在一周一次的系统更新后告知用户本次系统更新的更新点有哪些，采用的是哪位用户的哪个意见。小米通过高频率、高密度地与用户线上交互，获取了大量用户使用反馈，并快速迭代进行产品设计升级。

在如此快速的迭代下，MIUI 系统迅速成熟，同时积累起一批忠实"粉丝"，建立了口碑。2011 年 8 月，小米发布了第一款手机"小米 1"，开始了自己的征途，并坚持保持较高的迭代速度。2012 年小米便发布了"小米 1S"和"小米 2"，2013 年 4 月发布"小米 2S"，同年 9 月发布"小米 3"……2021 年 12 月，小米发布了"小米 12"。每一年，小米都会发布一款甚至多款新机。与此同时，MIUI 系统也保持了高速更新，2022 年已经更新至 MIUI 13。

频繁的迭代使小米能够一直为用户提供新鲜的体验，在当前的智能手机市场，小米手机凭借不断迭代，牢牢占据市场头部位置。

分析　小米在发展过程中，通过迭代思维，不断推动产品和系统的更新，使产品始终能够满足市场需求，同时使用户获得较好的使用体验，最终获得了成功。

（三）简约思维

在创新创业的研发、生产等阶段，创业者可以运用简约思维。简约思维可以从两个方面进行理解，一是只针对用户需求设计产品，产品的功能、构架尽量简约，抓出用户的核心痛点而不是功能越多越好，这样才能最大限度发挥产品的价值。例如薄荷健康专注于饮食健康与营养方面，通过为消费者提供营养健康等方面的综合解决方案，成功成为该领域的代表性品牌。二是功能尽量简约，有时为了解决用户痛点，可以为产品设计很多功能，但需要思考所有功能是否必需，应去除其中可有可无的功能，实现功能的简约、高效。这种思维运用在创业中的做法是：定位目标客户，精准打磨功能，垂直领域深耕，行业龙头老大。

（四）极致思维

在创新创业的研发、生产、销售、服务等阶段，创业者可以运用极致思维。极致思维是将产品、服务、用户体验等做到极致，直到超越用户预期的一种思维，本质上是一种服务思维、营销思维。在"互联网+"背景下，信息的传递速度非常快，创业者要想设计出令用户惊喜的产品，打造好的口碑，获得投资人的青睐及用户的认可，就需要这种极致思维。这一方面要求创业者具备不断创新的意识，能创造新的东西，或能对已成熟的产品进行部分创新，使创新创业主体进行更进一步的、持续不断的突破。另一方面则要求创业者尽可能追求产品创造和创新的极致，使其趋于完美，或者说一直追求完美，这样才能做出超用户预期的产品，使产品在市场上有好的表现。

精选案例

将钟表做到极致

20 世纪初，被誉为"钟表之国"的瑞士已经是世界钟表业的领头羊，但是在 20 世纪 60 ～

70 年代，瑞士钟表业受到来自日本的竞争冲击。一方面由于瑞士钟表的人工成本非常高，所以其钟表价格较贵，而相对而言日本的钟表更加物美价廉；另一方面当时日本的电子计时技术开始在全球盛行，冲击了机械表市场，导致瑞士钟表的全球市场占有率逐年下降。

当时的一种建议认为，瑞士钟表可以将生产外包给日本，进行品牌贴牌，以降低生产成本。这是当时较为流行的一种做法，但是瑞士并没有这样做，其并不认为自己的钟表市场会被取代。因为瑞士有数百年的钟表制作经验和优秀的表匠，这些表匠可以将钟表做得更为精密，把复杂的零部件做得更加极致，如将原本的 300 个零部件精化为 100 个零部件，这样制作出来的产品成本更低，质量更好。正是由于瑞士钟表匠的这种极致思维，如今瑞士仍是世界钟表业的领头羊。由此可见，只有将产品做到极致，才能更好地满足用户。

（五）流量思维

在创新创业的销售、服务等阶段，创业者可以运用流量思维。在互联网领域，流量通常是指网站、App 等平台的访问量，一般来说，访问量越高，平台的价值就越大。例如，很多互联网网站和 App 都会通过平台的流量展现平台的价值。在创新创业活动中，创业项目的运营者也必须运用流量思维大面积、多渠道地获取用户，甚至运用流量思维改变经营模式，推动创业项目前期的稳定发展。例如，很多项目在发展前期会选择免费的经营模式，积累了一定的用户量后，再寻求有效的变现途径。

（1）吸引流量。现代网络社会是"流量为王"的社会，为了吸引更多流量，创业者应有拉新、留存和促活的意识，以吸引流量，例如，拼多多著名的"帮人砍一刀"就是利用用户本身的人脉为平台拉取新用户，该方式高效且省钱。此外还可以以投资引流，如一些打车 App，前期通过低价补贴吸引用户注册使用，以扩大用户基础，拉开知名度，当其流量领先于同类平台时，就有极大可能获得进一步投资，进而发展成为行业头部 App。再比如，抖音、小红书等一些流量平台需要签约一些大博主吸引流量（将其在另一平台的"粉丝"引流到自己这边）。但引流之后要注意培养用户习惯，增强用户黏性。

（2）流量变现。很多自媒体博主的某条帖子、笔记或视频获得较大网络热度，吸引不少用户关注后，该博主的商业价值将得到提升，许多商家可能与其洽谈合作，推广产品，博主可从中获利，即流量的变现。

（六）社会化思维

在创新创业的销售阶段，创业者可以运用社会化思维。社会化思维是基于产品营销、传播的一种思维模式，指灵活运用社会化媒体、社会化工具、社会化网络打造关系网，利用关系网进行口碑营销、宣传等，提升产品在用户心中的认知度和传播度。社会化思维是一种挖掘关系层价值的思维，在创新创业活动中，创业者可以利用社交关系进行基于关系的链式传播，重塑与用户的沟通关系，改变组织管理和商业运作模式。比如销售，以前一对一销售产品，资源丰富的时候开新品发布会 1 对 500 销售产品；现在运用互联网，直播带货时一对万、一对千万销售产品。

（七）大数据思维

互联网时代是数据信息爆发式增长的时代，对于创业者来说，数据是创业项目的重要资产，也是创业项目竞争力的一种体现，因为创业项目面世后，必然会面对无数的用户、合作方，他们都将产生不同的数据信息，每一项数据信息都可能为创业项目的营销和运营策略提供数据支撑，所以创业者必须运用更强的决策力、洞察发现力和流程优化能力处理海量、高增长率和多样化的信息资产。而要做到这一点，必须具备大数据思维。

大数据思维要求创业者做到以下 3 点。一是学会运用科学的数据分析方法分析数据，从数据中发现过往情况、未来发展趋势和创新空间；二是能够进行数据挖掘，找出数据背后隐藏的含义；三是能够综合利用前两点的结果，预测用户的行为，快速做出科学的决策。

（八）平台思维

在研究创新创业项目的战略、组织和商业模式时，创业者可以运用平台思维。在传统的经营模式下，企业主要是以产品为中心，通过降低成本、提高利润赚取收入。而在互联网环境下，企业不再仅仅依靠产品盈利，还可以提供对接需求与服务。例如，淘宝对接了购买者和销售者的需求，为他们提供服务，这种经营模式就是基于平台思维的。所谓的"以点覆面"也是平台思维的一种体现，例如，阿里巴巴创立了淘宝、天猫、支付宝等多个 App，在多个领域水平布局。平台思维是对商业模式、组织形态的一种创新，在创新创业领域，创业者可以运用平台思维打造一个多方共赢的生态圈，帮助平台的各参与方实现价值、得到价值，从而实现多方共赢。

（九）跨界思维

在研究创新创业项目产业发展问题时，创业者可以运用跨界思维。跨界思维是一种采用多角度、多视野看待问题并提出解决方案的思维方式，可以将跨界思维简单理解为将一个领域的技术应用于另一个不相关的领域，从而产生新的价值和影响力。跨界思维的应用十分常见，例如仿生学研究中，借鉴生物特性研发的雷达（蝙蝠）、建筑结构（蚁巢）、飞机（鸟类）等科技成果，本质上就是一种跨界。在互联网环境下，跨界思维的应用更加广泛，例如支付形式从纸币转变为移动支付的过程，就体现了跨界思维，是传统支付与互联网的跨界。事实上，跨界思维是一种创新思维和突破思维，是一种交叉融合的思维，也是一种商业模式的创新，例如大白兔进行跨界营销，与国家博物馆合作打造文创产品、与太平洋咖啡合作推出大白兔牛奶味咖啡，与美加净合作推出联名润唇膏，与气味图书馆联名推出香水、身体乳等一系列产品，通过跨领域的合作和创新尝试获取全新的利润空间，这也是跨界思维的体现。在创新创业活动中运用跨界思维往往可以带来各种颠覆式的创新，而要应用这种创新思维，就要抓住问题的本质，运用新的思维攻克当前难题，提出新的解决方法。

任 务 二　探索创业思维

日常生活中，不同的人看待问题的角度与深度有所不同，相应地，其行为方式也有所不同。有的人思维敏捷、眼光长远，能够发现生活中的新奇与独特之处，所以总能先于他人发现新的市场，并获得成功；有的人则选择跟随领头者的脚步，在已有市场中随波逐流；有的人总是一条路走到底，不给自己留退路；有的人则通过多种选择规避风险。不同的思维方式导致不同的行为和决策。而在创业活动中，创业者应当具备创业思维。

一、创业思维的含义

创业是一个实现理想与期待人生的过程，这个过程中充满了各种不确定性，需要人们不断行动并调整，而这种快速行动，通过试错、反思进行快速迭代，并实现目标的思维，就是创业思维。创业思维伴随于整个创业过程，它是一种帮助创业者决策和提高商业表现的能力，是一种尝试发现和利用机会，帮助创业者寻找问题解决途径的观念与方法，用于指导创业活动。

从本质上看，创业思维的最终目的是创造更多可能性，降低风险的不确定性，找到创业成功的有效途径。作为研究创业者创业思维的重要成果，萨拉斯·D. 萨拉斯瓦斯提出的效果推理理论能在这方面提供较大帮助。通过对 17 个州、30 个创始人的调研，萨拉斯从创业者在创业实践中的决策认知机制出发，提出了基于效果推理的创业决策逻辑。其过程模式如图 2-2 所示。该理论是一系列关于在不确定环境下如何思考、决策和行动的启发式逻辑，主要解释在高度不确定的情景下，创业者如何在行动中创造机会。

效果推理理论是一种行动思维的理论，该理论认为，创业者将想法转变为结果，这个过程是基于行动导向的，是无法预测的，其创业的初始条件包括以下3点。

（1）我是谁：主要指创业者的特质、能力等。

（2）我了解什么：主要指创业者先前的知识储备，如接受教育情况及经验等。

（3）我认识谁：主要指创业者的社交网络。

创业者在此基础上判断自己能做什么，即通过谋划各种创业行为，根据可承受的损失确认目标，然后通过与社交网络中的人积极互动、广泛沟通，验证自己的想法并寻找志同道合的利益相关者，获得合作伙伴承诺，并使资源不断扩张，从而开始创业活动。

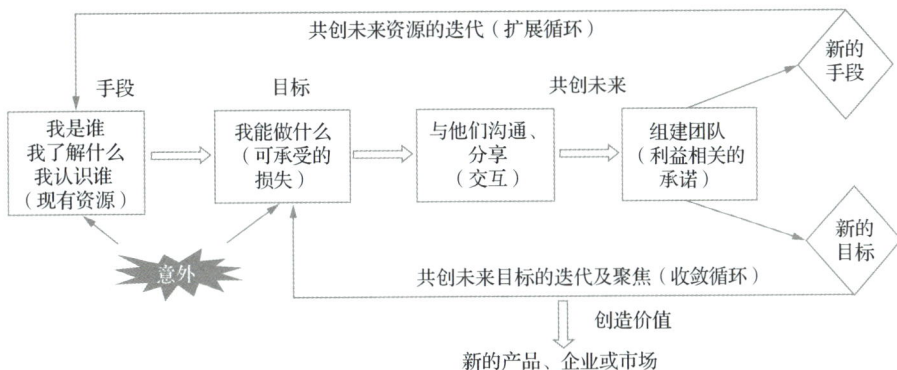

图 2-2　效果推理理论的过程模式

相比传统的目标导向的决策机制（创业者可以通过市场调研确定具体经营目标，从而选择最优手段达成预期效果。然而由于外部环境高度不确定、资源匮乏，创业者没有太多资源用于市场研究，创业者将难以在动态与复杂的情况下做出准确的预测，也无法提前确定目标或通过转嫁风险降低未来可能的损失，这种以目标为导向的因果模式的新创企业处于劣势），该理论认为创业者应创造性地利用现有资源，通过把握当前机会的调整性战略应对未来可能难以预料的情况。

这一理论同时为21世纪之后，学者们从聚焦创业者特征的问题转向揭示创业者的思维形式，探索"某个个体如何才能变得富有创业精神，创造机会并针对机会展开行动"的问题研究做出了回答。

二、创业思维的原则

萨拉斯在效果推理理论的基础上提炼出了创业思维的5个原则，即在手之鸟原则、可承受的损失原则、缝被子原则、柠檬汁原则和飞行员原则。创业者在其行动中往往会遵循这些原则。

（一）在手之鸟原则

在手之鸟来源于谚语"A bird in the hand is worth two in the bush（双鸟在林，不如一鸟在手）"。强调从自己拥有的资源出发，即知道我是谁、我了解什么、我认识谁，最后通过这些资源回答"我能借此创造什么"。

精选案例

两个同学的创业设想

徐飞是一名即将毕业的大学生，在很多同学开始为就业求职做准备时，徐飞却有着不一样的烦恼，他想自己创业。在一次机器人大赛上，徐飞看到了很多会动的机器人，这让他觉得很酷，于是萌生了制造并贩卖会动的机器人微型模型的想法。可是这只是徐飞初步的想法，具体怎么做，他还没有主意。因为他所学专业与此大相径庭，而且对于这些产品的设计、结构与制作，他也一窍不通，身边也没有这种科技产品的创业者，因此，徐飞的创业难以推进。

娄文也是一名想要创业的大学生，通过对自己拥有的资源进行分析，他发现同学老家的山货不仅品种多，而且品质佳，通过同学在本地收购可以获得非常优惠的价格，而且一些当地特产也特别好吃，若开设网店，自己还可以承担网店美工的工作，总体成本较低，同时，同学还能提供原材料收购和原始资金上的帮助。通过调查分析之后，娄文发现自己完全可以承受该创业可能面临的风险，因此很快就联合该同学，开了一家经营特色农产品的网店，由于物美价廉，不久该网店的运营就步入了正轨。

分析　娄文能够成功创业正是在于他从自己拥有的资源出发，明确了自己可以做什么，并将其落在实处。相比之下，徐飞的创业设想只是"空中楼阁"。

（二）可承受的损失原则

创业活动的结果难以预料，且创业过程可能需要不断的探索和试错，为此创业者应计算可承受的损失，决定是否行动。相比未来的潜在收益，可承受的损失是创业者容易计算且能够控制的。

例如，对于大学生创业者而言，在化妆品分销行业进行创业，相比研发生产化妆品的创业风险和损失更小。当然，如果大学生创业者有大量的资金支持其研发生产化妆品，且其损失是可控的，也可以进行化妆品研发生产创业。如同上述案例中的娄文，其创业也是通过风险评定的，认为农产品网店经营成本较低，损失是可以承受的，因此尝试创业。

（三）缝被子原则

缝被子意味着联结、共创，该原则要求创业者从拥有的资源开始，针对自己要做的事，寻求愿意为创业项目投入实际资源的利益相关者，缔结创业联盟，也就是组建创业团队和伙伴关系。

前面案例中娄文选择其同学作为创业伙伴就体现了该原则，对方不仅是娄文可使用的"人力资源"，也是利益相关者、"同盟者"，双方的合作在一定程度上可以增加创业成功的概率。

（四）柠檬汁原则

柠檬汁原则来源于俗语"When life gives you lemons, make lemonade（当生活给了你柠檬，就让它变成柠檬汁吧）"，鼓励人们面对逆境、不幸也要乐观积极。这被认为是创业者的核心技能，即能够拥抱不确定性，积极主动接纳各种意外和偶发事件，使其成为自己成长的"养料"。

同样以娄文为例，在开设网店的过程中，娄文发现店铺销量一直不高，采用朋友圈推广的方式收效甚微。如果找影响力较大的自媒体推广，则成本较高，且收益情况未知。基于此，娄文及其伙伴打算找一些更节约成本的方法，通过市场调查之后，两人在不同平台选择了一些"粉丝"数达数万，且"粉丝"活跃度较高的个人账号，通过免费邮寄和约谈合理推广价的方式，以及自主发文、产品直播和产品折扣等举措，不断宣传店铺。经过长期的坚持与努力，其网店销量比以往增长了数十倍。试想，如果双方早早放弃，可能创业已濒临失败。

（五）飞行员原则

飞行员是飞机的掌控者，控制着飞机的方向与航程。同样，在创业过程中创业者应"自己掌握方向"，即创业者的主要精力应放在采取行动上，而不总是预测未来。

例如，娄文等人如果仅仅将创业保持在设想状态，而不付诸实践，他们就难以成为真正的创业者，也不会获得成功。

三、创业思维的培养

受全球经济发展影响，我国正处于创业活跃期，自主创业成为当前大学生毕业后的主要选择之一，而要想成功创业，大学生要注意创业思维的培养。

（一）重视培养创新创业能力

创新创业能力包括大学生的知识基础、技能水平、创新思维、逻辑思维、学习能力、运用知识的能力、领导力、组织协调能力和行业认知能力等有助于大学生创新创业的各种知识与技能。其通常形成于各种学习实践活动之中，是大学生成功创业的先决条件。如果缺乏足够的创新创业能力，大学生就难以具备自主创新意识，也很难实现较高层次的创新，创业成功的概率将大大降低，因此，大学生要注重自己创新创业能力的提升，并同时提升自己的分析能力、辨别能力、观察能力等。

（二）参与创业培训

通过创业培训，大学生的洞察能力、决策能力、领导能力、协调能力和思维能力能得到有效提升，创业的热情、勇气和信心也能得到增强。而培训过程中创业想法的形成、商业模式的学习、创业计划书的撰写等环节，都可以丰富大学生创业经验，增强大学生创业的综合素质，培养大学生的创业思维与能力。

（三）进行创业实践

实践出真知。创业本身是一种实践，即将想法变为现实，而在该过程中，创业者可能接触发现、设计、服务、场景、商业模式、开发制作、测试和融资等与业务相关的方方面面，并在该过程中不断发现并解决问题。因此若大学生参与创业相关的实践，无疑将有助于其创业思维的形成、发展与创业活动的成功。常见的参与创业实践的方式包括参与创新创业竞赛，充分利用学校的大学生创业孵化基地、创业园、创业实习示范基地等设施开展实训，或走出校园自主创业等。

（四）培养创业精神

创业精神是创业思维的意志支撑，能够在大学生创业活动中为其提供强大的精神力量，支撑其创业行为，增强大学生面对创业困难的勇气和信心，为其创新成长提供持续的生命力。大学生可以从学会提问、提高创造意识和科学思维、坚定自己的意志，以及表达并验证自己的想法等方面推动创业精神的形成。

（五）反思与学习

没有人能够总是一次成功，尤其是面对一件不那么容易实现的事时。因此，创业的过程可能是一个不断试错的过程，唯有坦然接受失败，并不断反思，才能在失败中快速学习，逐渐走向成功。反思是一种深度学习，包括回顾自己所做的事情、通过行动领悟到的事情及下一步行动计划。

（六）与创业成功者交流

与创业成功者的交流，尤其是与同行业创业成功者交流，可使大学生创业者获得更多关于创业的见解和经验，避免进入创业中的误区。

四、基于互联网的创业思维

互联网背景下，移动互联网、大数据、云计算、物联网等技术不断发展，创业机会辐射范围相当广泛，创业者面临更多的机遇与挑战，只有适应互联网时代的特性，具备互联网创业思维，创业者才能在时代环境中抓住机会。

（一）互联网思维

互联网时代创业，首先应当具备的思维是互联网思维，也就是充分利用互联网的精神、价值、技术、方法、规则、机会，指导、处理、创新生活和工作的思维。其核心是惠及广大百姓、客户体验导向、基本服务免费，这意味着创业者要学会利用互联网的资源开发产品和服务，并追求极致的用户体验，使产品和服务能够满足消费者的需求。

（二）追求时间和效率的思维

互联网时代信息瞬息万变，创业机会转瞬即逝，只有注重时间和效率，以最快速度抓住高质量的创业机会，创业者才可能获得创业的成功。

（三）与时俱进的思维

市场竞争总是"快鱼吃慢鱼"，发展快的、走在时代前沿的创业者更有可能做大做强。这要求创业者具有前瞻性，能够把握行业发展的风向，抓住时代的机遇，或者能够开拓创新，这样才能保证企业在发展浪潮中稳步向前，不被淘汰。例如，在共享经济、共享汽车引爆共享市场后，某创业者认为共享充电宝是值得投资的领域，因此他很快收购了一个共享充电宝品牌，并通过强力地推和产能补充迅速抢占市场份额，之后成功使该品牌成为该领域的头部品牌，领跑市场。

（四）整合服务与产品的思维

相比传统行业，互联网行业的一个显著特点是产品与服务一体化。例如，购买某产品后，消费者要想获得更舒心的使用体验，还要购买配套服务。或者消费者想要享受某种服务，需要购买使服务发挥作用的产品。产品与服务的融合是当前时代的重要特征，因此创业者考虑创业项目时要具有这种意识，才能助力未来更长远的发展。

课后思考与练习

1. 我们第一眼看到意大利地图时觉得它像什么？是不是会想起高筒的马靴——圆柱形的靴身、尖头的鞋尖、锥形的鞋跟？生活中，你还产生过哪些有趣的联想吗？

_____

2. 曲别针是生活中的常用物品，可以用于别相册、夹文件……你还能想到曲别针的哪些用途？请运用发散思维，就此谈谈你的想法。

_____

3. 每个人或许都曾经有过尝试一个想法的瞬间，但可能因为各种原因而未继续，例如，开一家书店、开一家淘宝服装店或售卖手工艺品等。现在，想想你有什么一直想做却没做的事，通过填写表2-1所示的创业思维练习表，思考你应该如何行动起来。

表2-1　创业思维练习表

我的欲望（一直想做却没做的事）	
我拥有的资源	
1. 我是谁	
2. 我知道什么	
3. 我认识谁	
我能做什么（为了实现想法，我愿意放弃哪些？如时间、机会等）	
我的创业团队（可以分享的对象，及其能带来的资源）	
我的行动计划（我要做什么）	
行动1	
行动2	
行动3	

4. 阅读分析以下案例，回答问题。

小李从小就很喜欢书店，所以他一直梦想着未来可以经营一家书店。毕业后，小李想要在学校附近开一家以大学生为主要客户，具有特色的书店，他综合分析了一些"网红书店"的运营模式，但这类书店常集中于高消费水平区域，可能不适合大学生。为此，他打算立足高校，为学生提供特色、高品质的服务，最好能结合自己的专业特色，于是他提出了建立"健康书吧"的设想。

（1）假设你是与小李志同道合的伙伴，综合本章学习的创新思维相关的知识，你还会给该书店提出哪些有创意的建议？

_____

_____

（2）结合当前的互联网背景，你能为小李的创业提供哪些建议？

_____

_____

方法篇

学习提示

　　创新创业方法篇依据创业体系展开，梳理了创业的具体要素。从识别商机、落实创业项目，到搭建创业团队，再到设计商业模式与整合创业资源，当这些创业准备工作完备时，创办企业的成功率将大增。若辅以创新手段，初创企业则具有更强的竞争力。

CHAPTER 03

项目三　识别创业机会与风险

本章学习目标

（1）知识目标：了解当前的创业形势，掌握识别创业机会、选择创业项目、防范创业风险的方法。

（2）技能目标：能够通过各种途径与方法获取创业政策信息，根据创业机会的来源分析市场中潜在的创业机会并挖掘有价值、适合自己的创业项目，对创业风险有充分的认知，做到有备无患。

（3）素质目标：培养敏锐的观察能力和分析能力，通过动手实践，熟练掌握识别创业机会与风险的理论方法，为创新创业做好充分准备。

引例

创业梦想沿着"一带一路"开花结果

十年来，"一带一路"建设在世界和平与发展大潮中不断升华，得到越来越多国家和国际组织的信任和支持，"一带一路"倡议已从谋篇布局的"大写意"转变为精谨细腻的"工笔画"。西安这座丝绸之路的起点城市，有一路西行犹如"钢铁驼队"的中欧班列，也有乘坐贸易快车实现自身价值的各国创业者……在这里，他们深化交流互鉴，发现创业机会，成就创业梦想，共同见证着丝路的复兴与繁荣。

十多年前，元朝辉和在西安交通大学留学的哈萨克斯坦姑娘阿妮塔相识相恋，终成眷属。2015 年，元朝辉注册成立了西安丝绸之路电子商务有限公司，借助西安国际港务区开通的"长安号"班列和建设"内陆港"理念，让更多商品"走出去"。2016 年，集产品展示、仓储为一体的"丝路城电商卖场"成立。2017 年，夫妻俩成立了陕西丝路城控股集团有限公司，货物乘坐中欧班列"长安号"，实现订单最长 15 天覆盖整个中亚、俄罗斯地区。

目前，元朝辉依托西安向东集散、向西开放的区位优势及中欧班列"长安号"，并结合在"一带一路"沿线国家建设的海外仓、自建物流体系及社交电商平台——SRC SHOP（丝路城App），面向中亚及俄罗斯地区的跨境电商业务，致力于打造一条中国企业"走出去、引进来"的大通道。他们在哈萨克斯坦、俄罗斯、白俄罗斯投资建设了 6 个海外仓，以及自有投递体系——Silkroad Express、丝路驿站，可以做到消费者下单后，3 ～ 10 天内覆盖整个中亚及俄罗斯地区，为当地消费者带来"好货不贵，物流还很快"的跨境电商购物体验。

在元朝辉的创业故事里，从小小的牙膏、拖鞋到实现整车出口，他们的事业沿着"一带一路"开花结果。

同时，越来越多的外国人选择留在中国，留在西安创业。从长安大学硕士研究生毕业的刚果（布）留学生英勇作为创业者，获得陕西自由贸易试验区首个外国人创业签证，他成立了陕西君瑞承天文化传媒有限公司，主营广告代理与制作业务，同时以视频形式记录留学生在华生活，促进中非文化的交流与传播。"当时选择桥梁和隧道工程这个专业，是因为中国帮助非洲搭建了很多桥梁，铺了很多路，让非洲人民的生活更加幸福。"英勇说，选择留在中国，是因为想在西安创业做出点成绩，为中非文化交流贡献绵薄力量。

留下，因为看到机遇和空间，"一带一路"倡议孕育着无限希望，搭上这条高速飞驰的列车，可以看到更远、更美的风景，创业梦想乘着"一带一路"的春风正在逐一实现。

【想一想】

1. 元朝辉夫妇和留学生英勇发现了什么样的创业机会？他们是如何做的？
2. 在"一带一路"倡议的引领下，大学生创业者应该怎么做？

很多创业者都将自己的成功归功于"抓住了机会"，可见创业机会的重要性。从创业机会的角度出发，可以将所有的创业活动都视为一个或几个创业机会的实现过程。大学生要想成功创业，就要找到适合自己的创业机会，并去实现。

任 务 一　创业形势解析

自主创业是一条充满机遇、风险和挑战的道路，这条道路可能顺风顺水、畅通无阻，也可能坎坷崎岖、布满荆棘。大学生有志于创业，对当前的创业环境和政策有所了解，是走好创业之路的第一步。

一、当代大学生创业的环境

大学生创业的成败不仅受制于大学生自身的素质、条件，还与外部环境息息相关。熟悉创业环境，大学生可以做出正确的决策，取得创业的成功。目前，大学生的创业环境中，既存在有利因素，也存在不利因素。

（一）大学生创业的有利因素

总体来看，大学生创业的趋势正在逐渐向好，这得益于以下有利因素。

（1）时代背景。目前我国经济正处于转型阶段，社会产业结构面临重大调整，此时会涌现出无数创业机会，是创业的大好时机。大学生作为掌握前沿科学技术和知识、容易接受新事物的群体，适应这样的创业背景。

（2）国家支持。近年来，国家将"大众创业、万众创新"提升到促进我国经济转型和稳定经济增长"双引擎"之一的高度。随之而来的是一系列国家和各级政府层面创业优惠政策的施行，这些政策减轻了大学生创业者的负担，切实改善了大学生创业的环境。

（3）社会支持。大部分高校与一些社会组织纷纷开设了形式多样的创业培训课程和平台，创业培训可以在一定程度上弥补大学生缺乏社会经验的短板。大学生能通过创业培训了解创业的相关知识、与其他创业者沟通交流等，提升自身的创业能力，提高创业的成功率。同时，大学生自主创业当下逐渐为人们接受并给予支持。社会对大学生创业失败也更加包容，很多大学生在创业失败的情况下仍然能够借助合法贷款等方式再次创业。

精选案例

产教联盟培养农村电商人才

2019年，益阳职业技术学院等15家单位联合发起湖南省农村电商产教联盟，省内26所高职院校、22所中职学校、32家电子商务企业、4家行业协会和1个产业园区共同参与。联盟集聚多方力量，全力打造湖南省农村电子商务产教融合创新平台，为大学生提供网店运营管理、网店美工、网络推广、电商客户服务与管理、农产品供应链管理等方面的培训。

2021年，湖南省农村电商产教联盟将专业建设与农业产业发展紧密结合，创新"创业培训＋网红培养"模式，以"一品一团队"为目标，计划3年培养100个大学生农产品"带货"直播团队。至2022年底，湖南省农村电商产教联盟连续3年组织成员单位近400名师生，以直播、短视频创作、新媒体推广等方式，先后服务安化黑茶、南县稻虾米、沅江芦菇产业，并到玉米地、水蜜桃园等生产现场，为扶贫村直播带货累计产生原创作品1000多个，浏览量达179.5万，订单8000多笔，总销售额69.1万元。

分析 本案例中，益阳职业技术学院牵头组建的湖南省农村电商产教联盟，集聚政府、职业院校、行业协会、电子商务企业、产业园区等多方力量，为大学生提供专业的创业培训，既能帮助大学生成功创业，实现人生价值，又能推动当地农产品的销售推广，为乡村振兴做出贡献。

（二）大学生创业的不利因素

在当下环境中，大学生创业者仍然面临一些不利因素，这些因素制约了创业活动的开展，为大学生创业带来了风险和挑战。

（1）融资困难。创业离不开资金支持，大多数大学生创业者本身没有足以支撑创业活动的资金储备，也没有可供抵押或质押的资产，因此很难从银行获取大额贷款。而风险投资者往往青睐技术或管理能力较强的创业团队，通常也不会投资大学生创业者。大学生创业者融资的渠道较窄且成本较高。

（2）知识产权被侵犯。虽然我国已有完善的知识产权保护体系，但社会公众的知识产权保护意识仍然不够强。大学生创业者往往无法承担高昂的知识产权维权的时间、金钱和人力成本。

（3）创业风险管理机制不完善。创业是高风险活动，部分大学生创业者对创业抱有理想化、过于乐观的态度，缺乏风险意识。同时，社会对于创业风险的管理防护机制（如相关的保险服务等）也不够完善。

（4）社会偏见与误解。目前社会上仍有一部分人对创业怀有偏见，认为大学生不应该自主创业。一部分社会公众对大学生仍带有不稳重、靠不住的刻板印象，甚至有的企业不愿意与大学生创业者合作，导致大学生创业者无形中失去了很多机会。

二、当代大学生创业的政策

精选案例

让青春之花在稻田中绽放

33岁的农村姑娘邓小燕是2023年（5月4日）获颁"五四奖章"的杰出青年中的一位。8年前，她放弃沿海地区的工作，返乡创业。历经困难和挑战，这个敢想、敢干、敢闯的"小燕子"，让家乡的"东宝贡米"走出了大山，也让乡亲们过上了好日子。她的创业故事正带动着更多家乡青年加入乡村振兴的发展大潮中。

东宝镇是有名的"贡米之乡"，种植稻米的历史可以追溯到唐朝。由于地理气候条件优越，这里所产的大米糯性强、口感好。那一碗稻米饭香是熟悉的家乡味道，也是邓小燕一直的牵挂。2015年，在珠海生活了三年、已有稳定工作的邓小燕决定回乡创业，使"东宝贡米"走出大山，使老乡们都能从种稻米中获益。

由于缺乏农业种植知识和经验，这只冲劲十足的"小燕子"刚飞回大山就碰了壁。创业第一年，邓小燕带头试种的50亩再生稻全部失败。不服输、敢尝试的邓小燕决定从头再来。她跟着老乡一起下田插秧，请来农业技术专家，选取更适宜的优质稻种，采用先进的覆膜育秧技术……第二年，邓小燕试种的水稻大获丰收。8年间，当初那个分不清田里韭菜和麦苗的"小燕子"，早已变身精通农活儿的"老把式"。

经过不断地探索实践，邓小燕以"东宝贡米"的核心产区双西村为示范，成立农业公司，统一品种、统一管护、统一收购，开启规模化种植优质水稻之路。8年来，她带领村民种植优质水稻超过1万亩，覆盖8镇19村，带动2000多名群众年均增收1.2万元。2020年，邓小燕被乡亲们选为东宝镇双西村党支部委员、村委会委员。

好稻米要卖上好价格，就要不断拓展销路。回乡创业的第3年，邓小燕就组建销售团队，通过线上线下融合销售的模式将"东宝贡米"推向全国市场。如今，邓小燕带货的直播间里，除了"东宝贡米"，还有剑门关土鸡、红心猕猴桃、青川木耳等60多款当地特色农产品，每年销量高达5000余吨。这些年，邓小燕还依托电商平台的优势，帮助四川其他偏远山区解决农产品滞销难题。互联网给深山里的"宝贝"插上了飞出去的"翅膀"。直播和短视频也成了邓小燕要挑战的"新农活"。在她的视频里，有火热的田间劳动，有背着背篓、翻山越岭来赶集的阿公阿婆，有村里新建的房、新修的路……在她的视频里，处处可见今日乡村的新变化。

在邓小燕的影响下，如今，越来越多的年轻人回到家乡，加入乡村振兴的队伍。回乡创业的"95后"大学生母沿海和团队组建的集育秧、烘干、仓储、农业社会化服务为一体的综合农事服务中心就要投入使用了，将为附近6个行政村的1万余亩粮油生产提供综合服务。

返乡8年来经历过不少艰辛，邓小燕说，让她坚持下来最大的底气是家乡的好山、好水、好粮食，更是党和国家脱贫攻坚、乡村振兴的好政策。8年的收获，就像家乡的稻米，是一种扎进泥土里，努力生长、结实又饱满的幸福感。

【想一想】

邓小燕是在怎样的政策背景下发现创业机会的？

2021年，国务院办公厅发布《国务院办公厅关于进一步支持大学生创新创业的指导意见》（以下简称《意见》）。《意见》是近年来支持大学生创新创业的最重要的政策文件，从提升大学生创新创业能力、优化大学生创新创业环境、加强大学生创新创业服务平台建设、推动落实大学生创新创业财税扶持政策等方面提出指导意见，各地政府根据《意见》制定具体的大学生创新创业优惠政策并落实相关措施。

（一）提升大学生创新创业能力

（1）将创新创业教育贯穿人才培养全过程。深化高校创新创业教育改革，健全课堂教学、自主学习、结合实践、指导帮扶、文化引领融为一体的高校创新创业教育体系，增强大学生的创新精神、创业意识和创新创业能力。建立以创新创业为导向的新型人才培养模式，健全校校、校企、校地、校所协同的创新创业人才培养机制，打造一批创新创业教育特色示范课程。

（2）提升教师创新创业教育教学能力。强化高校教师创新创业教育教学能力和素养培训，改革教学方法和考核方式，推动教师将国际前沿学术发展、最新研究成果和实践经验融入课堂教学。完善高校"双创"指导教师到行业企业挂职锻炼的保障激励政策。实施高校"双创"校外导师专项人才计划，探索实施驻校企业家制度，吸引更多各行各业优秀人才担任"双创"导师。支持建设一批"双创"导师培训基地，定期开展培训。

（3）加强大学生创新创业培训。打造一批高校创新创业培训活动品牌，创新培训模式，面向大学生开展高质量、有针对性的创新创业培训，提升大学生创新创业能力。组织"双创"导师深入校园举办创业大讲堂，进行创业政策解读、经验分享、实践指导等。支持各类创新创业大赛给予大学生创业者适度倾斜。

（二）优化大学生创新创业环境

（1）降低大学生创新创业门槛。持续提升企业开办服务能力，为大学生创业提供高效便捷的登记服务。推动众创空间、孵化器、加速器、产业园全链条发展，鼓励各类孵化器面向大学生创新创业团队开放一定比例的免费孵化空间，并将开放情况纳入国家级科技企业孵化器考核评价，降低大学生创新创业团队入驻条件。政府投资开发的孵化器等创业载体应安排 30% 左右的场地，免费提供给高校毕业生。有条件的地方可对高校毕业生到孵化器创业给予租金补贴。

（2）便利化服务大学生创新创业。完善科技创新资源开放共享平台，强化对大学生的技术创新服务。各地区、各高校和科研院所的实验室，以及科研仪器、设施等科技创新资源可以面向大学生开放共享，提供低价、优质的专业服务，支持大学生创新创业。支持行业企业面向大学生发布企业需求清单，引导大学生精准创新创业。鼓励国有大中型企业面向高校和大学生发布技术创新需求，开展"揭榜挂帅"。

（3）落实大学生创新创业保障政策。落实大学生创业帮扶政策，加大对创业失败大学生的扶持力度，按规定提供就业服务、就业援助和社会救助。加强政府支持引导，发挥市场主渠道作用，鼓励有条件的地方探索建立大学生创业风险救助机制，可采取创业风险补贴、商业险保费补助等方式予以支持，积极研究更加精准、有效的帮扶措施，及时总结经验、适时推广。毕业后创业的大学生可按规定缴纳"五险一金"，减少大学生创业的后顾之忧。

（三）加强大学生创新创业服务平台建设

（1）建强高校创新创业实践平台。充分发挥大学科技园、大学生创业园、大学生创客空间等校内创新创业实践平台作用，面向在校大学生免费开放，开展专业化孵化服务。结合学校学科专业特色优势，联合有关行业企业建设一批校外大学生"双创"实践教学基地，深入实施大学生创新创业训练计划。

（2）提升大众创业万众创新示范基地带动作用。加强"双创"示范基地建设，深入实施创业就业"校企行"专项行动，推动企业示范基地和高校示范基地结对共建、建立稳定合作关系。指导高校示范基地所在城市主动规划和布局高校周边产业，积极承接大学生创新成果和人才等要素，打造"城校共生"的创新创业生态。推动中央企业、科研院所和相关公共服务机构利用自身技术、人才、场地、资本等优势，为大学生建设集研发、孵化、投资等于一体的创业创新培育中心、互联网"双创"平台、孵化器和科技产业园区。

（四）推动落实大学生创新创业财税扶持政策

（1）继续加大对高校创新创业教育的支持力度。在现有基础上，加大教育部中央彩票公益金大学生创新创业教育发展资金支持力度。加大中央高校教育教学改革专项资金支持力度，将创新创业教育和大学生创新创业情况作为资金分配重要因素。

（2）落实落细减税降费政策。高校毕业生在毕业年度内从事个体经营，符合规定条件的，3 年内按一定限额依次扣减当年实际应缴纳的增值税、城市维护建设税、教育费附加、地方教育附加和个人所得税；对月销售额 15 万元以下的小规模纳税人免征增值税，对小微企业和个体工商户按规定减免所得税。对创业投资企业、天使投资人投资于未上市的中小高新技术企业以及种子期、初创期科技型企业的投资额，按规定抵扣所得税应纳税所得额。对国家级、省级科技企业孵化器和大学科技园及国家备案众创空间按规定免征增值税、房产税、城镇土地使用税。做好纳税服务，建立对接机制，强化精准支持。

（五）加强对大学生创新创业的金融政策支持

（1）落实普惠金融政策。鼓励金融机构按照市场化、商业可持续原则对大学生创业项目提供金融服务，解决大学生创业融资难题。落实创业担保贷款政策及贴息政策，将高校毕业生个人最高贷款额度提高至 20 万元，对 10 万元以下贷款、获得设区的市级以上荣誉的高校毕业生创业者免除反担保要求；对高校毕业生设立的符合条件的小微企业，最高贷款额度提高至 300 万元；降低贷款利率，简化贷款申报审核流程，提高贷款便利性，支持符合条件的高校毕业生创业就业。鼓励和引导金融机构加快产品和服务创新，为符合条件的大学生创业项目提供金融服务。

（2）引导社会资本支持大学生创新创业。充分发挥社会资本作用，以市场化机制促进社会资源与大学生创新创业需求更好对接，引导创新创业平台投资基金和社会资本参与大学生创业项目早期投资与投智，助力大学生创新创业项目健康成长。加快发展天使投资，培育一批天使投资人和创业投资机构。发挥财政政策作用，落实税收政策，支持天使投资、创业投资发展，推动大学生创新创业。

（六）促进大学生创新创业成果转化

（1）完善成果转化机制。研究设立大学生创新创业成果转化服务机构，建立相关成果与行业产业对接长效机制，促进大学生创新创业成果在有关行业企业推广应用。做好大学生创新项目的知识产权确权、保护等工作，强化激励导向，加快落实以增加知识价值为导向的分配政策，落实成果转化奖励和收益分配办法。加强面向大学生的科技成果转化培训课程建设。

（2）强化成果转化服务。推动地方、企业和大学生创新创业团队加强合作对接，拓宽成果转化渠道，为创新成果转化和创业项目落地提供帮助。鼓励国有大中型企业和产教融合型企业利用孵化器、产业园等平台，支持高校科技成果转化，促进高校科技成果和大学生创新创业项目落地发展。汇集政府、企业、高校及社会资源，加强对中国国际"互联网+"大学生创新创业大赛中涌现的优秀创新创业项目的后续跟踪支持，落实科技成果转化相关税收优惠政策，推动一批大赛优秀项目落地，支持获奖项目成果转化，形成大学生创新创业示范效应。

（七）办好中国国际"互联网+"大学生创新创业大赛

（1）完善大赛可持续发展机制。鼓励省级人民政府积极承办大赛，压实主办职责，进一步加强组织领导和综合协调，落实配套支持政策和条件保障。坚持政府引导、公益支持，支持行业企业深化赛事合作，拓宽办赛资金筹措渠道，适当增加大赛冠名赞助经费额度。充分利用市场化方式，研究推动中央企业、社会资本发起成立中国国际"互联网+"大学生创新创业大赛项目专项发展基金。

（2）打造创新创业大赛品牌。强化大赛创新创业教育实践平台作用，鼓励各学段学生积极参赛。坚持以赛促教、以赛促学、以赛促创，丰富竞赛形式和内容。建立健全中国国际"互联网+"大学生创新创业大赛与各级各类创新创业比赛联动机制，推进大赛国际化进程，搭建全球性创新创业竞赛平台，深化创新创业教育国际交流合作。

（八）加强大学生创新创业信息服务

（1）建立大学生创新创业信息服务平台。汇集创新创业帮扶政策、产业激励政策和全国创新创业教育优质资源，加强信息资源整合，做好国家和地方的政策发布、解读等工作。及时收集国家、区域、行业需求，为大学生精准推送行业和市场动向等信息。加强对创新创业大学生和项目的跟踪、服务，畅通供需对接渠道，支持各地积极举办大学生创新创业项目需求与投融资对接会。

（2）加强宣传引导。大力宣传加强高校创新创业教育，促进大学生创新创业的必要性、重要性。及时总结推广各地区、各高校的好经验好做法，选树大学生创新创业成功典型，丰富宣传形式，培育创客文化，营造敢为人先、宽容失败的环境，形成支持大学生创新创业的社会氛围。做好政策宣传宣讲，推动大学生用足用好税费减免、企业登记等支持政策。

精选案例

创业政策助力大学生创业

某高校毕业生李某在一次逛街时，发现一条街上有许多特色小吃，而且每家店的生意都很好。这让李某突然想到了自己最喜欢吃的鸡汤银丝面。这是她家乡的特色美食，好吃又便宜，搭配辣卤，汤鲜味美，十分受人欢迎。

在李某看来，鸡汤银丝面经济实惠，口碑一直不错，选一个好位置，开在大学附近，应该有不错的人气。此外，李某进一步了解到，国家出台了一系列鼓励大学生创业的政策，按照规定，毕业年度内自主从事个体经营的高校毕业生，3 年内可享受月销售额不超过 2 万元暂免征收增值税等优惠政策。于是，李某通过银行贷款的方式凑齐了前期的启动资金，在大学旁边的一条小吃街上租了一间小铺面，开始了她的创业之路。开业以来，小店的生意红火，不久税务部门就主动与她联系减免税费事宜。

分析　国家和各地政府多年来一直为大学生创新创业提供各种政策支持，例如李某，创业时可享受相关的大学生扶持政策。大学生主动了解并合理利用相关政策，可为自主创业活动带来很大便利。

任务二　挖掘创业机会

创业机会是影响创业成功率的根本因素，甚至很多时候，创业机会的价值直接决定着创业活动的最终价值。大学生要想创业成功，就要善于挖掘创业机会。所谓"机不可失，时不再来"，要把握良机，就要对创业机会有足够的认识。

精选案例

大学生在"非遗"中找到创业灵感

土肥皂是维吾尔族人的日常用品。阿尔曼江·吐逊江是乌鲁木齐职业大学艺术学院的学生，来自库车，他从小便看着长辈们用羊油制作土肥皂，上大学后，他发现在乌鲁木齐很少见到这种土肥皂。于是，在大学的一次就业创业课上，阿尔曼江·吐逊江告诉老师，土肥皂去污力强，在他的家乡，都是用羊油、牛奶等天然物品熬煮后制成的土肥皂洗手、洗衣服，虽然它外观不好看，味道也不好闻。但如果进行改进、包装，就可以成为创业项目。

阿尔曼江·吐逊江的想法得到了老师和同学的认可，很快组建了创业团队，学校搏梦工场提供办公室的同时，还给予创业指导。团队成员找到库车土肥皂传统手工艺第五代传承人努尔麦麦提·艾比布拉，一起研发了添加蜂蜜、薰衣草精油的手工香皂；擅长绘画的同学设计图案，找工厂制作包装；传媒学院的成员负责在抖音、快手等平台推介视频。传统工艺、纯天然材料、"非遗"……包含这些元素的视频一经发布，很快获得 8.1 万"粉丝"量，他们立即乘胜追击，在电商平台开店。在"互联网＋"的帮助下，土肥皂销量不断增加，为当地农户带来了实惠。"过去做

500千克的土肥皂，在集市上要卖一周，现在一天就能卖完。"阿尔曼江·吐逊江说，过去一块香皂的利润为0.5元左右，改良后，一块香皂的利润提升到了1.5元左右。同时，村里的妇女也可以利用农闲时间分装香皂，一个月增收1500元左右。

　　同样在"非遗"中获取灵感的，还有该大学美术老师达布西力特和他的学生们，一次在阿勒泰采风的契机，让达布西力特了解并学会了牧民从祖辈传承得来的，用核桃皮、麻黄草的根茎等天然成分染色的、现被认定为"非遗"的技艺，用该技艺制作的羊毛毡颜色艳丽，存放多年不褪色。出于传承非遗的初心，达布西力特在学校的美术沙龙社团对该技艺进行推广，并带着学生研发相关产品——他们将羊皮染色并制成各式各样的工艺画，剩余的皮料还缝制成配饰。目前，达布西力特正带着学生积极注册公司，相比团队制作产品销售，他们更乐于授人以渔。目前莎车县的几个乡镇看中了他们的项目，学生们打算将植物染色技术、羊皮画制作技术传授给村民，为当地村民拓宽就业渠道。

　　【想一想】
　　1. 阿尔曼江·吐逊江及达布西力特和他的学生们挖掘的是创业机会吗？
　　2. 他们是如何识别和评价创业机会的？

一、创业机会的特征

　　每个成功的创业活动都基于一个或多个创业机会，创业机会通常具有以下4个特征。

　　（1）隐蔽性。创业机会具有隐蔽性，它出现在每个人面前，但不会被轻易识别，而隐蔽性也正是其价值所在。如果一个非常优秀的创业机会能被大众识别，那么其潜在的利润空间也会被压缩得很小，其价值也就降低了。

　　（2）偶然性。虽然创业机会是市场、需求、技术等因素联系的必然产物，但是对于创业者而言，发现创业机会往往不是刻意追寻的结果，而是偶然的灵光一现。

　　（3）时限性。创业机会不是常态的、确切的，而是随时变化的。随着市场、需求、技术等因素的变化，新的创业机会将不断产生，旧的创业机会也会逐渐消失。创业者只有在有效的时间内抓住创业机会，才能产生效益。

　　（4）抢先性。创业机会的潜力是有限的，其创造的价值是一定的，只有最先抓住创业机会的创业者，才能收获其大部分价值，而后来者的利益会大大减少，甚至无利可图。

二、创业机会的来源

　　创业机会的显现受社会环境、市场环境的影响较大，每当社会环境、市场环境发生变化就会催生许多创业机会。当然，创业机会的来源不仅受客观环境影响，也与创业者自身的主观因素息息相关。对于创业者而言，不管创业机会来自哪方面，创业者都需要将主观因素与客观环境因素相结合才能捕捉到。

精选案例

发现校园毕业季中的"商机"

　　李欣是某大学大三的学生。临近毕业季，李欣发现大四的学长经常需要参加面试，因而有着较为密集的正装租赁需求。而校园内并没有正装租赁店铺，这些学长需要提前一天到很远的地方租衣服，面试后再将衣服送回，非常不便。

　　李欣意识到这是一个创业机会，于是她联合几位同学，联系到了附近的几家正装租赁店铺，取得了大学生校园内正装租赁的代理权。之后，李欣立即利用校园论坛、班级微信群等渠道发布了正装租赁的消息。

很快，便有学长光临，李欣为他们量了身体尺寸，最后将一整天登记的所有需求信息都通过网络发送给正装租赁店铺。第二天一早，正装租赁店铺就派车将所有服装送到学校，李欣将服装一一发放给学长。晚上，李欣又统一收回服装，送回正装租赁店铺。

李欣的服务为求职的学长节省了很多时间，也促进了正装租赁店铺的生意，很快便初具规模。至毕业季结束，李欣也获得了可观的收益。

（一）创业机会来自环境变化

现代管理学之父彼得·德鲁克将创业者定义为能"寻找变化，并积极反应，把它当作机会充分利用起来的人"。创业机会是多种因素变化联系的产物，会随着社会环境、市场环境的变化而变化，环境的变化必定会影响创业活动，因此大学生创业者首先要了解创业市场的外部环境，结合外部环境发现创业机会。

1 技术变革

科学研发能够创造新技术、新材料、新能源等，不仅可以促进现有市场的发展，开发出全新的产业链，还对整个社会具有巨大的价值，因此每一次技术变革几乎都会带动多个行业的发展，创造大量的创业机会。当然，技术变革不限于新技术、新材料、新能源的研发，对现有事物进行系统的研究和分析，实现现有事物的全新利用，也是一种技术变革，也可以创造新的创业机会。

2 政治和制度变革

在现代市场经济的运行过程中，政策法规起到宏观调控的作用，强有力的宏观调控能够极大地解放和发展生产力，推动科技和管理的进步，保证市场经济的正常运行。但当政治和制度发生变革后，行业市场也会受到相应的影响，政策鼓励的创业活动往往可以促进新行业、新市场的发展，催生更多创业机会。例如，我国对新能源的扶持政策引领了新能源汽车行业的发展。

3 社会经济变化

社会经济的发展或倒退会带来需求及潜在需求的变化，例如，随着社会经济的发展，人们的收入提高了，对于产品的品牌、外观等属性要求也会提高，反之人们则会关注产品的性价比。

4 人口结构变化

个人的需求是多样的，不断发生变化的，但一个固定人群的消费需求往往是相对稳定的，例如，随着人口老龄化的加剧，养老、养生、疗养等方面的需求比较旺盛。

5 产业结构变化

改革开放以来，我国的产业结构经过了多次变革与调整，以农业等为主的第一产业的比重不断下降；以制造业等为主的第二产业的比重稳步提高，成为拉动经济增长的主导力量；以商业、金融、通信、服务等为主的第三产业比重持续上升。目前，我国第二产业的发展进一步加快，生产方式不断优化升级；第三产业发展迅速，规模不断扩大。在社会持续发展的背景下，产业结构的每一次调整与转变都会对市场经济产生影响。例如，第二产业中的生产材料、设备、运输方式及生产方式等因素的变化都会引起市场环境的变化，而每一次变化都可能蕴藏着新的创业机会。

6 生活观念变化

生活观念会引导人们的消费行为，满足消费者生活观念的产品和服务才能得到消费者的认可。例如，随着人们对食品健康的重视，拥有"有机""无公害""无添加"等标签的产品更受消费者的欢迎。

（二）创业机会来自创业者自身的素质

创业机会是客观存在的，是否被创业者发现与利用，与创业者自身的素质有莫大的关系，特别是当外部环境不能为大学生创业者提供较多的机会时，大学生创业者自身的综合素质就是其发现创业机会、成功创业的基本条件和重要保障。

1 创业愿望

只有具备强烈的创业愿望，大学生创业者才愿意主动投身创业相关的活动，才能更积极、更高效地发现市场机会。如果大学生创业者不具备强烈的创业愿望，则很容易与创业机会失之交臂。

2 创业技能

这里的创业技能不仅指技术能力、管理能力等创业必备技能，还包括大学生创业者和创业团队的认知能力、洞察能力、信息获取和分析能力、对环境变化与技术发展趋势的预测能力、创新能力、社会关系的创建与维护能力，以及储备创业相关行业知识与经验的能力等。大学生创业者或创业团队具备这些创业技能，就可以更敏锐地发现商机，发掘有价值的创业机会。

3 创业经验

很多成功的企业家在成就一番事业之前，都进行过多次创业，甚至有些企业家一直都走在创业的路上。从这个角度看，创业能力基于创业经验的积累而不断得到提升，而这种经验的不断累积和能力的不断提升则有助于创业者发现创业机会。因此，如果创业者在某个领域存储的经验和知识越丰富，就越容易发现并把握有价值的创业机会。

4 社会资源

这里的社会资源主要是指创业者或创业团队能够获得的由各种社会关系形成的一系列资源，包括政府、金融机构、高校、合作伙伴，以及其他专业机构等。拥有全面、稳固的社会关系网，有助于大学生创业者拓宽信息获取渠道，丰富创业相关的信息，进而提升个人或团队及时发现创业机会的可能性。

5 创新思维

对于很多创业者来说，一个优质的创新点子就可能变为一个有价值的创业机会，特别是对于资源、经验等相对缺乏的大学生创业者而言，能否挖掘到有价值的创业机会，很大程度上取决于其自身的创新思维能力。创新思维不仅有助于大学生创业者挖掘市场环境中蕴藏的商机，在后续创业活动中，大学生创业者的创新思维能力也将发挥巨大作用。

精选案例

一颗匠心"点绿成金"

2019 年，贵州省剑河县太拥镇翁王村的白茶产业刚起步，但是掌握技术的制茶师却没有几个。在亲戚的动员下，外出打工回家的"95 后"杨再潮先后到省内外知名的茶乡学习制茶技术，为了快速学好技术，他一边学习，一边把手上的基本功练扎实。铁锅，还有一双手，是他制茶的全部工具，280 ℃的热锅便是练习场。经过一段时间的刻苦学习后，杨再潮秉持将家乡产业带出去的初衷，回到家乡翁王村，一心钻研制茶技艺。

要做出好茶，能吃苦是第一步。为了产出优质茶，在种茶、管护、采摘、炒制每一个环节，杨再潮都勤勤恳恳，投入大量体力和精力。每年春茶生产高峰期，为了保证鲜茶得到及时加工，杨再潮经常连续几天都不休息，最忙的时候，他一个人加工五六百斤茶叶。在他看来，茶品质是"功夫"，也是村里茶的口碑，更是对客户的承诺，只要茶叶得到客户认可，所有的辛苦与努力就都是值得的。

如今，村里的茶叶种植面积扩大到 600 多亩，带动 100 多位村民就近增收致富。杨再潮制出的优质茶也早已扬帆远航，远销浙江、上海等地。这份成绩也许是对杨再潮返乡创业的坚守最好的馈赠。

翁王村第一书记谭诗能说："非常欢迎杨再潮这样懂技术，又能为地方发展出谋划策，能够带动群众增收致富，为乡村振兴助力的这些年轻人回乡，为我们产业发展助力，把技术一传十、十传百，把我们的白茶产业做精做细做强。"

【想一想】

杨再潮高超的制茶技艺为自己带来了新的创业机会，也助力了家乡白茶产业的发展。作为大学生的你，希望自己具备哪方面的技术能力呢？

三、创业机会的识别

创业机会有时近在眼前，但并非每个人都能发现，事实上很多创业机会虽然隐蔽，转瞬即逝，但有迹可循。那么，如何从生活中识别创业机会呢？大学生创业者可以尝试以下方法。

（一）在环境变化中识别创业机会

社会环境、市场环境的变化能够催生许多创业机会，因此创业者可直接在环境变化中识别创业机会，例如家庭收入提高，人们的娱乐活动需求就更加丰富多样；三孩生育政策的实施，为母婴市场带来了良机；人们推崇"快"文化，移动电商应运而生，蓬勃发展，同时带动了物流、在线支付等行业的发展；私人轿车不断增加，给汽车销售、汽车维修、汽车清洁、二手车交易等行业带来了诸多机会。

（二）通过消费者需求发现创业机会

从消费者身上觅得创业机会是一个亘古不变的规则。创业者销售的产品或服务，最终面对的是消费者，分析调研消费者的需求，可从中识别创业机会。

要想从消费者角度识别创业机会，大学生创业者需要观察消费者的生活和工作轨迹。由于每个人的需求不同，创业者应对消费者分类，从消费者分类群体中研究各类人群的需求特点，例如退休职工重视身体保健，父母重视子女的教育。不同人群的需求不同，产生的创业机会也不一样，退休职工重视身体保健催生出保健方面的创业机会，父母重视子女的教育催生出教育方面的创业机会。值得注意的是，如果大学生创业者能够发掘出消费者的隐性需求（消费者自己也不知道的需求）并率先提供能够满足其需求的产品或服务，往往能够开辟竞争小而利润较高的新兴市场，取得较大的收益。

（三）通过问题导向发现创业机会

问题是令人们"烦恼的事""困扰的事"，也是市场的痛点。如果大学生创业者能着眼于人们的苦恼、困扰，并能够提供有效解决问题的方案，实际上就是找到了创业机会，这个"解决问题的方案"就是最好的产品。

例如，个人搬家十分费时费力，于是有了搬家公司；双职工家庭没有时间照顾小孩，这是家庭的"痛点"，于是就有了家庭托儿所；上班路途遥远，"上班族"很难吃上一顿舒适的早餐，焖烧杯的出现就解决了这个问题。

（四）通过创新变革获得创业机会

创新变革获得创业机会的方式在高新技术、互联网等行业中最为常见。大学生创业者可针对目前明确的或者未来潜在的市场需求，探索相应的新技术、新方法、新知识或新模式；或利用已有的某项技术发明、商业创意实现新的商业价值。例如，电子商务模式未出现前，人们主要通过线下实体店购物，电子商务模式出现后，创业者通过电子商务模式获得了大量的创业机会，如开发电子商务交易平台、为商家和消费者提供服务等。

精选案例

路人建议下诞生的便利店

杨兰一次下班走到小区旁商业街的时候，突然看到一家奇怪的店铺。原来这家店铺并没有营业，而是挂着一张巨大的白色帆布，上面写着几排大字"大家觉得这家店干点什么好呢？"

杨兰感到好奇，走过去细看，发现帆布旁挂着几只马克笔，同时帆布上也有了几条留言，如"宠物店""洗发店"等。杨兰想了想，想到一次加班回家路上买不到热食，于是提笔写下"开一家24小时便利店吧，提供热餐的那种。"然后她便回家了。

杨兰很快将这件事抛诸脑后，过了几天，她又经过那里，发现留言多了很多，她自己的留言旁边也有了"这主意好""+1""建议合理"等文字。这让她不禁有些自得，同时对这家店上了心。

半个月后，杨兰发现店铺已经开业，正是一家便利店。杨兰一走进去，就发现靠门的货架上摆放着盒饭和多种小吃，并且标明了"可加热"。杨兰知道，自己的建议被采纳了。

在之后的日子里，杨兰成了这家便利店的忠实客户，也与店主结识。当杨兰说起自己的建议时，店主说道："我一开始也不知道干什么好，想来想去最好的办法还是让居民自己决定，于是挂上帆布让过路的居民'自由发挥'，这一举动吸引了很多人，虽然有很多人开玩笑，但我们还是收集了很多建议，也由此确定了经营业务。"

分析　本案例中的店主通过让路人留言的方式，收集了大量当地居民的建议。当地居民是店铺的潜在消费者，这些建议代表了消费者的需求，由此获得了不错的创业机会。

四、创业机会的评估

创业是风险和收益并存的，对于大学生创业者来说，并非所有的创业机会都适合自己，因此必须选择适合自己的创业机会。而要想做出合理的选择，大学生创业者就要对创业机会进行科学的评估，通常依靠以下几种方法实现。

（一）定性分析法

定性分析即创业者通过观察创业机会的表现和状态，结合文献资料等对其直接做出的价值判断。下面是一些学者提出的简单分析创业机会的方法。

（1）分析产品或服务本身。创业者主要判断新产品或服务怎样为消费者创造价值、判断新产品或服务在应用中的障碍，并根据前面的结果判断该产品或服务的市场需求、早期消费者群体及创造收益的预期时间。

（2）分析产品或服务的投放。创业者主要分析新产品或服务在目标市场投放的技术风险、财务风险等，由此判断该产品或服务进入市场的最佳时机。

（3）分析产品或服务的供应。创业者主要考虑新产品在制造过程中能否保证足够的生产批量及合格的产品质量，考虑新服务的提供者能否批量进行培训并保证服务质量，衡量培养服务提供者的周期与投入。

（4）分析初始成本。创业者主要估算新产品或服务的初始投资额，判断能否获取足够的资金与稳定的资金来源。

（5）分析其他风险因素。创业者需在更大范围内考虑风险程度，以及如何控制和管理这些风险因素。

此定性分析法简单易行，但正是由于该方法较为简单，不能深入解释创业活动涉及的各种具体影响因素，也无法定量诊断、评价各因素的具体状态，因此并不足以全面、科学地评价创业机会。除此之外，也有人通过其他定性指标对创业机会进行评价，如图3-1所示。

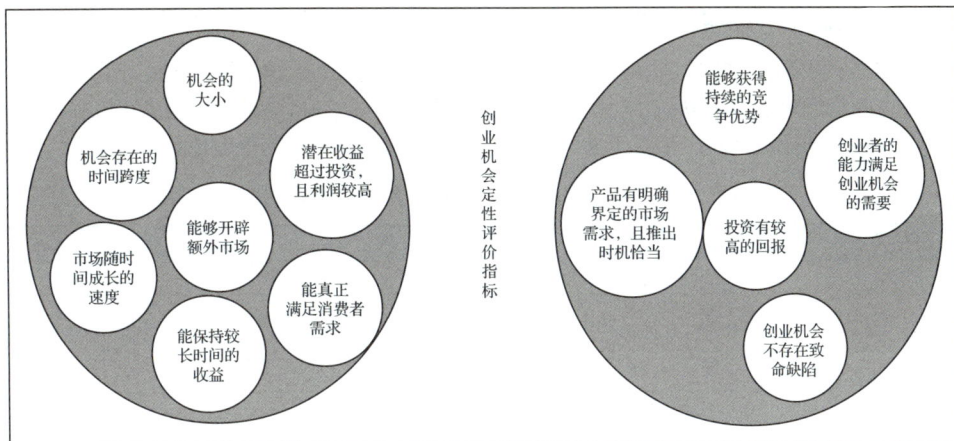

图 3-1 创业机会定性评价指标

（二）定量分析法

定量分析是创业者在收集数据资料的基础上，采用数学计算的方式对创业机会做出价值判估的方法。对创业机会进行定量分析的方法较多，如专家通过对创业机会进行打分、对关键指标进行量化评分、为不同评价因素划分权重进行评分等，这些定量分析方法都可以对创业机会的潜力进行评估。

此外，大学生创业者还可以从财务的角度，使用"量本利"分析对创业机会进行定量评估，方法如下。

（1）预测市场需求量。收集相关资料，预测市场需求量，确定产品或服务的定价和销量，进而确定销售额。

（2）分析成本。包括采购成本、生产成本、销售成本等在内的固定成本和其他可变成本。

（3）计算企业利润。通过销售额和总成本计算可能获得的利润。如果利润符合预期目标，则创业机会具有一定的吸引力和潜力；如果利润情况不理想，则创业机会可能没有吸引力。

（三）刘常勇创业机会评估框架

台湾中山大学企业管理学系教授刘常勇提出的创业机会综合性评估框架，主要包括市场评估和回报评估两个方面、14 个评估指标，对创业机会进行评估，如表 3-1 所示。这些指标的评分越高，创业机会越具可行性。

表 3-1 刘常勇创业机会评估框架

评估要素	评估指标
市场评估	1. 是否符合市场定位，专注于具体顾客需求，能为顾客带来新的价值
	2. 依据波特五力模型进行创业机会的市场结构评估
	3. 分析创业机会面临的市场规模
	4. 评价创业机会的市场渗透力
	5. 预测可能取得的市场占有率
	6. 分析产品成本结构
回报评估	1. 税后利润至少高于 5%
	2. 达到盈亏平衡的时间应该少于 2 年
	3. 投资回报率应高于 25%
	4. 资本需求量较低
	5. 毛利率应该高于 40%
	6. 能否创造新企业的市场战略价值
	7. 资本市场的活跃程度
	8. 退出和获得回报的难易程度

（四）Timmons 创业机会评估体系

美国杰弗里·蒂蒙斯教授及其团队提出的 Timmons 创业机会评估体系从行业与市场、竞争优势、管理团队等方面，通过 53 项指标，对创业机会进行评估，如表 3-2 所示。创业者可以根据这一体系模型对一个或多个创业机会做出相对全面的判断，从而评判创业机会的投资价值。

表 3-2   Timmons 创业机会评估体系

评估要素	评估指标
行业与市场	1. 市场容易识别，可以带来持续收入
	2. 顾客可以接受产品或服务，愿意为此付费
	3. 产品的附加价值高
	4. 产品对市场的影响力大
	5. 将要开发的产品生命长久
	6. 项目所在行业是新兴行业，竞争不完善
	7. 市场规模大，销售潜力达到 1000 万元～10 亿元
	8. 市场成长率为 30%～50%，甚至更高
	9. 现有厂商的生产能力几乎完全饱和
	10. 5 年内能占据市场主导地位，市场占有率达到 20% 以上
	11. 拥有低成本的供货商，具有成本优势
经济价值	1. 达到盈亏平衡点所需要的时间为 1.5～2 年
	2. 盈亏平衡点不会逐渐提高
	3. 投资回报率为 25% 以上
	4. 项目对资金的要求不是很高，能够获得融资
	5. 销售额的年增长率高于 15%
	6. 有良好的现金流量，能占销售额的 20%～30%，甚至以上
	7. 能获得持久的毛利，毛利率为 40% 以上
	8. 能获得持久的税后利润，税后利润率要超过 10%
	9. 资产集中程度低
	10. 运营资金不多，需求量是逐渐增加的
	11. 研究开发工作对资金的要求不高
收获条件	1. 项目带来的附加价值具有较大的战略意义
	2. 存在现有的或可预料的退出方式
	3. 资本市场环境有利，可以实现资本的流动
竞争优势	1. 固定成本和可变成本低
	2. 对成本、价格和销售的控制较强
	3. 已经获得或可以获得对专利所有权的保护
	4. 竞争对手尚未觉醒，竞争力较弱
	5. 拥有专利或具有某种独占性
	6. 拥有发展良好的网络关系，容易获得合同
	7. 拥有杰出的关键人员和管理团队
管理团队	1. 创业者团队是一个优秀管理者的组合
	2. 行业和技术经验达到了本行业领先水平
	3. 管理团队的正直廉洁程度能达到最高水准
	4. 管理团队知道自己缺乏哪方面的知识
致命缺陷	不存在任何致命缺陷
创业者的个人标准	1. 个人目标与创业活动相符合
	2. 可在有限的风险下实现成功
	3. 能接受薪水减少等损失
	4. 渴望选择创业这种生活方式，而不只是为了赚大钱
	5. 可以承受适当的风险
	6. 在压力下状态依然良好

续表

评估要素	评估指标
理想与现实的战略性差异	1. 理想与现实情况相吻合
	2. 管理团队已经是最优的
	3. 在客户服务管理方面有良好的服务理念
	4. 创办的事业顺应时代潮流
	5. 采取的技术具有突破性，不存在许多替代品或竞争对手
	6. 具备灵活的适应能力，能快速进行取舍
	7. 始终在寻找新的机会
	8. 定价与市场领先者几乎持平
	9. 能够获得销售渠道，或已经拥有现成的网络
	10. 能够允许失败

评估时，创业者可以直接根据自己对个人机会的认知与理解判断该创业机会是否符合指标要求，通常创业机会满足指标越多，就越具备可行性。或者创业者可以邀请行业经验丰富、商业嗅觉敏锐且具有一定管理经验的投资人或资深创业者进行评估，采用多人打分方式，每人对每个指标进行极好（3分）、好（2分）、一般（1分）3个等级的评分，形成评分矩阵表，然后求出每个指标在各个创业机会下的加权平均分，得出量化后的评分结果。该方法非常适合评价多个创业机会的优劣。

任务三　创业项目选择

创业项目指创业者为了达到商业目的具体实施和操作的工作，从创业机会的角度来说，创业项目是创业机会的具体化及为实现创业机会而开展的实践活动。当创业者识别到创业机会后，需慎重选择创业项目，并对其进行可行性分析。

精选案例

"美人鱼"郭芮：我想把大海当作办公室

郭芮是一个出生于1991年的四川姑娘，她从小就在长江边长大，深谙水性。高考后，郭芮考取了苏州大学文正学院（现苏州城市学院）的人力资源管理专业，毕业后在一家企业从事人事行政工作。长大后的郭芮常去海边旅游，也开始尝试潜水运动，水下世界让她心驰神往。踩水、浮潜、深潜，郭芮尝试的项目越多，越不满足于偶尔玩耍，为此，她萌生了辞职去当潜水教练的想法。然而她的决定遭到了父亲的反对，在郭父看来，潜水是一个小众行业，工作风险大，做起来也十分辛苦，这种体力工作不适合女孩子。郭芮调查了许多有关潜水员考证方面的资料，想以此说服父亲，虽然父亲仍不认可她的想法，但被她执着的态度打动，郭父决定支持她去追求自己热爱的事业。

之后，郭芮开始一边工作，一边参与水肺潜水教练训练，2018年，郭芮获得了水肺潜水的教练证，之后，她从公司辞职，到一家潜水俱乐部做起了教练。就在那时，郭芮接触到美人鱼潜水，这种高难度的玩水方式点燃了她的挑战热情。2020年8月，郭芮考取了"美人鱼"潜水的教练证。2021年，她又通过严格筛选，参加了在海南三亚举办的世界规模最大的"美人鱼"潜水表演，成了吉尼斯世界纪录保持者。

玩潜水、练潜水、教潜水的这些年，郭芮也结识了一群志同道合的好朋友。大家在交流训练心得时，发现苏州竟没有一家潜水俱乐部拥有独立的潜水泳池。这让大家发现了商机，于是在经过大量市场调研与多次讨论后，郭芮和朋友们开始筹资选址，计划建一个拥有独立潜水泳池的"一站式"潜水俱乐部。经过一年多的筹备，2021年，郭芮参与创立的潜水俱乐部正式开业了。当时，潜水行业市场还不成熟，郭芮的俱乐部投资大，运营成本高，面临着不小的挑战，然而，让大家意外的是，他们推出的"美人鱼"潜水课程竟逆势而上，获得了市场的好评。"美人鱼"潜水更是成了俱乐部的明星课程。没过多久，国家体育总局水上运动管理中心批准，"美人鱼"潜水运动正式成为竞赛项目，这让更多的人开始关注"美人鱼"潜水，也为他们俱乐部的发展带来了机遇。一年的时间，郭芮已经培训了100多位学员，年龄最大的50多岁。教学之余，她一直在为推广"美人鱼"潜水运动而努力。她梦想不久的将来能组建一支代表苏州的"美人鱼"潜水队，参加公开表演赛，分享在水中起舞的快乐。

【想一想】

1. "美人鱼"郭芮的父亲反对郭芮创业的原因是什么？
2. 郭芮选择该创业项目的因素有哪些？最终她创业成功的原因有哪些？

一、选择创业项目时考虑的因素

同一个创业机会能够衍生出不同的创业项目，例如，三孩生育政策的实施背景下，母婴市场发展前景良好，销售不同的母婴产品可以衍生出不同的创业项目，提供不同的服务也可以衍生出诸多不同的创业项目。对于大学生创业者来说，需要考虑以下因素，才能选出适合自己的创业项目。

（一）与个人兴趣特长的结合度

心理学研究显示，一个人只有从事自己喜欢又有能力做的事情，才会自觉地、全身心地投入工作，才有可能在遇到困难和挫折时勇往直前，千方百计克服困难，实现创业目标。因此，对于大学生创业者来说，创业项目与个人兴趣特长的结合度越高，越能积极发挥自己的主动性，从而更好地完成工作任务。例如，比尔·盖茨选择的操作系统项目，就与其个人兴趣和特长高度结合。

精选案例

从痴迷动漫到实现梦想

管远航是一个动漫爱好者，高中时，他便喜欢看国内外动漫，并曾模仿手工制作了几件道具，身边的同学都对他做出的道具给予了好评，这增强了管远航的信心，他开始对道具服装制作逐渐感兴趣，想做出更精美的道具。

2012年，凭借对手工制作的热爱，管远航考入安徽信息工程学院材料成型专业。虽然彼时他对手作道具感兴趣，也加入了学校Cosplay社团，但管远航从未将这一爱好与创业联系起来。他在社团参与活动时制作了一些宝剑、铠甲道具，很受同学欢迎。辅导员赵老师得知班上有一个精通手工的学生，对此行业前景十分看好，就劝管远航立项参加各级创新创业比赛。在老师的建议下，管远航与一群志同道合的同伴聚在一起商量道具的选材和服装版型。就这样，一项立足于二次元领域的创业项目有了雏形。

2013年，管远航带着原创的"动漫与游戏道具制作工作室"项目参加了"昆山花桥杯"第八届安徽省大学生职业规划设计大赛暨大学生创业大赛，获得了省级铜奖。次年，他又在"创青春·中国联通"安徽省大学生创业大赛决赛中摘得金奖，在国家级"创青春"赛事斩获铜奖。几次在比赛中获得佳绩，管远航开始试着使项目落地。

由于缺人、缺钱、缺门路，创业初期的管远航只能单干，他先成立了工作室，一个人负责生产、经营和销售。后来学校伸出援手协调，两名工商管理专业的学生参与项目管理，再加上几个室友的支持，早期创业团队就此形成。当时，二次元经济刚刚兴起，市场供不应求，管远航并不缺订单，但缺懂制作、会手工的设计师。由于缺少科学管理且规模尚小，管远航常常遇到结款不顺利的情况，导致时常亏损。从那时开始，管远航认识到，光有创业的热情和美好的展望并不够，要想生存下去，成本管控、运营管理、发展规划等问题都需深入细致的考虑。

在这些实际问题的解决上，学校给予了管远航支持。彼时，学校提供了创业场地、设施设备和管理服务，还提供了众创空间、创业广场等场所设施和创业一站式指导服务。正是在学校的帮助下，管远航的项目频频在各项创业赛事中大放异彩，吸引了一些客户的同时，也找到一些志同道合的合作伙伴，一定程度上缓解了人才紧缺的压力。项目也就此开始盈利，逐步走上正轨。

为了在行业中走得更稳，之后，管远航开始将公司重心从销售转向管理规划，调整经营策略，将公司业务转向单纯制作道具和服装状态，不再生产和销售定制化产品，转向通用化和批量化生产。区别于传统的 Cosplay 服装道具设计行业，管远航选择了小规模、批量化的生产模式，与主营服装制造的企业合作，在批量生产的同时坚持原创设计。这使管远航的销路快速扩张，逐渐在行业内站稳脚跟。目前，其公司已经兼并了当地两家同行的工作室，公司业务范围也扩展至电脑图文设计、制作、代理、广告发布、展览展示承办及雕塑设计制作等。2021 年全年营业额超 800 万元。

【想一想】
管远航是如何将自己的兴趣爱好发展为创业机会的，具体是如何做的？

（二）对目标市场的熟悉程度

大量的事实证明，许多行业往往对从业者的学历、能力等没有特别的要求，创业者只要能够深入了解市场需求、熟悉市场运作，就有机会在相应行业创业成功。对于大学生而言，选择越熟悉的市场，其创业项目的成功率越高。很多创业者创业前期会对目标市场开展深入的调查，也是出于这个原因。

（三）对创业风险的承受能力

创业过程必然会面临风险，不同的创业项目面临的风险不同。在选择创业项目之前，大学生一定要考虑"最坏的结果是什么？我能不能承受？"只有可以承受最坏的结果，才能选择该项目。否则，无论其前景多么动人，也要考虑放弃。

二、选择创业项目的思路与步骤

创业项目的选择关系重大，大学生创业者应该如何选择创业项目，才能将方方面面都考虑周全呢？这需要大学生创业者顺着明确的思路、按照科学的步骤选择创业项目。

（一）选择创业项目的思路

创业项目很多，但各项目的难度、成功率、回报是不同的，大学生创业者的资源较少、抗风险能力较差，所以应该选择难度小、成功率高的项目，以下思路可以作为参考。

① 选择已有创业项目

已有创业项目即目前正处于扩张期的项目，其中最常见的是招商、加盟，大学生创业者可以加入其中。这类项目一般已经经过市场检验，拥有固定的盈利模式，相较于大学生创业者自己成立公司创业更为稳妥。

此外，还有一种形式是大学生创业者"带资进入"，成为一个初创期企业的合伙人。在这种情况下，大学生创业者需要注意，只有自己已经与其他合伙人形成"优势互补"关系，具有不可代替的价值，才能以外来者的身份在公司站稳脚跟。

2）从产品找市场

这是一种"反其道而行之"的方式，即大学生创业者不去找创业项目，而是预设一个产品（或服务），去寻找市场。如果找到了合适的市场，项目也就确定了（如果找不到，就换一种产品再找）。使用这种思路找到的创业项目，能够满足市场的需要，相对而言具有更高的成功率。

3）复制成功项目

对已经经过市场检验的成功项目，大学生创业者可以选择复制其商业模式。但是，出于竞争方面的考虑（新创企业难以与成功企业直接竞争），大学生创业者应该选择成功项目未触及或影响力薄弱的市场，且需要对所选市场进行"本地化"，使之符合当地市场的情况，这样才能有较高的成功率。例如，百度参照谷歌，并依据中国市场的特性进行适当的改善，提供额外的服务，如音乐（Mp3）和社区（百度贴吧）等，最终百度成了中国最大的搜索网站之一；qq 参照 ICQ，并依据中国网民的特性进行适当的改善，结果 qq 在中国市场大获全胜，而 ICQ 的影响力则完全消失了。

4）从现状的不足中寻找项目

现状的不足意味着需求，同时意味着如果弥补了这个不足，短时间内将没有竞争对手，所以大学生创业者可以从现状的不足中寻找创业机会。例如，同样是做电子商务平台，选择与第三方物流合作配送商品，无法有效掌控物流信息，不能为消费者提供更优质的服务，为了弥补这种不足，有的企业通过自建物流体系为消费者提供了极致的服务体验，其物流服务在消费者群体中有口皆碑。

5）投资市场前景良好的创业项目

如果没有好的创业项目，或者发现心仪的项目已被人捷足先登，那么大学生创业者可以找有优秀创业项目的人，投资并与其合作，一起走向成功。例如，投资人孙正义在 20 世纪初分两次向阿里巴巴投资 8000 万美元，取得了大约 30% 的股份，2020 年 6 月，这些股份价值超过 1500 亿美元，获得接近 2000 倍的收益。

（二）选择创业项目的步骤

项目的选择决定了之后创业活动的走向。思路不同，选择创业项目的步骤也不一样，此处以最典型的思路"根据自身情况自主寻找创业项目"为例，介绍选择创业项目的一般步骤。

1）第一步：判断资源优势

大学生首先应该对自身掌握的资源进行梳理，明确自身的资源状况，然后据此判断自己的资源优势。为做到这一点，大学生创业者可以将自己的各项资源优劣势一一列出。表 3-3 所示即大学生小杨及其核心创业团队为自己制作的资源分析表。

表 3-3   资源分析表

资源	优势	劣势
人力资源	创业团队都受过高等教育，知识水平高，团结一致，具有很强的主动性和自觉性	创业团队专业集中于理工科，没有合适的财务、营销和管理人才
财务资源	创业计划得到了学校和区级政府的支持，能够从本地信用社获得一笔低息贷款，满足前期费用	缺乏持续、稳定的资金渠道，一旦未能在预想的阶段获得盈利，就会面临资金紧张
物质资源	学校科技园提供免费办公场地和生产场地	缺乏理想的原材料来源，缺少高精尖设备
技术资源	团队成员有独立开发软件的能力	缺乏产品制造相关技术
社会资源	学校、区级政府大力支持，能够提供很多便利，导师的社会关系广泛，可以借用	团队成员欠缺社会经验，对于商业模式、商业谈判和本地市场了解不足

通过分析，小杨发现，自己团队的优势在于掌握了编程技术，有独立开发软件的能力，同时得到了学校和区级政府的支持，因此适合通过社会资源寻找合作伙伴，与其他企业进行合作，为其开发软件。

2）第二步：初选

根据自身的资源优势，"按图索骥"地寻找合适的项目，这一过程中，应积极发动现有的社会资源。

以小杨的团队为例，政府工作人员为他们联系了附近的工业区，其中3家企业都有软件方面的需求，小杨根据双方情况，选择了其中一家进行洽谈。

③ 第三步：进行市场调查

对初选的目标项目进行市场调查，调查内容包括：项目相关产品（服务）的市场需求如何、项目相关产品（服务）的市场接受度如何、项目相关产品（服务）的市场均价及其变化趋势、项目相关产品（服务）与其替代品的竞争关系、项目所需原料价格及其变化趋势等。市场调查的目的是预估创业项目的盈利水平，如果发现市场需求萎靡、接受度低、产品（服务）价格一路走低等，就要考虑更换项目。

④ 第四步：判断自己对项目的掌控力

项目的进展可能会超出大学生创业者的意料，带来额外的风险，因此大学生创业者需要提前判断自己对项目的掌控力。例如，如果大学生创业者与一家大型企业合作一个项目，大型企业可能会完全掌握话语权，失去对项目的控制。

掌控力的本质是不可替代性，如果大学生创业者认为这一项目离开自己的参与就无以为继，就能始终保持对项目的影响力。

三、创业项目的可行性分析

可行性分析是选择创业项目的最后一道关卡，大学生创业者的资源局限决定其失败后很难开展"二次创业"，因此第一个创业项目的可行性极为重要。SWOT分析法是一种较为易行的可行性分析方法。

（一）SWOT分析法

SWOT分析法是对自身的优势（strengths）、劣势（weaknesses）及外在的机会（opportunities）和威胁（threats）进行分析判断的方法。因其兼顾内外因素（S、W为内部因素，O、T为外部因素），所以能较好地将企业内部资源和外部环境有机结合，其分析方式如图3-2所示。

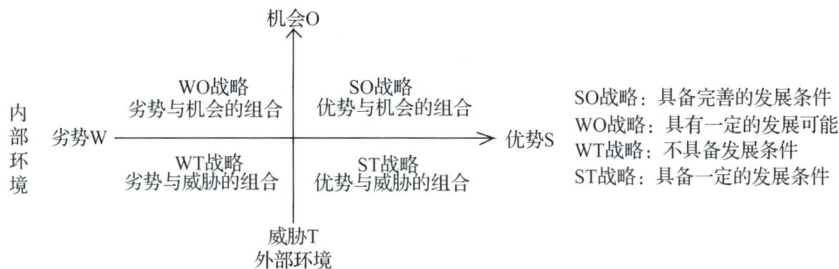

图 3-2　SWOT 分析示意图

（1）优势。优势是指对创办企业有利的因素，如创办企业的资金充足、资源丰富且价格比同行更低、员工素质和技术水平更高等。

（2）劣势。劣势是指对创办企业不利的因素，如知名度不如竞争对手，没有其他创业者阅历丰富，促销方式不佳、产品类型少等。

（3）机会。机会是指外部环境中存在的对创办企业有利的因素，如行业政策扶持力度大、周边入住了新小区、人流量增大等。

（4）威胁。劣势是指外部环境中存在的对创办企业构成潜在威胁的因素，如周边有新的企业加入、原材料价格上涨等。

（二）运用 SWOT 分析法分析创业项目的可行性

运用SWOT分析法可以对创业项目进行整体、全面的分析，简单易行且分析结果的参考价值较高。运用 SWOT 分析法进行创业项目可行性分析的程序主要包括以下 4 个步骤。

（1）评估自身的优势和劣势。能正确评估自身的优势和劣势是运用 SWOT 分析法分析项目的基础，其完成度与准确度决定了分析结果的有效性。在进行优势、劣势评估时，创业者一定要尽量全面而准确地列出尽可能多的优缺点。

（2）找出可能的机会和威胁。找出可能的机会和威胁是对外部环境的考量，创业者应考量所有对企业经营有影响的因素，并找出有利条件与不利条件。

（3）评估创业项目的潜力。评估创业项目潜力是指分析上面找出的各种条件，并综合分析哪些劣势可以填补及各种威胁的应对方法，最后评估这个项目的投入、成功率、产出等具体情况，判断其是否可行。

（4）根据项目设定工作计划。若评估创业项目可行，创业者就要考虑如何实现创业项目，包括组织人员、调度资源、寻找投资等，优势越大、机会越多的创业项目越容易取得成功。

运用 SWOT 分析法分析创业项目

王惠是 2022 年的应届大学毕业生，他的家乡正在发展特色养殖业，借此机会他想在家乡办一家肉牛养殖场，因此，他对周边现有的同类养殖场和消费者的需求做了相关调查和记录，但还是缺乏底气。为了验证自己计划的可行性，他使用 SWOT 分析法对项目自身情况及外部环境进行了详细分析，具体内容如下。

S：优势。本人乐观向上、勇于创新，有决心干一番事业；当地人工成本低，销售体系健全，成本比竞争对手低；掌握了充分的养殖业理论知识和一定的养殖技术；地理环境适合养殖；当地有养殖传统；家庭支持创业，在当地社会关系广泛。

W：劣势。个人创业和实际操作的经验不足，难以听取他人的友善建议；优柔寡断；能投入的资金较少，储备资金不充足；创办企业的人手不足；规模较小。

O：机会。当地政府对大学生创业的扶持力度大，并开设了创业相关的免费培训课程；本地区虽有养殖传统，但是不成规模，正缺一家正规企业将其整合。

T：威胁。环境污染问题加剧，肉牛存在疾病的威胁；租地的成本一直在上升；未来一年内可能有大型企业在当地建设养殖场。

通过 SWOT 分析法进行分析后，小王清楚认识到了自己的优势与劣势。针对分析结果，小王认为自己的计划具有可行性，为降低风险，他计划尽快进入市场，开源节流，储备更多的创业资金，动员家庭力量，集结更多的创业人手，尽快做活项目，以便在其他竞争对手进入市场之前，顺利打响自己的品牌，占领销售市场。

分析　本案例中的王惠使用 SWOT 分析法，对创业机会进行了较为全面的分析，并得出了结论，可见 SWOT 分析法在评估创业项目可行性时发挥的作用。

任务四　创业风险防范

创业是一项高风险的活动，创业成功固然可以使创业者收获很多，然而创业失败也会使创业者遭受损失。每位创业者都可能面临创业风险，因此正确认识、防范创业风险是创业活动成功开展的关键。

一、创业风险的来源

创业风险无处不在，贯穿于整个创业过程，且具有客观必然性、不确定性等特点，大学生创业者由于经验、能力、资金、资源等相对不足，创业过程中更容易遭遇各种不同的风险。因此，大学生创业者在投身创业活动之前，应该先对创业风险的来源有充足的认识和了解，为防范创业风险做好准备。

（一）项目选择风险

目前，大学生选择的创业项目主要集中在高科技领域和智力服务领域。此外，快餐、零售等行业的连锁加盟店也是大学生青睐的创业项目。大学生在创业初期，如果忽略前期的市场调研工作，不考虑自身掌握的资源状况，仅凭自己的兴趣和想象选择创业项目，想要创业成功是很难的。

（二）技能不足风险

很多大学生创业者缺乏创业必备的技能，不了解创业的相关政策法规，并缺乏在相关企业工作、实践的经验，应对市场变化的能力不足，大大增加了大学生创业的风险。

（三）对市场和竞争对手了解不足风险

在市场经济中，任何行业都存在竞争，任何创业团队都有竞争对手。大学生创业者应当对市场和竞争对手进行充分的调研，了解自身的优势和劣势，确定自身的竞争力。有些看似优质的产品，其市场反应却很冷淡；有些品质一般的产品，却因竞争对手不多而受到市场追捧。由此可见，市场具有很大的偶然性，如果大学生创业者未充分了解市场和竞争对手，推出的产品销量将很难保证，风险也将增加。

（四）资源风险

由于缺乏社会生活经验，大学生的社会资源相对较少，尽管有老师和同学的帮助，以及政府部门、创业机构的支持，但这些帮助和支持不足以支撑大学生创业企业的持续经营。因此，资源匮乏也会增加大学生创业的风险。

（五）管理风险

部分大学生创业者虽然接受过创业方面的培训，但多停留于理论层面，因此容易陷入经营理念淡薄、产品营销方式单一等误区。同时，多数大学生创业者缺乏企业管理方面的经验，不善于处理与员工的关系，导致团队凝聚力不强，因此增加了管理风险。

（六）财务风险

我国大学生创业者的创业资金主要来源于家庭支持、银行贷款、风险投资等渠道。除家庭支持外，通过其他资金来源渠道获得资金都需要一定的资质和担保，这对刚开始创业的大学生而言，是非常困难的。同时，部分大学生创业者普遍缺乏财务管理意识和专业财务知识，账务处理方面容易出问题。因此，财务风险是其创业初期的常见绊脚石。

精选案例

决策失败导致的风险

梁某大学毕业后，与几位同学一起创办了一家网络服务设计公司。公司运营步入正轨后，业绩也蒸蒸日上，2019 年，月营业额已达到 30 万元。虽然公司规模不算太大，但在行业里也算暂时站稳了脚跟。

看到梁某的生意做得风生水起，梁某的一位朋友陈某决定入股，并投入 20 万元，支持梁某开发新的项目。为了做好这个项目，梁某与陈某重新更换了办公场地和相关设备。在陈某的建议下，梁某放弃与以前合作伙伴的合作，打算自己做渠道，赚取渠道利润。在正式实施后梁某发现，独立做渠道是一件非常困难的事情，要想建立起一条相对有效的渠道，需要花费大量的人力、物力成本，需要投入大量的资金。而要想铺开自己的渠道网，打通多条渠道，保障产品的销售，更是难上加难。但"开弓没有回头箭"，在与渠道商的合作取消、大量资源已经投入的情况下，梁某不得不继续做下去。无奈的是，陈某投入的 20 万元很快全部花光了，公司账上的资金越来越少。在渠道建设不完善的情况下，少部分老客户带来的业务根本无法支撑整个公司的运营。最后，公司合伙人陆续离开，公司彻底崩盘。

　　分析　梁某的公司本来发展良好，却因梁某的一次错误决策而走上崩盘的道路。从根本上说，这是创业者盲目融资、急功近利引起的风险。在公司还没有足够实力和资源积累的条件下，创业者放弃了稳定的销售渠道，投入大量资金去建立独立渠道，这一决策导致公司陷入严重的资金危机，并最终导致创业失败。

二、创业风险的识别

　　识别创业风险是正确应对创业风险的基础和前提，创业风险来自企业内外环境的变化，因此总有预兆，如果创业者能在危机爆发前识别出创业风险，就能为后续应对风险赢得时间。创业风险识别是对创业企业面临的现实及潜在风险运用各种方法加以判断、归类并鉴别风险性质的过程。识别创业风险通常分为以下 4 个步骤进行。

　　（1）信息收集。信息收集是识别创业风险的基础，是指通过调查、问讯、现场考察等途径获得基本信息或数据，然后通过敏锐的观察和科学的分析对各类数据及现象做出处理。

　　（2）因素罗列。因素罗列是指根据收集的信息，罗列企业运营过程中可能遇到的风险，逐一找出风险因素。

　　（3）风险分析。风险分析是指根据信息的分析结果，确定现实风险或潜在风险的范围。分析过程中一定要在信息和影响因素的基础上进行综合分析，而且分析方式要多样，既要进行定性分析，也要进行定量分析。

　　（4）重点评估。根据分析结果进行风险影响评估，预计可能产生的后果，并制订风险应对计划。

三、创业风险的防范

　　创业风险是无法完全规避的，但创业者在具体实践的过程中可以通过一些方式对创业风险进行一定的防范。

扫一扫

应对市场风险

（一）预测

　　创业风险是复杂多变的，有的可以预测，有的则无法预测。对于可以预测的创业风险，创业者应该尽量运用自己的知识、能力、资源等，采取科学的方法正确地预测。例如，寻求团队成员、专家等人士的意见，预测可能的风险及其变化情况，提前做好风险应对准备，并制定相应的应对策略。

（二）分析

　　创业风险分析建立在创业者对外部环境和内部环境深入了解的基础之上，只有充分了解创业环境，创业者才能对创业风险做出正确的判断和分析。大学生创业者对内外部创业环境的了解往往不够深入，因此更应该随时关注创业环境的变化，及时搜集和获取各种信息，通过层层细化、逐层分析的方式准确分析创业过程中可能遇到的系统风险，并对其进行合理的评估，以保证风险应对策略的正确性。

（三）应对

　　在完成创业风险的预测、分析之后，创业者还必须合理应对创业风险，制定正确的应对措施，尽量规避、转移风险可能对创业者自身或创业企业带来的不利影响，降低风险系数，以顺利度过风险期。通常的应对手段有风险规避、风险保留、风险转移、损失控制等。

（1）风险规避。风险规避是常见、有效的风险应对手段，是指企业放弃、停止或拒绝进行具有风险的行为，如中止交易、减小交易规模、离开市场、拒绝合作等。如果企业发现项目发生风险的概率较大，可能产生的损失也较大，而收益有限或者没有其他有效的对策降低风险，就应放弃项目、放弃原有计划或改变目标，使风险消除或不再发展，从而避免可能产生的损失。但是风险规避同时放弃了潜在的利益，所以只适用于风险极高而收益不足的情况。

（2）风险保留。风险保留也称风险承担，是指企业面对不可避免的风险，或因抵御风险能获得巨大利益而采取接受风险的策略。该方法适用于风险无法转移也无法规避的情况，或风险低、潜在损失小、潜在收益高的项目。需要注意的是，风险保留并非完全忽视风险硬干、蛮干，而是在明确风险后继续按照原计划行动，在行动中注意风险的变化和发展状况。

（3）风险转移。风险转移是指企业通过保险、合同、金融工具等方式将商业活动的潜在损失转嫁给另一方或第三方的行为，如购买意外损失保险、在合同中规定对方担责、将风险业务外包等，但是风险转移本身需要企业付出成本。

（4）损失控制。损失控制是指企业不降低风险发生的概率，而是减少风险带来的损失，如将风险资产与企业割离、设置修理或重建基金等。损失控制通常只在损失幅度大且风险无法避免或转嫁的情况下采用。例如，企业面对洪涝，无法整体搬迁，只能通过加强防水、转移重要设备和文件等方式减少损失。

课后思考与练习

1. 根据你的认识及对创业的了解，说一说你理解的创业机会是什么，并举一个关于创业机会的真实例子。与同学交流，看看大家对创业机会的理解有什么不同，并谈谈对你有启发的理解。

_____

2. 创业机会有不同的来源，请你根据示例，分别列出不同来源的创业机会，要求每一来源至少列出 3 个。

扶持政策调整：（示例）国家鼓励高端制造业发展，某公司决定开展相关业务。

_____

技术变革：（示例）USB 4.0 标准发布，某厂商立即推出了支持 USB 4.0 的新品。

_____

社会发展和人口结构变化：

_____

产业结构调整：

_____

3. 问题来源于世界，又改变了世界。为了解决发现的问题，无数新鲜的发明创造和开创性的商业活动诞生了，很多创意机会都来自问题。下面请你提出一个有价值的问题（可以是任意产品或设计的不足之处、无法得到满足的某一需求、生活中的困扰等）并设想其解决方案。

问题：

_____

解决方案：

_____

4. 结合日常的观察和思考，你认为哪个行业中潜藏着商机？同时面临的创业风险有哪些？如何应对这些风险？

商机：

_____

风险：

_____

风险应对手段：

_____

5. 请结合自己构想的创业项目，利用 SWOT 分析法对其进行可行性分析，将结果填入表3-4，并得出自己的结论。

表3-4　运用 SWOT 分析法分析创业项目的可行性

创业项目：

机会	威胁
优势	劣势

结论：

_____

6. 阅读分析以下案例，回答问题。

夏海通原本是某乳业低温事业部总经理，在乳制品行业有十余年工作经历。一次，在饭局上，一个朋友问他："你想给自己的孩子喝什么酸奶？"面对这个问题，夏海通忽然意识到，市场上酸奶的品质有较大的提升空间。

2014年，夏海通创办了朴诚乳业，决心"为我们的家人和孩子做一杯安心好奶"。为区别于市场上的其他产品，夏海通为酸奶制定了极简配方：生牛乳、糖、乳酸菌，其他没了——这句话也印在产品包装上。在这一理念下，朴诚乳业2015年推出了"简爱"酸奶，简爱是一款无添加剂低温酸奶，保有对人体有益的活性乳酸菌，但对低温保鲜的供应链要求也更高。为此，朴诚乳业构建了最短链路的供应链，转运过程中全程采用冷链运输，保证运输途中温差不超过1℃，最大限度保证原奶的新鲜度。

简爱酸奶上市后，很快得到了市场认可，2020年4月，简爱酸奶单月销售额突破1亿元人民币。截至2021年12月，简爱酸奶已卖出了8亿4千万杯。之后，朴诚乳业又推出了"身体知道""父爱配方"等酸奶，均获得了成功。

（1）在创业活动中，很多创业者都是基于消费者的需求寻找商机的，请你说一说通过这种方法寻找商机有何好处。

_____

（2）假设你发现了一个类似于案例中的商机，你能抓住它吗？你会如何利用和开发它？

_____

CHAPTER 04

项目四　自我认识与团队建设

本章学习目标

（1）知识目标：了解创业者认识自我的相关方法，掌握鉴别与选择创业合伙人，以及管理创业团队的方法。

（2）技能目标：具备认识自我的能力，能够鉴别和选择合伙人，确定合适的合伙方式，有效管理创业团队。

（3）素质目标：学会自我评估，激发团队合伙的意识，培养团队合作的精神。

引例

分工明确、各司其职——成功的合伙创业

陈勋、刘辉和王清阳是校友，大学毕业后，三人合伙创办了一家电源设备生产公司。陈勋大学学的专业是电气工程，公司创立后，他负责技术方面的工作，带领技术创新团队进行产品研发；刘辉则负责企业日常管理等，虽然他没有相关的行政管理专业背景，但他在大学社团活动中表现出的管理能力让人钦佩。王清阳人脉广、脑子活，公司的对外联系都由他负责，在企业初创阶段，他为提高产品销量、寻找合作伙伴做出了非常大的贡献。

三人分工合作，共同为公司的发展努力。几年之后，公司发展越来越好，陈勋研发的产品不断推陈出新，刘辉以独到的管理方式把公司管理得井井有条，王清阳也凭借自己杰出的业务能力为公司积累了稳定的客户群。

创业者选择合作创业的本质，在于使团队中的每个人做擅长的事，通过分工合作，最大化地发挥个人价值。引例中的创业团队之所以能够成功，就在于其组建了一个优势互补的完美团队，团队中的每个人各有所长，各司其职。当然，在实际创业活动中，创业者要根据自身的情况进行具体分析，再决定是选择独自创业，还是集聚一些拥有相同梦想的伙伴共同创业。

任务一　创业者的自我认识

俗话说："知己知彼，百战不殆。"这里的知己，就是指自我认识与剖析。一个优秀的创业者

必须准确认识自我，知道自己想做什么，该怎么做。这样才能避免盲目选择导致创业失败，从而为成功创业打下良好的基础。

一、我是否有明确的创业动机

每一位创业者开展创业活动时，都会有一个清晰的创业动机。它是创业者开展创业活动的起因，是激发创业者关注创业信息、搜集创业资源、克服创业困难、实现创业目标的推动力。例如"改善生活条件""实现自我理想"等。一般来说，创业者的创业动机越清晰，创业责任感越强，创业的驱动力、创业活动的持续性也就越强。

扫一扫

创业者的类型

创业前，大学生可以从自己的人格特质、个人成就、个人认知能力和自我效能感等方面出发，主动分析自己的创业意愿，评估自己的创业动机。

（1）人格特质。人格特质在一定程度上会对创业者的创新能力、创业倾向等产生影响。例如，支配型、主动型、自信型的个体更容易产生创新创业的兴趣和行为。当然，人格特质并非固定不变的，创业者也可通过后天的调整改变自己的人格特质，主动培养创业动机。

（2）个人成就。经济条件、教育程度、专业类型、团队组织、实践经验等因素也会影响创业者的创业动机。当创业者在这些方面取得一定的成绩和成就时，对自己未来的期望会更高，创业动机也会更强。

（3）个人认知能力。这里的个人认知能力主要是指创业者发现机会、识别机会的能力。创业者的个人认知能力越强，其发现潜在商业价值的能力就越强，进而越容易产生创业动机。一般来说，个人认知能力受创业者掌握的知识和技能影响，因此通过教育能够提高创业者的个人认知能力，推动其投身创业活动。

（4）自我效能感。创业动机的产生与创业者对自身能力的感知程度及自信程度息息相关，也就是与创业者创业的自我效能感相关。具备较强创业自我效能感的创业者往往相信自己能够成功扮演好创业者的角色，能够完成不同创业阶段的任务，并基于对自身能力的评估形成成功创业的坚定信念。

精选案例

百度创始人李彦宏的创业动机

1991年，李彦宏从北京大学信息管理专业毕业，前往美国纽约州立大学攻读计算机科学硕士学位。由于其在校成绩优异，并在计算机行业权威刊物上发表过文章，能力出色，他先后担任道·琼斯的高级顾问和《华尔街日报》财务信息系统的设计者。虽然是在华尔街工作，且工资丰厚，但李彦宏并不满意，于是他去了硅谷，加入当时著名的搜索引擎公司Infoseek（搜信）。

在Infoseek工作时，李彦宏发现了搜索引擎的魅力，并对搜索引擎产生了兴趣，将其掌握的所有知识应用于信息搜索。他暗下决心，只要自己在公司一天，就一定要将这里的搜索引擎做成世界上最好用的。但他发现，作为一个程序员，自己的话语权太少了，公司有各方面的博弈，自己辛苦总结的建议，并不能都被高层采纳。而自己在国外这些年虽然学到了很多东西，但要想实现自己的搜索引擎梦，非常困难。于是，李彦宏决定自己创业，以实现自己的愿望。

1999年底，李彦宏辞职回国创业，此时的他，手握"超链分析"专利技术，还有一笔120万美元的风险投资，在北京开始了自己的漫漫创业之路。也正是由于他的这个决定，我国规模最大的搜索引擎、全球第二大独立搜索引擎——百度诞生了。

【想一想】
1. 李彦宏创业的动机是什么？
2. 请各位同学根据自身情况，分析自己的创业意愿，评估自己的创业动机。

二、我是否具备必要的创业能力

创业是一项充满挑战、艰辛且复杂的活动，创业者作为创业的核心，其自身的能力条件直接影响着创业活动的开展，能力越强，创业活动的开展越顺利。因此创业之前，大学生必须要求自己具备一定的创业能力，以提高创业的成功率。

（1）发现市场的能力。成功的创业者通常具有敏锐的市场发现能力，能够提前抓住商机。例如，我国的互联网创业者，从最初的门户网站创业、网上商城创业，到后来的短视频创业、直播创业，无一不是由于他们敏锐地发现了市场，并把握住了行业先机。发现市场的能力一般建立在创业者对市场环境的了解之上，创业者必须了解市场规律、了解消费者消费趋势、了解金融运转规律等，并在不断变化的市场环境中分析市场，再根据市场对自己的创业项目进行准确定位，这样更容易创业成功。

（2）创新能力。创业活动具有复杂性和多变性，不懂得变通的创业者往往无法顺应市场变化的趋势，只能被动创业，使创业陷入僵局。在这个市场信息瞬息万变的环境下，创业活动的不可预测性大大提高，这就要求创业者善于思考，积极创新，捕捉创业灵感，完成创新任务。大学生创业者应该有意识地培养自己的创新能力，丰富自己的知识、技能、经验、阅历，端正自己的心态，通过专业的知识和技术、开放的思维、较强的实践能力等形成创新能力，从而开拓自身的事业。

（3）管理能力。管理能力是创业所需的核心能力，主要包括目标管理能力、财务管理能力、信息管理能力、团队管理能力和项目管理能力等，各管理能力对创业者的要求如表4-1所示。

表4-1　各管理能力对创业者的要求

管理能力	要求
目标管理能力	创业者能够制定目标、分解目标，并督促自己和团队按计划实现目标。根据实际情况，创业者可在创业的不同阶段分别制定长期目标（5～10年）、中期目标（3～5年）及短期目标（1年目标和日程计划）
财务管理能力	创业者具备管理企业财务资金流的能力，保证企业正常运营时具备稳定的资金流，防止出现资金流"断流"等情况
信息管理能力	创业者具备掌握信息并有效使用信息的能力，掌握市场和先机
团队管理能力	创业者具备协调团队分工、合作管理的能力，促进团队成员之间的合作磨合，正确地领导、激励和鼓舞团队成员，调动团队成员的积极性
项目管理能力	创业者拥有独立管理、策划、运作具体项目的能力，保证项目的顺利实施，将产品成功推向市场

（4）学习能力。信息时代，市场的变化日新月异，创业者要想取得长久、持续的成功，必须具备强大的学习能力。这里的学习能力不仅指学习专业技能的能力，还包括学习所有有利于创业的社会知识的能力。大学生创业者更应该通过对各种知识的学习丰富阅历、增长见识，积累更多有利于创业的知识并提高自己的综合素质和人文素养，为自己的创业之路提供更多的助力。

（5）领导能力。在整个创业活动中，创业者往往扮演着多种角色，如技术人员、市场运营人员、领导者等，其中最重要的角色是领导者。作为创业团队的核心人物，创业者必须为新创企业或整个创业活动设定目标、制订计划，同时，还要发现人才并善用人才，使每一个团队成员的才能得到充分发挥，从而领导团队获得成功。

（6）社交能力。社交能力对创业者来说是必不可少的，具有较强社交能力的创业者往往可以优先获取更多的信息和资源。充分的内部沟通可以有效化解团队矛盾，提高内部信息传递效率，使团队成员的主观能动性得到充分发挥，激励他们为团队或企业创造更多的价值。充分的外部沟通可以使创业者准确了解客户与合作伙伴的习惯、喜好，有针对性地提高产品和服务的质量，拉近与客户、合作伙伴的关系。同时，创业者还有机会通过沟通及时获取关于市场、竞争者、政策等方面的重要信息，为企业的经营、决策提供依据。

对于大学生创业者来说，多积累人脉，扩大社交圈，通过结交更多的朋友获取信息和资源，有利于寻求更好的发展机会。有些优秀的大学生创业者甚至能将社交能力变为成功创业的捷径。

三、我是否已做好创业的准备

创业的过程是艰辛的，但创业不一定都能成功。同时，创业是一项有风险、需要创业者长期坚持、付出努力的活动。创业者进行创业前，应该做好良好的心理准备，不要因为后期的压力或挫折半途而废。

（一）胆识和魄力

创业者创业前，要具备一定的胆识和魄力，勇于尝试新的事物，拥有坚定的信念、执着的精神，只有这样才能在变幻莫测的市场动向中把握机会。俗话说："一个人只有承担大风险，才能获得大成功。"当然这不是指无谓的冒险，而是指一个有胆识的人面对常人认为不可行的事情时，懂得审时度势，能够看到危险中蕴藏的机遇，具有勇于拼搏的气魄。

纵览历史，能够在人类历史长河中留下耀眼光辉的人，都拥有非凡的胆识和魄力，比如凯撒、成吉思汗、拿破仑等。而现代社会中，一些商界泰斗也都是具有独到的眼光、敢冒风险、拥有过人气魄的人。

（二）自信

对于大多数创业者来说，创业并不是一帆风顺的，它可能充满艰辛和坎坷。但不管怎样，创业者首先要相信自己能够创业成功，相信自己的选择是正确的，如果创业者对自己缺乏信心，创业大都会失败。

（三）毅力和坚持

创业者要不畏惧创业过程中遇到的任何问题。既然立志通过创业改变自己，就要始终坚持自己的目标，通过坚韧的毅力、矢志不渝的努力战胜各种挫折。人生没有永远的失败，也没有战胜不了的困难，要坚信风雨过后一定会有彩虹。

（四）耐心

时间永远是最稀缺的资源，但创业的过程不仅艰辛，而且漫长，要想在短时间内看到效果，对于大多数企业来说是不现实的。这意味着创业者要保持良好的耐心，要有长期创业的思想准备，并能将自己的精力全部投入其中。

遇到问题时，创业者应该冷静面对、认真分析、逐项解决，绝不能因某个环节出现问题产生浮躁情绪而怨天尤人，或者只找客观原因、忽视主观检讨，要明白"欲速则不达"。

精选案例

坚持促进成功

李华毕业于国内一所知名大学，读的是计算机软件专业，他成绩非常优秀，与导师合作的项目也获得了国家专项基金的扶持。在校外实习时，李华受到了国内一流企业的青睐，无论去哪一家公司，相信他未来的前景都会很好。但拥有这么多光环的李华却是个不喜欢束缚的人，他决定自己创业。

李华选择的领域是移动分享。其产品可以帮助用户通过互联网分享所见所闻，分享看到的好风景。软件操作十分简便，用户界面也非常人性化。

软件开发前期，李华凭借他的锐气获得了一些投资，投资商也认为他的公司未来一定会有非常大的发展。但投资商要求在软件中嵌入广告，李华拒绝了这种以损害用户利益换取软件盈利的要求。就这样，投资商中断了第二轮投资计划，李华遇到了以往从未遇到的难关。发不出工资的李华甚至不敢与员工对视。

但是李华天生是一个不服输的人。为了拿下投资，他多次与投资商磋商周旋。面对投资商撤资的威胁，他一遍又一遍地向投资商耐心分析，告诉他们前期加广告会给产品带来较大的损失。不管付出多大代价，李华都不愿意让自己的梦想破灭。

最后投资商被李华的这种精神打动，双方选择了一个折中方案，即软件前期不加广告，但后期需要加入投资商提供的广告。不管怎样，李华总算可以继续自己的梦想，他的创业也可以继续进行了。

分析　李华在无法获得投资的情况下，仍坚持不懈地与投资商周旋，不放弃自己的创业梦想，该过程中展现出的耐心值得广大大学生创业者学习。坚持和耐心将使创业者在创业路上走得更远。

任 务 二　创业合伙人的鉴别与选择

创业合伙人是与创业者共同从事创新创业活动并共担风险的人。因为创业活动较为复杂，涉及技术、营销、人力资源、财务、法律等多个领域，若创业者单打独斗往往难以支撑，因此，大多数创业者创新创业时，都会邀请合适的合伙人加入。这些合伙人往往与创业者的能力、性格、资源等形成互补，与创业者共同负责企业各项事务的运营和管理。

一、评估合伙需要

创业者决定创新创业时，首先会面对一个问题，即选择单独创新创业还是团队创新创业。选择单独创新创业的创业者享有充分的自主决策权，但要独自承担经营风险，独立筹集各种资源。团队创新创业可为创业者带来更多技术、资金、人才和社会关系等资源，风险共担和共同经营也可以大大降低创新创业决策的盲目性和随意性，但团队的工作习惯、风险习惯、决策管理等需要充分磨合，否则容易导致团队内部发生冲突甚至解散。

单独创新创业和团队创新创业各有利弊，因此创业者创新创业时首先要评估自己是否有合伙的需要。

（1）评估创业者的风险承担能力。单独创新创业和团队创新创业对风险的承担要求不同，如果创业者能够独自承担创新创业风险，则可以考虑单独创新创业。若创业者不具备较强的风险承担能力，则可以考虑寻求具有资金实力、技术实力的合伙人共同创新创业，以增强创新创业项目的抗风险能力。

（2）评估创新创业项目的复杂程度。个人的能力和精力有限，若创新创业项目比较复杂，个人难以兼顾各方面的任务和工作，就要寻找合适的合伙人，分工合作，承担经营责任。

（3）评估创新创业项目的资源需求。不同的创新创业项目对创新创业资源的需求不同。如果创业者选择的创新创业项目规模较小，经营模式简单，资源需求不高，例如个人开店，则可以考虑独自创新创业。如果创新创业项目对技术、资金、社会关系等关键资源的需求较高，且创业者在某一个或几个方面存在短板，则可以选择拥有相应资源的合伙人共同创新创业。

二、鉴别合伙人

合伙是一项重要的民事法律制度，根据我国《中华人民共和国民法典》（以下简称《民法典》）第九百六十七条规定，合伙合同是两个以上合伙人为了共同的事业目的，订立的共享利益、共担风险的协议。个人合伙是指两个以上公民按照协议，各自提供资金、实物、技术等合伙经营、共同劳动。合伙人投入的财产，由合伙人统一管理和使用。合伙经营积累的财产，归合伙人共有。合伙的债务，由合伙人按照出资比例或者协议的约定，以各自的财产承担清偿责任。

由此可见，合伙人主要是按约定履行相应合伙事务、共享收益、共担风险的人。合伙人的合法财产及权益受相关法律法规的保护。合法人应当按照约定的出资方式、数额和缴付期限，履行出资义务。

精选案例

"合伙人"章文

章文和刘振是大学同学，大三的时候，刘振成立了一家电商公司，经营一两年之后，公司运营不佳，为了获取更多流动资金，刘振想拉同学章文入伙，但章文并不懂经营，不打算管理公司，便提出可以投钱，只要到期转一定利息即可。于是双方签订了一份合伙协议，约定章文向刘振公司注资 20 万元，但不参与经营。刘振每年结算收益的 10% 作为章文的利息，两人合伙期限 4 年，到期后，刘振需一次性返还本金及分红收益，章文无须承担刘振经营中的任何风险。

4 年期内，刘振一直按协议履约。期满后，当章文要求刘振支付本金和分红时，刘振却以公司经营不善，章文作为合伙人应共负盈亏为由拒绝了章文的请求。多次要求刘振履约未果后，章文将刘振告到当地法院。法院审理后认为，双方签署的协议名为合伙，实为借贷，要求刘振在判决生效起十五日内向原告章文偿还借款本金及利息。

分析 本案例中，根据刘振和章文签订的协议，章文注资只是为了获得利润，到期收回资金，并不承担风险，这种仅约定出资数额和盈余分配的，不符合合伙共担风险的特征，因此只能认定为借贷。

三、寻找合适人选

原则上来说，大学生应该尽量选择熟悉的或有相关合作经历的合伙人，避免在性格、习惯、目标和愿景等方面产生冲突。同时，应尽量选择能力互补、志同道合、德才兼备的合伙人，能力互补可以让创新创业团队的功能和结构更加合理，各人在能力范围内做自己擅长的事，也能使合作更有效率。志同道合是合伙创新创业的基础，只有目标一致、愿景一致、理念一致，创新创业团队才能坚定地向着未来的蓝图或清晰的目标奋力前进。同时，具备专业知识、技术和能力，具备商业道德，具备合作精神，懂得与创业者相互尊重、重信守约的合伙人，才有利于创新创业活动的顺利推进与创新创业事业的发展壮大。

精选案例

"携程四君子"

　　跨入 21 世纪，中国刚刚迎来了互联网的第一波浪潮。那时候，有一个创业公司的合伙人被称为"最牛团队"，他们的 4 个成员，一个是连续创业者，一个是甲骨文公司的技术高管，还有一个是在多家知名投行工作过的投资人，另一个是国企的总经理。这就是著名的"携程四君子"。

　　携程的创始人季琦是一个充满激情的创业者，在上海交通大学机械工程系机器人专业读研期间，他接触到计算机，并认识到该新兴行业潜在的发展机会，开始学习掌握计算机的使用、装机，以及组网技术，甚至在校期间还与同学合开了计算机公司。毕业后，为了能留在上海，季琦放弃了宝洁公司的录取通知，进入上海计算机服务公司工作了两年半，之后又去国外做技术工作。1995 年，季琦回国发展，在中化英华智能系统有限公司工作了一段时间之后自主创办了一家名为"协成"的公司，做系统集成业务。1999 年，他因缘结交了甲骨文公司咨询总监梁建章，二人由于工作关系成了好朋友，经常在一起聊刚刚兴起的互联网。一次出门旅游的契机，二人有了一起弄个旅游网站的想法。但对于他们这个创业团队而言，虽然有梁建章负责技术，季琦负责市场和管理，但还缺一个懂财务和融资的人才，于是在梁建章的引荐下，季琦的校友、当时德意志摩根建富的董事沈南鹏加入了这个团队。三人组队后，发现大家都不懂旅游，要让项目顺利开展，还需要找一个行业资深人士，于是他们找来时任上海新亚酒店管理公司副经理的范敏。对方在季琦的劝说之下决意加入创业团队。被誉为我国企业史上"第一团队"的"携程四君子"正式组队成功。

　　携程创业团队中的 4 人在技能与性格方面形成了优势互补。季琦是一位天生的创业者，具有经商头脑；梁建章细腻而敏锐，善于接纳并拥抱新事物，有很多"好点子"；沈南鹏熟悉投行业务，稳妥地管理着团队的财务；范敏则踏实专注地完成每一件事，能创业，也能守业。这个创业团队凭借团队协作、优势互补，只花了 4 年，就在纳斯达克成功敲响了携程上市的钟声。

　　【想一想】

　　从携程的故事中可以发现，组建创业团队，应该如何寻找合适人选？

四、确定合伙方式

　　为了建立健康的合伙关系，创新创业团队成员在合伙创新创业之初，往往需要签订合伙协议，对合伙各方的职责划分、投入比例与利润分配、退出方式等做出约定，说明每个合伙人有形的资产、财产、设备等，以及无形的服务、核心技术、专利、关系网等的投入，明确每人的责、权、利，包括股权、利益分配、增资、扩股、融资、人事安排等，通过明确合伙方式构建清晰稳定的合伙关系。通常来说，创新创业团队的合伙模式主要有 4 种。

　　（1）完全均等合伙模式。所有合伙人在投资额、管理权限及收益分配方面完全均等，该方式完全贯彻了利益共享、风险共担的理念，但在实际应用中有诸多弊端，如果合伙人意见不一致，则容易影响企业的效率和发展。

　　（2）管理强化合伙模式。发起人与合伙人的投资额、收益额相等，但企业日常经营管理由发起人负责，这种方式要求发起人承担更多责任，在实际应用中也不多见。

　　（3）差异化合伙模式。发起人与合伙人按照约定的比例划分投资额、管理权限及收益分配比例。该模式为目前常见的合伙模式，如合伙人数为 5 个人以下，则发起人占股 51% 以上，以保证对企业的控制权；如果合伙人数为 5 人以上，发起人占股可以不超过 51%，但比例应最高。

（4）第三方管理模式。每位合伙人的投资比例不同，最终收益按各自实际投入的比例进行分配，企业的日常经营管理则聘请职业经理人负责。

精选案例

农家乐如何把 3000 亩荒山变为 4A 级景区

湖南省常德市澧县有一个特别的庄园，即彭山庄园，15 年前这里是 3000 亩荒山，如今，该庄园已成为国家五星级休闲庄园、国家 4A 级旅游景区，年吸引游客 50 万人次，而这一切，全归功于刘连华的经营管理。

彭山脚下有一个 2000 亩的湖面，为了实现对其充分利用，刘连华准备增设游轮项目的运营。一条游艇需要大概 300 万元的投资，买游艇容易，但是如何保证客源不断却很难办。为此，刘连华想出了与景区合作的办法，他找到 10 家旅行社，让每家出资 30 万元，之后对方可以享受 10 年的游艇免费使用权，这对于旅行社而言是一笔稳赚不赔的好生意。就这样，双方立马达成共识。而这不仅解决了彭山庄园游艇的投资问题，也解决了项目的客源问题。更重要的是，旅行社带来的人群，还会在庄园内产生大量的餐饮、商品购买及其他项目消费，互帮互助。

建设庄园，还需要筹建住宿、餐厅、游乐设施等，自己筹建成本过大，且后期没有客源保障。为此，刘连华与多方建立了合作关系，以分摊成本，实现多方共赢。

在游乐设施方面，由于摩天轮观光项目大概需要投入 50 万元，于是刘连华找来外来投资者出资，让其独立运营，5 年内的收益由双方按照一定比例进行分配，5 年之后，项目完全归庄园所有。如果投资方愿意继续经营，则双方重新拟定利益分配比例，继续合作。

在土地认养及小木屋住宿方面，刘连华在初建彭山庄园时，就以一亩地为单位将土地租赁出去，期限是 30 年，租赁者一次性缴清 30 万元的租赁费用后，有权在一亩的土地上建设小木屋，但是面积不超过 50 平方米。而后庄园每年将返给租赁者 1 万元，分 30 年还清，由此吸引租赁者。小木屋建设好之后，租赁者每年有两个月的居住时间，其余时间均由公司经营打理，利润分成。

共享餐厅方面，刘连华发布众筹建设了餐厅，并精选出一批优秀的员工，把餐厅的众筹份额作为一种福利吸引员工参与进来。除了员工之外，众筹的主体还包括餐饮的供应商、消费流量大的客户，以及自己的亲戚朋友。短短一周的时间，刘连华就筹集了 250 万元。通过这种方式，彭山庄园不仅获得了稳定的客源，而且因自己出资建设餐厅，员工自身的积极性也得以调动，整个餐厅更加富有生命力。

在现代商业中，创业并不是一个人的单打独斗，企业竞争很多时候也考验创业者的跨资源整合能力。而刘连华正是以"资源共享＋众筹合伙"的商业模式打磨项目，才最终获得了彭山庄园的成功。

【想一想】

本案例中，刘连华采用的"资源共享＋众筹合伙"模式具体是如何将合伙人凝聚在一起的？

五、核心团队建设

由创始人、合伙人及核心技术骨干组成的核心团队是支撑新创企业运营的基石，也是创新创业项目真正的推动者。核心团队建设是创业者项目初期需要重点完成的工作，在组建核心团队时，创业者要遵循相关的组建原则，安排好人员分工，进行一些基础的建设工作，使整个团队能够优势互补，各自发挥作用。

（一）核心团队的组建原则

核心团队是一个集体，由多位性格、能力、偏好不同的成员组成，而要使这些成员在创新创业活动中充分发挥各自的作用，需要创业者在组建核心团队时遵循一定的原则。

（1）愿景明确合理原则。创新创业愿景是创新创业的动力。愿景必须明确、合理、切实可行，才能使核心团队成员清楚地认识到自己的奋斗方向，真正起到激励作用。

（2）能力互补原则。组建核心团队的目的在于弥补创新创业目标与创业者自身能力之间的差距。只有当核心团队成员在知识、技能、经验等方面实现互补时，才有可能通过协作发挥协同效应。因此，核心团队成员之间要做到诚实守信、志同道合、取长补短、分工协作、权责明确。

（3）精简高效原则。创新创业初期，受资金与资源的限制，创业者很难凭借个人能力运营一支庞大的专业团队，所以核心团队可以"麻雀虽小，五脏俱全"，在人员构成上，应在保证企业高效运转的前提下尽量精简。

（4）动态开放原则。由于创新创业活动的前景不明朗，核心团队往往并不稳定，经常出现人员变动。因此在组建核心团队时，创业者应保持团队的动态性和开放性，使真正合适的成员留在核心团队中。

（二）核心团队的人员分工

在创业中，核心团队成员的能力和素质决定了团队在创新创业活动中的实际表现。而要想组建一支优秀的、能胜任创新创业活动的核心团队，创业者必须明确核心团队各成员的优势特长，做好团队的人员分工。

剑桥产业培训研究部前主任梅雷迪思·贝尔宾（Meredith Belbin）博士及其同事们经过多年在澳大利亚和英国的研究与实践，提出了著名的贝尔宾团队角色理论。该理论的核心要义是"没有完美的个人，但有完美的团队"。该理论认为，利用个人的行为优势创造一个和谐的团队，可以极大地提升团队和个人的绩效。

贝尔宾团队角色理论认为，一支结构合理的团队应该由 9 种不同的角色组成，每个角色负责不同的工作内容，如表 4-2 所示。这 9 种角色分属于 3 类不同的导向，即谋略导向、人际导向和行动导向。

表 4-2　贝尔宾团队角色理论中各角色的特征和作用

类型	角色	特征	在团队中的作用
谋略导向	审议员 / 监督者 ME（monitor evaluator）	优点：理智谨慎、判断力和分辨力强、讲求实际	分析问题和情景；对繁杂的材料予以简化，并澄清模糊不清的问题；对重要决策进行评估、判断；对他人的判读和作用作出评价
		缺点：缺乏鼓动和激励他人与自己的能力	
	专家 SP（specialist）	优点：主动自觉、全情投入、能够提供不易掌握的专业知识和技能	提供专业建议
		缺点：能够贡献的内容有限，沉迷于个人兴趣	
	智多星 / 创新者 PL（plant）	优点：思维活跃、想象丰富、知识面广、具有创新精神	出谋划策，提供建议；提出批评并有助于引出相反意见；对已经形成的行动方案提出新的看法
		缺点：高高在上、不注重细节、不拘礼仪	

续表

类型	角色	特征		在团队中的作用
人际导向	协调者CO（co-ordinator）	优点：沉着自信、看待问题比较客观、拥有控制局面的能力		协助明确团队目标和方向；帮助确定团队的角色分工、责任和工作界限
		缺点：在智能及创造力方面稍逊一筹		
	凝聚者TW（teamworker）	优点：擅长人际交往、温和、敏感、具有较强的环境适应能力和团队凝聚能力		给予他人支持与帮助，消除或克服团队中出现的分歧
		缺点：危急时刻优柔寡断		
	外交家/信息者RI（resource investigator）	优点：外向热情、好奇心强、人际关系广泛、消息灵通		提出建议，并引入外部信息；发掘可以获得并利用的资源
		缺点：兴趣转移快		
行动导向	执行者IMP（implementer）	优点：保守、务实可靠、勤奋		将计划转换为实际步骤
		缺点：缺乏灵活性，对没有把握的主意不感兴趣		
	完成者CF（completer finisher）	优点：勤奋有序、有紧迫感、理想主义、完美主义		强调任务的目标要求；查漏补缺，督促他人完成
		缺点：拘泥于细节、容易焦虑、不洒脱		
	鞭策者SH（shaper）	优点：思维敏捷、开朗、主动探索、有干劲、爱挑战		寻找和发现方案，推动团队达成一致意见，并向着决策行动
		缺点：好激起争端、易冲动、易急躁		

值得注意的是，虽然一支结构合理的团队需要由上述 9 种角色组成，并且这些角色各具特点，但是并不意味着每种角色的数量都一致，也不是说同一团队成员只能担任一种角色。事实上一些团队成员可以肩负两种甚至更多种角色，而有的角色需要多人共同担当。甚至有的角色可以外包给其他组织担任，例如专家角色。

精选案例

唐僧团队中的各种角色

我国四大名著之一《西游记》中有一个著名的西天取经团队，即唐僧团队，团队成员包括唐僧、孙悟空、猪八戒、沙僧和白龙马。在该作品中，唐僧师徒一行具有十分显著的团队特征。

唐僧是一位领导者，对目标执着追求，有极强的自律、自控能力。孙悟空神通广大，具备极强的专业能力，且富有创新意识与开拓精神，敢想、敢做、敢当。猪八戒虽然懒惰贪吃，但脑袋十分灵光，不仅具有较强的人际交往能力，而且具有上传下达的沟通作用，同时能作为团队"润滑剂"，调节团队氛围。沙僧则勤恳、忠诚、责任心强，在团队成员起冲突时，可以调和矛盾，在团队中起到一定的稳定作用。白龙马并不干涉团队日常运作，而是默默奉献，完成自己的分内工作，直到取经完成。

如果要为唐僧团队进行人员定位，那么唐僧毫无疑问是团队创始人、核心人物，主要承担团队中的监督者、协调者角色。孙悟空是一线要员，是开拓者，主要承担鞭策者、专家、智多星角色。猪八戒可以发挥人际关系优势，主要承担外交家、凝聚者角色。沙僧忠诚可靠，主要承担团队中的执行者角色。白龙马是实干者，主要承担完成者、执行者角色。

尽管唐僧团队中不能时刻保证全员目标的一致性，但唐僧作为领导者，始终在目标上坚定不移，并不断引导团队成员向着目标前进。在接近目标的过程中，团队成员都能发挥自己的优势和所长，分工合作，对整个团队目标的实现起到了巨大的作用。

分析　唐僧团队是一个较为理想的团队，团队中的每个成员都有明确的角色定位和分工，各有特色，优势互补，由此事业大成。

任务三 创业团队的管理

根据大众心理学研究，当人们因共同的目标聚合为一个群体时，人的个性特征和意识会在有意或无意中受到群体的影响，产生群体促进效应、从众效应等。创业团队也是一个群体，团队成员的行为、心理意识也会彼此影响。因此，创业者要想构建高效的团队，必须对团队进行有效的管理与引导，以充分发挥群体带来的正向价值，增强团队凝聚力，使团队价值最大化。

一、培养团队精神

创业者组建团队的主要目的是发挥团队的最大势能，而要最大化地发挥团队势能、提高团队效率，必须明确团队的人才特点和需求，培养积极向上的团队精神。对于初创企业而言，其初期应该着重培养的精神主要包括勇气、忠诚、学习。

（1）勇气即不畏艰难的进取心，在艰难的创新创业过程中，团队成员要有知难而上的勇气，敢于直面困难，敢于探索未知领域，尝试新的方法，并能勇敢地面对失败。

（2）忠诚即忠于团队，团队成员只有忠于团队，才能为团队的发展贡献全部才智，也只有通过团队的成功实现个人价值并获得利益后，团队成员才会更忠于团队。

（3）学习可以增强团队成员的专业能力、创新能力，只有善于学习的团队才能不断开拓、不断创新，实现长远发展。因此，团队成员必须不断学习，在创新创业过程中努力吸收一切对创新创业有利的知识、技能和经验。

要想培养团队精神，创业者可以从5个方面入手，如图4-1所示。

树立共同价值观	增强领导者影响力	强调全员参与	具备忧患意识	注重沟通与协调
团队中树立共同的价值观，且领导者能以身作则，对员工形成良好导向	领导者能与员工同甘共苦，以强大的个人魅力和威望凝聚员工	团队成员全方位参与企业的经营活动，其个人发展与企业未来相连	团队整体具备危机与忧患意识，且能积极应对	团队成员通过信息和思想上的交流，达成认知和行动的一致

图4-1 团队精神的培养方法

由此形成的团队精神可以帮助团队中的每个成员向着大家共同的目标努力奋进，认同团队发展的战略、经营观念，明确自己在团队中承担的责任和应做出的贡献，与团队整体建立紧密的联系。积极向上的团队精神也能帮助团队成员发挥足够的力量，与领导者共同应对创业过程中的困难。当团队精神发展为团队文化后，哪怕团队成员更换，其精神也可以不断传承发扬，成为企业的基因，影响一批又一批的员工。

二、优化团队结构

一个良好的团队结构能够使团队的人员分工合理、灵活互补，保持团队高效运作，增强整个团队的生产力和创造力，最大限度地发挥团队功能。创业者可以通过7个方面进行团队结构的调整，使其趋于更完美的状态。

（一）角色清晰

团队成员的角色安排要清晰，不能出现角色模糊、角色超载、角色冲突、角色错位、角色缺位等现象。

（二）职权明确

团队成员的职权应明确，因为职权不明、职权混乱必然降低团队效率。一般来说，创业团队的职权划分根据执行创业计划的需要具体确定每个团队成员担负的职责及其应有的权限。划分团队成员的职权时，要避免职权的重叠和交叉，还要避免职权空缺以防止造成工作疏漏。此外，由于创业过程中会不断出现新的问题，团队成员可能会不断更换，因此，创业团队成员的职权也应根据需要不断进行调整。

（三）坚持以人为本

核心创业者应根据每位成员的能力、特点和水平，为其安排合适的角色岗位，并为其提供施展才华的平台，以利于成员最大限度地发挥自己的价值。但在安排角色岗位时要注意坚持精简有效的原则。适度的团队规模是保证团队高效运转的重要条件。团队成员太少，则无法发挥团队的功能和优势；而团队成员过多，又可能产生交流障碍，甚至形成小团体，进而大大削弱团队凝聚力。

（四）平等

团队中的每位成员都非常重要，不能只重视某个成员，而忽视其他成员。为了保持成员之间的相对平等，可以建立一套公平的利益分配机制，避免团队成员因利益问题而产生隔阂。当然，对做出额外贡献的团队成员，也可以给予相应的奖励。

（五）立足现实

确定角色职权要立足现实，确保每位团队成员都能明白团队对自己的期望。角色职权可以基于团队的创业目标而定，只有团队的创业目标明确、合理，每一阶段的创业计划切实可行，团队成员才能清楚地认识到自己当前的任务和职责。

（六）目标明确

团队成员应将团队目标作为最高目标，不推崇个人英雄主义。创业团队是一个统一的整体，团队成员拥有共同认可的清晰目标。这个目标是团队成员共同的愿景和努力的方向，需要每位团队成员协同共进、互相配合，才能高效地实现。

（七）协调沟通

团队成员之间的良好沟通有助于强化团队成员间的合作，保证整个团队的核心竞争力，更好地发挥团队的作用。一般而言，一个创业团队至少需要管理、技术和营销三方面的人才，而只有这三方面的人才进行良好的协调沟通，创业团队才可能稳定、高效地运转。

三、完善团队运作机制

一个优秀的创业团队通常拥有积极的运作机制，可以高效解决团队内外的问题和冲突，同时对内部竞争进行有效激励，从而营造积极向上的团队氛围。一般来说，创业者可从以下方面完善团队运作机制。

（一）人才机制

个人的能力往往比不上团队的能力，企业发展到最后，比拼的已经不再是个人能力，而是人才储备、合作伙伴和资源。创业团队拥有越多的人才，越能营造出团结向上、乐观进取的氛围，使团队在激烈的竞争中始终处于有利位置。因此，创业团队应该建立较完善的人才机制，吸引综合素质较高、专业知识丰富、技术能力较强、商务经验丰富或具备较强谈判能力、表达能力等综合能力的优秀人才，培养重要岗位的精英型人才，组建人才岗位梯队，减少人员更换给团队带来的损失，打造一支不断壮大、逐渐完善的高效创业队伍。同时，创业团队还要建立公平有效的约束机制，协调团队关系，解决团队矛盾和冲突，以避免人才流失。

（二）文化机制

团队文化可以使团队成员树立共同的价值观，增强团队成员的凝聚力和使命感，还可以团结团队成员，协调成员之间的关系，营造积极健康、协作进取的团队氛围。因此，创业团队应该建立有效的文化机制，通过团队愿景、团队使命、团队价值观、团队管理理念、团队行动纲领等体现团队文化，形成团队成员的共同行动准则。

（三）管理机制

建立管理机制是为了体现创业团队对成员的约束力，保证团队的秩序稳定。为了规范化地管理团队成员，创业团队可以制定各种管理条例，包括纪律条例、组织条例、财务条例、保密条例等，以指导成员行为，避免其做出不利于团队发展的事情，实现对成员行为的有效约束。

精选案例

"人情"合伙

刘峰大学毕业后，想自己创业，好友陈阳得知之后，主动要求入伙，两人一同开了一家建材店。因为从小一起长大，双方彼此感情好，便没有制定任何约束机制。开业之后，刘峰忙于店铺经营，四处奔波寻找合作商，目标是提高店铺的业绩；陈阳则游手好闲。3个月后，建材店凭着刘峰拉来的订单维持正常运转，陈阳则毫无建树。刘峰看不下去便批评陈阳，没想到陈阳反而抱怨自己每天辛辛苦苦为了建材店奔波，工资不仅不高，还要被指责。一气之下，陈阳提出了撤资。

分析 一个创业团队如果没有正式的规章制度，只凭人情、个人自觉性办事，自然不能走得长远，创业团队应建立自身的管理机制，明确个人分工与权责。

（四）激励机制

创业是一项艰辛的活动，在创业过程中，团队成员容易产生分歧，管理上稍有松懈就可能导致团队绩效大幅下降。因此，创业者需要对团队成员进行有效激励。

（1）物质激励。有效的物质激励可以使团队成员看到创业项目推进过程中自身利益的变化情况，从而充分调动成员积极性，最大限度地发挥其作用。创业团队要实现有效的物质激励，首先，要把成员的收益模式界定清楚，尤其是关于股权、奖惩等与团队成员利益密切相关的事宜；其次，要明确利益分配方案、奖惩制度、考核标准、激励措施等。

（2）精神激励。有效的精神激励可以激发团队成员的成就感，使团队成员感受到自身的价值。精神激励包括表扬、进修、升职及扩大权力等，其中表扬能直接满足被激励者的心理需求，进修可为被激励者提供培训资源，升职与扩大权力则可使被激励者掌握更多的资源和话语权，从而增强其主人翁意识。

精选案例

华为的员工激励机制

华为技术有限公司（以下简称华为）是一家生产销售通信设备的民营通信科技公司，也是全球领先的信息与通信技术解决方案供应商。自1987年成立至今，华为历经数十年的风雨，从一个用户交换机销售代理商发展为世界五百强企业、5G技术突破者，华为的员工激励机制在帮助华为吸纳人才、开拓创新方面发挥了重要作用。纵观华为发展史，华为对员工的物质激励涉及以下层面。

（1）高薪激励。数据显示，2020年，华为员工的人均年薪约为70万元，虽然不同年份有所波动，但其员工高薪，远胜我国大多数企业毫无疑问。这种高薪激励一方面使大量的优秀人才聚集华为，另一方面也激励了人才的积极性，如华为启动的天才少年计划，入选者最高年薪可达200多万元。此外，除基本薪金外，员工还有年终奖金、分红等。

（2）员工持股激励。华为在高薪激励的同时还推行全员持股制度，通过利益共享，员工与华为由原来的雇佣关系变成了伙伴式的合作关系，员工将自己视为企业真正的主人，自觉地将自己的前途与华为的前途紧紧联系在一起，该方式极大调动了员工的工作积极性，并达成了对员工的长期激励。

（3）职权激励。这主要表现在为华为留住人才这一方面。华为的员工很大一部分是高素质、高学历人才。这些员工在期望获得高薪的同时，还非常注重实现自身价值，并强烈地期望得到公司或社会的认同与尊重。所以，华为对优秀员工进行充分的授权，并赋予相应的职称，以显示对他们的信任与尊重。华为用这种激励手法使员工得到了精神与物质的双重收获，因而更愿意贡献自己的力量与才智，从而对公司事务有了更强的参与感和自主性。

此外，在精神方面，华为也多角度对员工进行激励。例如，华为专门成立了荣誉部，专门负责员工考核与评奖。无论员工在工作的哪一方面有所进步，都可以得到荣誉部门颁发的奖励，且该奖励往往是物质与精神相结合的，员工既能获得公司的肯定，又能得到物质激励。另外，为使员工更好地明确自己的事业目标，激励员工不断地朝着正确的方向前进，华为给员工定制了职业生涯规划。针对新员工，华为会向他们分配富有挑战性的任务，以帮助他们迅速进入良好的工作状态，并最大限度地激发他们的斗志与激情。对于工作3年以上的员工，华为会对他们进行培训激励，如派研发人员出国深造等。对于工作满10年的员工，华为会选择环境设施激励策略通过晋升制度，并优化工作环境与设施，促进员工更好地进行创新工作。保证员工的地位与自身实力挂钩。

通过独特的员工激励机制，华为更容易留住人才、激励员工奋斗，员工与企业成为梦想与命运的合伙人，促进了员工与企业的长期共同成长。

【想一想】
从华为的案例中，我们可以发现哪些激励机制？给企业发展带来了什么？

四、创业团队冲突管理

创业过程中潜藏着各种危机与困难，若创业团队不能齐心协力、共同应对，可能导致团队冲突与成员间的对立，影响创业活动的顺利开展。冲突是一个动态发展的过程，冲突的演变通常会经历图4-2所示的阶段。在创业过程中，有的冲突可以避免，有的冲突也并不一定只带来破坏性效果，而是具有建设性的。在应对冲突时，创业者需要激发建设性冲突、消除破坏性冲突。

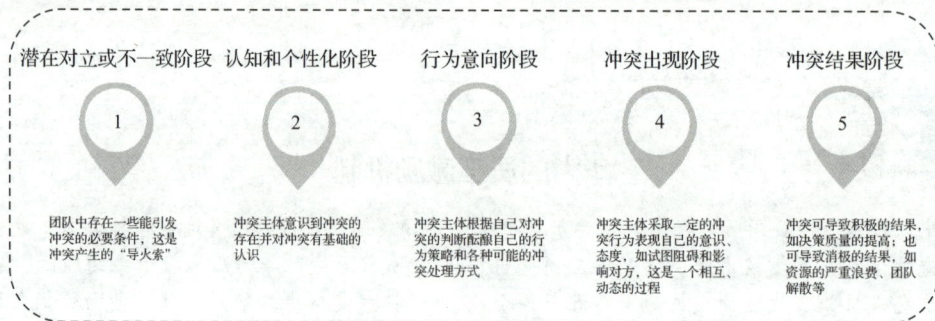

图4-2　冲突经历的阶段

（一）激发建设性冲突

从冲突的过程看，冲突也有好的一面。有些团队发展到一定阶段，大家都想做"和事佬"，即便对对方有意见，也不表在明面上，或者碍于"面子"对对方不合理的建议、决策"睁一只眼闭一只眼"，例如，对其他合伙人任人唯亲的行为有异议但不做"出头鸟"。实际上这样"稳定和谐"的团队容易造成人心离散。或者创业团队成员因为矛盾冲突大吵一架，不仅问题没有解决，关系还会走向恶化，这样的冲突也不利于团队发展。因此，对于创业团队而言，建设性冲突很有必要。创业者可以通过 3 种方式激发团队的建设性冲突。

1 运用沟通技术

有时候，有些冲突潜藏在背后，有些冲突已外显于团队之中，使创业团队成员之间产生压力和矛盾，此时，可以通过沟通来进行缓解，让双方倾诉自己的意见与不满，达成双方的有效交流，使冲突转化为建设性的冲突。

2 鼓励创业团队成员之间适度竞争

鼓励竞争的方式包括开展生产竞赛、记录公告绩效、根据绩效提高报酬支付水平等。竞争能够提高创业团队成员的积极性，但是必须注意严格控制竞争，严防过度竞争和不公平竞争对创业团队造成的损害。

3 引进新人

引进新人作为激励现有成员的作用机制，被人们称为"鲇鱼效应"。其机理在于通过外部招聘或内部调动的方式引进背景、价值观、态度或管理风格与当前创业团队成员不同的个体，激发创业团队的新思维、新做法，形成与旧观念的碰撞、互动，从而形成创业团队成员之间的良性冲突。此方法也是一种鼓励竞争，而且从外部传来的不同"声音"还会使领导者"兼听则明"，有助于其做出正确的决策。

（二）消除破坏性冲突

破坏性冲突会对创业团队成员间的信任和合作精神产生较大的负面影响，不利于团队的建设和创业活动的展开。创业者可通过一些方法消除破坏性冲突或其带来的影响，如表 4-3 所示。

表 4-3　消除破坏性冲突的方法

方法	具体措施
正视法	创业团队中发生冲突的双方进行会面，直面冲突的原因和实质，通过坦诚的讨论确定并解决冲突。要注意沟通策略，对事不对人。 ① 召开面对面的会议：冲突主体共同探讨导致冲突的事件及根由，讨论消除分歧和处理冲突的具体措施；切忌争胜负。 ② 角色互换：通过换位思考、易位处之促进冲突主体间相互理解，以化解冲突
转移目标	通过共同的关注点和目标减少冲突对双方的影响。 ① 转移到外部：双方可以寻找一个共同的外部目标或一个能将冲突双方的注意力转向外部的目标，来化解创业团队内部的冲突。 ② 目标升级：通过提出能使双方利益更大化的、高一级的目标，减少双方现实的利益冲突；更高的目标往往由上一级提出，在转移目标的过程中可能会有双方合作的机会，这有利于冲突主体重新审视自己的问题，加强团队合作与共识；注意，该方法更适用于冲突主体相互信任的情况
开发资源	如果是资源引起的冲突，可通过资源开发满足冲突双方的需要，缓解矛盾。例如，缺乏资金引起的冲突可以通过申请款项、贷款或拉投资解决

续表

方法	具体措施
回避或抑制冲突	这是一种消极解决冲突的方法，冲突双方试图将自己置身于冲突之外，或无视分歧。 ① 忽略冲突并希望冲突消失。 ② 控制言行以避免正面冲突。 ③ 以缓和的程序和节奏抑制冲突。 ④ 将问题束之高阁不予解决。 ⑤ 以组织的规则和政策作为解决冲突的原则。 该方法适用于冲突事件是小事、自己无法获益、付出的代价大于补偿、他人有更有效的冲突解决办法、问题已偏离主题、冲突主体的相互依赖性低等情况
缓和	寻找共同的利益点，先解决次要的分歧点，搁置主要的分歧点，设法创造条件并拖延时间，降低冲突的重要性和尖锐性，从而使其变得容易解决。 ① 降低分歧的程度，强调共同利益，使大事化小、小事化了。 ② 相互让步，使各方都能接受，应当注意的是，冲突可能还会产生，因此要尽快、实质性地解决问题
折中	即妥协，为了避免陷入僵局，冲突双方进行一种"交易"，各自放弃某些东西，共同分享利益。适用于合作或竞争都未成功、时间有限、双方权益相当，为了使复杂的问题得到暂时的平息、不值得与对方闹翻等情况
改变人的因素	有些冲突的产生是由于缺乏人际交往技巧，因此可通过学习相关技巧改变冲突双方的态度和行为

课后思考与练习

1. 请根据本章所学知识，对自身的创业动机、创业能力和创业准备情况作出评价，并分析若自己要创业，应在哪些方面有所准备。

2. 家辉的家乡盛产一种柑橘，果肉厚实，汁水饱满，产量丰富。随着农村电商的发展，家辉打算利用直播销售家乡的柑橘。他有足够的本金和一定的货源渠道，现在他计划寻找合伙人共同完成该事业。请你为他挑选创业合伙人提供建议。

3. 当仰望天上的大雁时，人们总能发现大雁呈"人"字形或"V"形。这是由于大雁有一种合作的本能，在飞行中，大雁会定期变换领导者，为首的雁在前面开路，能为其侧后方的大雁提供一股微弱的上升气流，帮助其减少飞行阻力，节省体力。科学家发现，大雁以这种形式飞行，比单独飞行多飞12%的距离。团队分工与合作一直为大家倡导，请结合你对本章的学习和理解，谈谈你对创业团队和团队合作的理解。

4. 《三国演义》是我国古典四大名著之一，也是我国第一部长篇历史章回体小说，描写了东汉末年到西晋初年间近百年的历史风云。东汉末年，皇帝昏聩，朝廷腐败，百姓处于水深火热之中。于是，乱世之中，无数英雄人物和精英团队不断涌现。魏、蜀、吴三股势力在大浪淘沙之后，形成三足鼎立之势，各自拥有一个堪称完美的团队，有谋士，有大将，有核心人物。你喜欢三国中的哪个团队？

与同学们一起讨论这个团队主要成员的特点，并分析这个团队整体的优、劣势。

你喜欢的团队：

_____

成员特点：

_____

优势：

_____

劣势：

_____

5. 阅读分析以下案例，回答问题。

林佳佳大学时学的是企业管理，大学毕业后她找到了一份对口的工作，在一家外贸企业的市场部工作。工作两年后，林佳佳积累了一些客户资源，并学会了一些与客户打交道的经验。刘厉和杨丹是林佳佳的大学同学，大学毕业后他们都在民营企业从事销售工作，都积累了一些客户资源并拥有一定积蓄。

一次同学聚会，3 人谈得投机，萌生了共同创业的想法。很快他们凑齐了一笔创业资金，成立了一家公司，并在上海的一座写字楼里租了一间 80 多平方米的办公室，还购买了一些办公设备，包括计算机、打印机和复印机等。创业之初，他们轮流开展市场工作，奔波于各个展览会场，向往来客户发放资料。经过不懈努力，他们终于迎来了第一个客户。为了给客户留下好印象，他们商量尽量降低利润，先提升产品质量和服务质量，打开市场后再盈利。后来，他们陆续签了几笔业务合同，口碑也越来越好。

但好景不长，由于客户订单金额较小，公司利润不多，加上日常支出和水电费等，他们只够勉强开支。一次，刘厉和杨丹为了抢同一笔业务而吵了起来，尽管当时经过林佳佳的调解，两人各让了一步，化干戈为玉帛，但在以后的工作中，两人开始了明争暗斗，互相拆台。有一次刘厉私下以公司的名义与厂商签了合同，产品出现问题，严重损坏了公司的声誉和利益。更糟糕的是，这件事的影响渐渐在行业内扩散，刘厉和杨丹仍旧不知悔改。几个月后，公司陷入绝境，林佳佳提出散伙的要求，并带走了自己的客户资源，这个创业团队就这样解散了。

（1）这个创业团队为什么会走向解散的结局？

_____

_____

（2）如果在你的创业团队中，核心成员产生了不和，在工作中各干各的，拒绝合作，你会如何处理他们之间的矛盾？

_____

_____

CHAPTER 05

项目五 设计商业模式

本章学习目标

（1）知识目标：了解商业模式的含义、要素，熟悉互联网商业模式的创新与设计，了解"互联网+"大学生创新创业模式。

（2）技能目标：能够自主设计商业模式，能够选择适合自己的"互联网+"大学生创新创业领域，并由此进行互联网创业。

（3）素质目标：贯彻新发展理念，坚持创新是引领社会发展的第一动力，将创新思维运用于商业模式的设计；运用发散思维，创新商业模式，进一步培养自己的分析洞察能力，从其他成功的商业模式中汲取经验教训，同时锻炼自己的设计思维与实践能力，开发更具可行性的商业模式。

引例

"饿了么"——工匠精神：守正创新，继往开来

早期的外卖服务是店外订餐，餐厅通过为消费者提供电话订餐服务满足消费者的即时用餐需求。但时常有消费者因为订餐电话没人接而烦恼。随着互联网的发展，许多行业因互联网的便利性产生了许多创业机会，餐饮行业也不例外。

"饿了么"的诞生就源于电话订餐的不方便。最初，张旭豪等上海交通大学的在校大学生团队为了方便，建立了一个线上点餐平台，并于2009年成立"饿了么"公司，为消费者提供线上点餐和外送服务。"饿了么"的外卖模式主要由线上平台、终端用户、商家和骑手组成，后三者为线下组成部分，通过"饿了么"线上平台构建商业闭环。终端用户通过"饿了么"选择商家、骑手达成快速配送；商家通过"饿了么"获得终端用户流量支撑，以及足够多的骑手保障高效配送；骑手通过"饿了么"获得订单配送以确保短时间内赚更多的钱。

"饿了么"主要通过加盟餐厅的后台管理系统和前台网站页面的年服务费、交易额提成、竞价排名费获利。"饿了么"与许多传统餐饮企业一起为客户提供优质服务，为更多的商家与消费者提供方便，同时通过招聘骑手拉动更多就业，实现多方共赢。得益于其商业模式设计目标清晰，操作流程简单，"饿了么"成功引领了餐厅外卖业务电子商务化、信息化的浪潮，并发展为餐饮外卖的头部企业。如今，被阿里巴巴集团收购的"饿了么"背靠阿里体系，先后与抖音、高德、苏宁易购等合作，计划携手探索本地生活服务的新场景升级，包括打通在线交易、线下履约的服务能力，加强非餐商品的即时零售业务等，同时为自己做"减法"，厘清冗杂业务线，减少内部业务重合的部分，通过自我进化、求变为消费者带来更多精彩服务。

如果一个创业项目能够成功，那么其必定有一个可持续盈利的商业模式。"饿了么"作为"互联网+"餐饮的代表，其在商业模式上无疑是成功的。当今社会，企业之间的竞争不仅仅是产品的竞争，更是商业模式的竞争。创业企业要想在市场上站稳脚跟，就应设计出具有竞争力的商业模式。

任 务 一　认识商业模式

商业模式是创业者和风险投资者非常关注的概念，一般说来，只要存在经济交易，就存在商业模式，每个正常运行的企业背后，都有具体的商业模式作支撑，其代表的实则是"公司以什么样的方式赚钱"。创业者要进行创业活动，势必要充分认识商业模式，以便为自己的创业项目设计有竞争力的商业模式，帮助创业项目走向市场。

一、商业模式的含义

商业模式是一个比较新的概念，虽然它第一次出现于 20 世纪 50 年代，但直到 20 世纪 90 年代才开始被广泛使用和传播。尽管商业模式在国内外得到了学术界和企业界的高度重视，但目前各方对商业模式的含义和本质尚未达成共识。莫里斯等人通过对 30 多个商业模式定义的关键词进行内容分析，指出商业模式的定义可分为 3 类，即经济类、运营类、战略类。

扫一扫

商业模式的内涵

综合各类关于商业模式的定义，本书认为商业模式是企业在一定的动态环境中，为实现企业价值最大化，将能使企业运行的内外各要素整合起来，形成一个完整、高效率、具有独特核心竞争力的运行系统，并通过最优实现形式满足消费者需求、实现消费者价值，同时使系统达成持续盈利目标的整体解决方案，它包含特定企业的一系列管理理念、方式和方法。商业模式是企业赖以生存的灵魂，识别、分析、评价企业的商业模式，可以较为系统、严格、全面地对一个企业的运营健康状况和盈利能力进行整体性的考察。

商业模式是一个企业创造价值的核心逻辑，描述了企业创造价值、传递价值、获得价值的基本原理。这里所谓价值的内涵不仅是创造的利润，还包括为消费者、员工、合作伙伴、股东提供的价值，以及在此基础上形成的企业竞争力与持续发展力。

（1）创造价值。创造价值是企业提供的产品或服务为特定消费群体带来的核心价值。例如，制造业企业为消费者提供产品，该产品消费者无法自产或自产成本过高，这样就为消费者创造了价值。如果不能为消费者创造价值，消费者就不会产生购买行为，商业模式也就无从谈起。

（2）传递价值。传递价值是企业通过各种渠道使目标消费群体了解产品或服务的价值，例如积累口碑、投放广告等。只有向消费者传递价值，企业的产品或服务才能吸引目标消费群体的注意，被消费者广泛认知，从而打开市场。

（3）获得价值。获得价值是指尽可能地从为消费者创造的价值中获取最大的回报，其中最直接的就是卖出产品，赚取售价与成本的差额。要获得价值，企业要么向消费者提供独家的产品，要么向消费者提供具有差异化优势的产品，如比同类产品价格更低、质量更优、售后服务更好、更易用、更耐久等。

总之，商业模式是连接消费者价值与企业价值的桥梁，商业模式为企业的各种利益相关者（如供应商、消费者、其他合作伙伴、企业内的员工等）提供了一个使各方交易活动相互连接的纽带。一种成功的商业模式最终能够创造得到资本和产品市场认同的独特企业价值。企业必须选择一种适合自己的、有效的商业模式，将各种有形和无形的资源整合到其中，并且随着客观情况的变化不断对其加以创新，这样才能获得持续的竞争优势。

二、商业模式的要素

由于实用性强且操作便捷，亚历山大·奥斯特瓦德与伊夫·皮尼厄共同提出的商业模式理论受到创业实践者的推崇。他们认为，商业模式包含九大要素：客户细分、价值主张、渠道通路、客户关系、收入来源、核心资源、关键业务、重要伙伴、成本结构。这9个要素相互作用、相互关联，它们之间的关系如图5-1所示。值得注意的是商业模式并不仅仅是这9个要素的简单组合，因为要素之间存在必然的内在联系，一种成功的商业模式应能将这些要素有机地联系在一起，从而阐明某个企业或某项活动的内在商业逻辑。

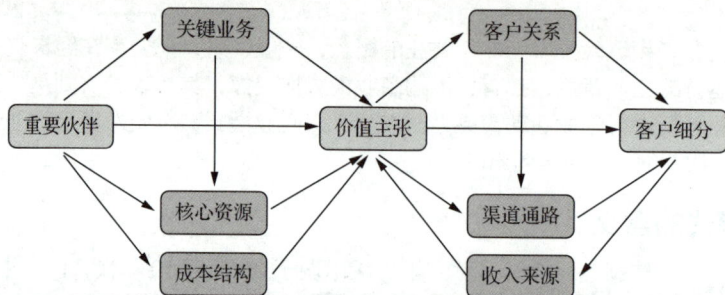

图5-1 商业模式各要素的关系

（一）客户细分

客户细分要素描绘了一个企业想要获得的和期望服务的不同目标群体。目标群体即企业瞄准的使用服务或购买产品的客户群体。这些群体具有某些共性，从而使企业能够针对这些共性创造价值。定义客户群体的过程也称为市场细分。商业模式设计从"为谁做"开始，先要明确企业正在为谁创造价值，谁是企业最重要的客户。

（二）价值主张

价值主张要素描述的是企业通过其产品和服务为某一客户群体提供的独特价值。价值主张是客户选择一家企业的产品或服务而放弃另一家的原因，它能够解决客户的问题或满足其需求。每个价值主张是一个产品和服务的组合，这一组合迎合了某一客户群体的需求。从这个意义上说，价值主张是一个企业为客户提供的利益的集合或组合。客户在购买产品与服务的时候依赖其思维判断。客户生活在社会中，其思维判断不仅取决于其本身意愿，还受所处环境与社会关系的影响。有时客户会明确表达其需求，有时客户需求是只可意会、不可言传的。因此在构建价值主张时，创业者可以从客户"五色思维"的角度分析其需求特性，特别是其内心深处的需求特性，进而推出满足客户需求的产品或服务价值，如表5-1所示。

表 5-1 从客户"五色思维"导出价值主张

思维	需求特性	产品或服务的价值
生命思维	健康	有利于人的身心健康发展
	尝试	满足客户从未感受和体验过的全新需求
	可持续	能源资源节约与环境友好
	低风险	帮助客户抑制风险也可以创造客户价值

续表

思维	需求特性	产品或服务的价值
批评思维	真实	依据事实进行判断与决策
	改变	不断改善产品和服务性能
	颠覆	对旧有模式的根本改变
设计思维	新颖	形式活泼而有活力
	简单	外观与形式简单明快
	设计	产品因优秀的设计脱颖而出
经济思维	便利性	使用更方便，也可以创造可观的价值
	实用性	操作更简单
	回报	能够帮助客户获得更高回报
	价格	以更低的价格满足客户需求
	成本低	帮助客户削减成本是创造价值的重要方法
	可达性	使客户容易掌握、理解并以此实现目标
美学思维	感人	能够使客户产生感动与共鸣
	定制化	满足客户个体或细分群体的特定需求
	品牌	客户通过使用和显示某一特定品牌而展示身份
	自然	产品服务自然并使客户感觉舒适亲切

（三）渠道通路

要将一种价值主张推向市场，找到正确的渠道组合并以客户喜欢的方式与客户建立联系至关重要。渠道通路要素描述的是企业如何与其客户群体进行沟通并建立联系，进而向对方传递自身的价值主张。

与客户的交流、分销和销售渠道构成了企业的客户交互体系。每条渠道可划分为 5 个相互独立的阶段。每条渠道都覆盖其中几个或全部阶段。渠道可以划分为直接渠道和间接渠道，或者自有渠道和合作方渠道。

20 世纪 90 年代以前，创业者获得客户的唯一渠道是实体店铺，需要客户到实体店铺接触销售人员。但 20 世纪 90 年代中期开始，由于虚拟渠道的出现，如网络、移动电话、云端等，创业者更多需要考虑的是如何销售和运输产品。在考虑渠道通路时，创业者不妨思考以下问题，并通过这些问题整理自己的思路。

（1）客户希望以何种渠道与我们建立联系？

（2）我们现在如何建立这种联系？

（3）我们的渠道是如何构成的？

（4）哪个渠道最管用？哪个渠道更节约成本？

（5）我们如何将这些渠道与客户整合在一起？

（四）客户关系

客户关系要素描述的是一个企业针对某个客户群体建立的客户关系类型。良好的客户关系是企业立足的根本。企业在其商业模式中必须明确如何建立诚信的客户关系。对于创业者而言，客户关系的确定不妨建立在对以下问题的考虑之上。每个客户群体期待与企业建立并保持何种类型的关系？企业已经建立了哪些类型的关系？这些关系类型的成本如何？这些客户关系类型与企业商业模式中的其他要素是如何整合的？

（五）收入来源

收入来源要素代表企业从每个客户群体中获取的现金收益（须从收益中扣除成本得到利润）。如果说客户是一个商业模式的心脏，收入来源则是该商业模式的动脉。一个企业需要自问，每个客户群体真正愿意买单的究竟是什么。成功地回答这一问题可以使企业在每个客户群体中获得一两个收入来源。通常企业有以下几种收入来源。

（1）资产销售。资产销售即企业出售实物产品的所有权。例如，淘宝网、京东平台通过网站销售电器、服装、床上用品等商品，汽车4S店销售汽车给消费者。

（2）使用费。这一收入来源因客户使用某种具体服务而产生。对使用该服务越多，消费者支付的费用越多。例如，电信运营商会根据通话时长向客户收费；宾馆根据房间的使用天数向客户收费；快递公司根据包裹的质量和运送距离向客户收费。

（3）会员费。这种收入来源是企业通过向客户销售某项服务持续的使用权限实现的。例如，办理健身房会员后，客户可以免费使用该健身房的健身器材和健身场地。

（4）租赁。这种收入来源是指企业将某一特定资产在某段时期专门供给某个客户使用并收取一定费用。对于出租者而言，这种做法提供的是经常性收入。对于租赁者而言，其只需承担一个限定内的费用而无须承担整个所有权耗费的成本。例如，某租车公司为客户提供以小时计算的租车服务，这种服务使许多人决定租车而不再买车。

（5）许可使用费。这种收入来源产生于企业向客户出售某种受保护知识产权的使用权。许可使用费使资源持有者无须生产产品或进行任何商业化操作，仅凭对资源的所有权就可以获得收益。例如，在科技产业中，专利持有者将专利使用权提供给其他企业使用，就可以收取专利使用费。

（6）经纪人佣金。这种收入来源产生于企业向双方或多方提供的中介服务。例如，银行发放信用卡后，会对商家和持卡人的每一笔交易按交易额度的一定比例收取费用；房产中介或房产经纪人会因每次成功地促成了交易而获得佣金。

（7）广告费。这种收入来源产生于企业为某种产品、服务或品牌做广告。传统的传媒业和活动策划的收入很大程度上依赖广告收入。近些年其他产业包括软件业和服务业，也开始更多地依赖广告收入。

（六）核心资源

核心资源也称关键资源，该要素描述的是保证一种商业模式顺利运行所需的最重要的资产。核心资源决定了企业能够做什么，哪些可以做、哪些不可以做。

每一种商业模式都需要一些核心资源。这些资源使企业得以创造并提供价值主张，获得市场，保持与某个客户群体的客户关系并获得收益。不同类型的商业模式需要不同的核心资源。例如，芯片制造商需要资本密集型生产设备，而芯片设计商则更聚焦于人力资源。

核心资源包括实物资源、金融资源、知识性资源及人力资源。核心资源可以是自有的，也可以通过租赁获得，或者从重要伙伴处获得。在确定核心资源时，创业者需要考虑企业的价值主张、企业的分销渠道、客户关系的维系及收入来源各需要哪些核心资源。

（七）关键业务

关键业务要素描述的是为保障商业模式正常运行所需做的重要事情。每种商业模式都包含一系列关键业务。这些业务是一个企业成功运营必须采取的重要行动。与核心资源一样，关键业务是企业为创造和提供价值主张、获得市场、维系客户关系及获得收益所必需的。并且，与核心资源一样，关键业务也因不同的商业模式类型而有差异。例如，对于软件供应商而言，其关键业务是软件开发；对于计算机中央处理器生产商而言，其关键业务还包含供应链管理。

对于关键业务的确定，创业者应考虑企业的价值主张、企业的分销渠道、客户关系的维系及收入来源各需要哪些关键业务。

（八）重要伙伴

重要伙伴要素描述的是保证一种商业模式顺利运行所需的供应商和合作伙伴网络，重要伙伴在许多商业模式中逐渐承担起基石的作用。一个企业需要构建伙伴关系，但不是所有伙伴都属于重要伙伴。创业者需要思考：谁是企业的关键合作伙伴，谁是企业的关键供应商，企业从合作伙伴处获得了哪些核心资源，企业的合作伙伴参与了哪些关键业务……创业者可以通过这些问题确定重要伙伴。重要伙伴意味着企业可以通过建立联盟优化自身的商业模式，以降低风险或者获得资源。

重要伙伴可以分为 4 种不同的类型：一是非竞争者之间的战略联盟；二是竞争者之间的战略联盟；三是为新业务建立的合资公司；四是为保证可靠的供应建立的供应商和采购商的关系。

（九）成本结构

成本结构要素描述的是运营一种商业模式所发生的重要成本的总和。创造和传递价值、维护客户关系及创造收益都会产生成本。在确定了核心资源、关键业务及重要伙伴的情况下，成本核算会变得相对容易。

每个企业的成本结构是有所差别的，有的企业以低成本为导向，有的则倾向于价值创造。创业者需要将预估成本与同类企业发布的报告进行对比，以确定合理的商业结构。在商业模式的设计中，创业者通常希望以较低的成本实现创业，并持续实现盈利，这样才能获取更多收益。所以有些商业模式相对于其他商业模式而言更加成本导向化。例如，廉价航空就是以低成本为核心的商业模式。

成本结构设计需考虑的问题包括：商业模式中最重要的固有成本是什么，最贵的核心资源是什么，最贵的关键业务是什么等。创业者可以通过对这类问题的思考，基本确定一种商业模式良好运行所需的所有成本。

三、经典商业模式

人类的商业史已经有数千年，在如此漫长的时间中，涌现出了一批又一批的成功企业，人们对它们的商业模式进行分析研究，总结出了很多经典的商业模式。这些经典的商业模式是后世诸多商业模式的基础，创业者应该对其有所了解。

（一）店铺模式

店铺模式是最古老也是最基本的商业模式，它是指在具有潜在消费者群体的地方开设店铺并展示产品或服务。店铺是这一模式的核心，商家通过店铺接近消费者群体，能够在固定的地点以固定的方式为消费者提供各种服务。同时，店铺也是展示产品、储存货物、提供服务的空间。店铺模式赚取的主要是产品购入与卖出之间的差价，后来开始依靠广告收入、服务收入等盈利。

经过长期的发展，店铺模式得以"进化"为连锁店模式，连锁店是指众多小规模的、分散的、经营同类产品和服务的同一品牌的零售店，这些店铺采用同样的装修风格、提供同样的产品和服务。通过连锁店，商家能够大大扩大市场范围，也能因规模效应获得更大的利润。

（二）"饵与钩"模式

"饵与钩"模式也称"剃刀与刀片"模式，或搭售模式。在这种模式中，基本产品（饵）的售价很低，但与之相关的消耗品或服务（钩）的价格却十分昂贵。其核心是通过廉价（甚至亏本）的基本产品获取消费者，然后通过后续的消耗品或服务实现盈利。例如，著名的剃须刀品牌吉列，就曾经通过免费送剃须刀获取大量消费者，占据了拥有绝对优势的市场份额，随后通过卖刀片赚取持续的利润。今天，我们身边仍然有很多采用"饵与钩"模式的产品，例如手机（饵）和通话时长（钩）、打印机（饵）和耗材（钩）等。

（三）"硬件＋软件"模式

"硬件＋软件"模式是随着个人计算机普及而出现的一种商业模式，是指将硬件制造和软件开发有机结合，通过提供高质量的软件增加消费者对硬件使用的黏性，同时软件也成为本企业产品的技术壁垒，消费者在更换硬件时会因对软件的依赖而继续使用该系列产品。例如，某公司研制了一款电子阅读器，该电子阅读器仅支持该公司开发的电子书软件，而该电子书软件的价格是每月 10 元。这样商家每售出一台电子阅读器，就获得了每月 10 元的稳定收入。

（四）订阅模式

订阅模式是指商家通过消费者周期性的订货或办理会员进行收费的商业模式。这样的商业模式能使商家与消费者建立长期、稳定的联系，有助于商家获得稳定的营业收入。订阅模式在传统商业中通常适用于报纸、期刊、鲜奶等产品，现在被广泛应用于网站会员、App 会员等场景。

一些商家对订阅模式进行了改良，通过"充值送赠品""预充享折扣"等方式，鼓励消费者一次性订购长期服务，这样可以获得更多的现金流。

任务二　互联网商业模式的创新与设计

随着互联网的兴起和普及，传统的商业格局发生了变化，一批新的商业模式迅速成长起来，但创业者如果照搬其他企业的成熟商业模式，显然难以与成熟企业竞争。因此，创业者要学会设计迎合互联网思潮、具有优势且符合自身实际的商业模式。

一、互联网商业模式

互联网时代的商业模式普遍具有用户规模大、业务扩张快等特点，身处互联网时代，创业者应该拥抱时代，认识互联网商业模式。

（一）电子商务模式

电子商务模式是指利用信息技术使整个商务活动实现电子化，消费者可线上选购商品并付款，商品则通过快递送到消费者指定收货地点的商业模式。消费者足不出户就可以充分了解和对比感兴趣的商品，包括商品的外观、规格、参数、功能及价格等，现实生活中买不到或很难买到的商品，在 B2C 电子商务平台中都可以找到并能获得更多的选择。

对于商家而言，在市场上，其通过互联网能够突破时间与空间的限制，为全国甚至世界范围内的消费者提供服务，大大扩展了市场范围和销售渠道；在成本上，其能够减少批发商、零售商等传统供应链中的中间商，直面消费者，从而降低采购成本和销售成本；在发展上，其可以通过增加商品种类及网店页面扩大店铺的经营规模，相比传统商业模式减少了人力资源和装修成本。

电子商务的盈利模式多样，包括商品销售收入、出租虚拟店铺收入、网络广告收益、会员费、交易佣金等。

（二）"免费＋广告费"模式

互联网时代，用户本身也具有价值。一些网站和软件商家采用"免费＋广告费"的商业模式，即将自己的网站或软件免费开放给用户使用，吸引巨大的用户流量，然后在网站或软件界面中植入广告，以收取广告费。由于这些网站和软件商家自身具有巨大的流量，因此广告商通常乐意投放广告，这样商家就通过广告费实现了盈利。在这种模式下，用户无须付费，商家获得了盈利，广告获得了曝光，可以说是"三赢"。

（三）"位置 + 生活服务"模式

借助基于位置信息与行为偏好的大数据分析技术，很多软件商家实现了"位置 + 生活服务"的商业模式。用户一旦打开软件并登录，软件就会自动进行定位，并将位置信息上传至数据库，检索附近的服务。同时，软件会读取用户手机的机器识别码，与信息仓库中的客户数据进行匹配，找出有关的数据。经过大数据分析，软件能得到该用户的行为偏好信息，将用户的行为偏好信息与附近的服务信息进行比对，筛选出适合该用户的服务，并进行精准推荐。

例如，人们想要寻找美食，但是对当地的情况不了解，就会使用美食推荐软件，上面会显示附近的餐饮商家、人均消费和评价等信息，人们就可以挑选自己中意的餐厅，在软件上直接预订座位，然后过去用餐即可。类似的还有提供打车服务、住宿服务、导航服务的软件等。

"位置 + 生活服务"模式能够为用户推荐附近适合的服务提供商，为用户提供方便，能够有效促成用户与服务提供商的交易，而商家能够从交易中抽取一定的佣金，实现盈利。

（四）社交电商模式

所谓社交电商模式，是指利用时下流行的微信、微博等社交媒体与用户进行社交互动以促进商品销售的商业模式。社交属性使这类商业模式具有较强的用户黏性，创业者可以通过依附平台广泛的用户基础，获得流量红利。目前，随着智能手机等移动终端的普及，在巨大的移动社交流量红利下，社交电商已进入飞速发展阶段，不少商家纷纷发力社交电商。主流的社交电商模式包括拼团社交电商模式、会员制社交电商模式、社区团购社交电商模式和内容社交电商模式。

（1）拼团社交电商模式。拼团社交电商模式是指两人及以上的用户以社交分享的方式进行组团，组团成功后可以享受更大优惠的商业模式。商家通过低价提升用户的参与积极性，使用户主动分享商品，提高商品的曝光率和销量。

（2）会员制社交电商模式。会员制社交电商模式是指商家将用户发展为会员，会员拥有代理商品并发展新会员权利的商业模式。这种商业模式相当于商家将用户发展为自己的销售员，以销售利润刺激其不断通过社交关系发展新会员。

（3）社区团购社交电商模式。社区团购社交电商主要经营生鲜、居民日用品等，其模式通常是以杂货店老板、快递点老板等为"团长"，负责社群运营、订单收集、商品推广及货物分发等工作，社区居民加入社群后通过微信小程序或 App 下单，社区团购平台将商品统一配送至"团长"处，社区居民上门自取或由"团长"配送。

（4）内容社交电商模式。内容社交电商兼具内容电商和社交电商的特点，即商家通过社交渠道将内容呈现给用户，吸引用户购买。同时，商家鼓励用户创作内容，如使用体验、购物心得等，并发布到社交媒体中，使商品信息得到二次传播。

（五）新零售模式

对于新零售模式，目前常见的解释是，商家依托互联网，通过运用大数据、人工智能等先进技术，对商品的生产、流通与销售过程进行升级改造，进而重塑业态结构与生态圈，并对线上服务、线下体验及现代物流进行深度融合的商业模式。

在传统零售模式下，消费者与商家之间没有更多的双向沟通，消费者也无法享受更多高质量、个性化的服务，消费者即买即走，无法创造附加价值。而新零售模式真正实现了以消费者为中心的经营理念。消费者—零售商—品牌商—生产与研发的顺序结构，形成了数据化、个性化、定制化的生产链。同时，供应链方面也进行了变革，减少了中间层级结构，增加了多级仓库，在提供高效服务的同时节省了成本。

精选案例

自营生鲜类商超——盒马鲜生

盒马鲜生是阿里巴巴重构线下超市的新零售业态，支持门店附近 5 千米范围内 1 小时达。区别于传统零售，盒马实现了基于大数据，运用移动互联、智能物联网、自动化等技术及先进设备，人、货、场三者之间的最优化匹配。从供应链、仓储到配送，盒马都有自己的完整物流体系，是线上线下融合的深度体现。

盒马鲜生以实体店为核心，采用"线上电商＋线下门店"的经营模式，线上业务以盒马 App 为端口，主要提供餐饮外卖和生鲜配送服务，基于门店发货，并通过电子价签等新技术，保证线上与线下同品同价，通过门店自动化物流设备保证门店分拣效率，最终实现用户通过 App 下单后快速送达。

在线下，盒马鲜生在超市内引入餐饮区，一方面方便用户就餐，延长用户在店内的停留时间，增强用户黏性。另一方面，餐饮的高毛利率也可改善盒马鲜生零售的盈利结构。此外，盒马鲜生还为生鲜产品配备了海鲜代加工服务，用户可以在店内享用最新鲜的美食，提升销售转化率。

支付方式上，盒马鲜生只接受支付宝付款。用户到店消费时，盒马鲜生员工会指导用户安装盒马 App，注册成为盒马鲜生会员，并通过盒马 App 或支付宝完成付款。这种付款方式可使盒马鲜生掌握线下消费数据、通过线下向线上引流，并通过这些数据指导生产、改进销售。

在采购端，盒马鲜生以全球直采模式打造最优供应链体系，主打原产地直采和本地直采结合的方式，借助阿里巴巴集团的全球购资源，与本地企业合作，打造全球性农产品基地，实现到产地进行品控质检、采购批发，甚至部分实现与天猫统一采购等，确保供应的商品新鲜。这种直采模式省去了中间各级经销商，不仅降低了成本、减少了商品消耗，也保证了原料的质量。

在仓储配送方面，盒马鲜生采用了仓店一体化的模式。仓店一体化是指前置仓与商超的一体化，也就是说，仓库是门店，门店也是仓库，创新性地将门店超市区域与仓库相结合以降低整体配送成本。在该模式下，以店为仓，拣货员直接在门店货架上拣货，然后交给配送员，实现产品即时配送。

独特的商业模式使盒马成为新零售的代表。2022 年，针对没有盒马鲜生门店的区域和城市，盒马上线了"云超送全国"，主要为全国消费者提供盒马独有的优质商品，未来，盒马或将成为覆盖全国的新一代电商平台。

分析 目前，线上线下双渠道销售已成为零售企业的必然选择，盒马鲜生新零售商业模式的成功，无疑为互联网时代的商超发展树立了一个典范。创业者若想创业，可以多了解互联网商业模式，从中获取具有时代特色的创业灵感。

（六）众筹模式

众筹模式是当前比较流行的互联网商业模式，这对于资金有限的创业者非常实用。创业者需要先在众筹平台上发布自己的产品（此时产品仅存在于图纸上或仅有样品），并设置标价（此价格通常低于零售价格）、众筹额度和约定交付日期。众筹网站上的消费者如果想要购买该产品，就会付款，当金额达到众筹额度后，产品便众筹成功。之后，创业者就可以使用众筹到的款项，生产众筹数量的产品，然后在交付期内将产品通过快递发往消费者指定的位置。如果未达到众筹额度，则众筹失败，款项返还消费者。

在众筹模式下，创业者相当于先确定了市场，再用消费者预付的款项进行生产，产量则等同于预售销量。这样避免了产品滞销、启动资金缺乏等一系列问题，而消费者则以低于零售价的价格买到了产品。众筹有 4 种常见模式，上述关于产品的众筹，本质上属于回报众筹，即投资者对项目或公司进行投资，获得产品或服务。其他3种众筹模式则包括：债券众筹，投资者对项目或公司进行投资，获取一定比例的债权，未来获取利息收益并收回本金；股权众筹，投资者对项目或公司进行投资，获取一定比例的股权；捐赠众筹，投资者对项目或公司进行无偿捐赠，不计回报，主要用于公益事业领域。在互联网新经济时代，创业者可以充分利用这种新潮的模式，获得来自大众、专业人士的投融资，以更好地创造新价值。

精选案例

运用众筹模式开启创业之路

李洋洋是一个来自东北辽宁小城的姑娘，小时候，她就树立了不少看似不切实际的梦想并为此付出努力，中学时期，她的微博就积累了几百万的粉丝。之后，李洋洋梦想自己能登上杂志封面，便联系了《男人装》杂志提出了自己的诉求，于是18岁高考结束后，李洋洋只身一人直奔北京，到该公司面试封面模特，然而老板认为她的身体条件并不足以登上封面，劝她去做文案实习生，每月工资1500元，李洋洋同意了。

但在北京生存下来并不轻松，李洋洋想住在工人体育馆附近，但她的工资不足以支付房租。当时的北京正流行众筹概念，大家都在讨论股权众筹、产品众筹等，为了解决落脚问题，李洋洋便在网上发布了"梦想众筹"，出售自己的"未来使用权"，每个认购的人都能在未来让李洋洋帮他做一件事。结果不到一天，她就筹足了一万左右的租房费用，还因此拓展了她在北京的人脉和资源。因为她独特的创意，很多人开始找她做创意，再加上之前运营微博的经验，策划慢慢成了李洋洋的主业。

有一天，朋友拉着她去饭局，说是聊一聊公司的事情。结果在这个饭局上，有投资人打算为她投资，自此19岁的李洋洋获得百万投资，开始正式创业。她创办了"洋洋得意"公司，接了很多项目，做了不少火爆的策划，不到一年时间，李洋洋又获得了500万元的投资，并与朋友合伙创立了"两坨洋"公司，做电商运营和IP商业化项目。之后，李洋洋在IP商业化方面也获得了亮眼的成绩。由于她出色的表现，"两坨洋"公司被上海红坊文化有限公司注意并提出收购。经过几轮的谈判，"两坨洋"被正式收购，转年，22岁的李洋洋正式入选了福布斯U30精英榜单。

正是由于其独特的众筹自己以支付高价房租的创意，让李洋洋获得了不少投资人的关注，成功开启了自己的创业之旅。当代互联网有许多独特的商业模式，这为创业者实现自身梦想提供了机会。

二、商业模式设计流程

企业所处环境不同，拥有的资源和能力不同，适合的商业模式也不同。创业者应根据自己的实际条件和对准备创业行业的了解，对自己的商业模式进行设计。

（一）建立商业模式设计团队

在设计商业模式时，创业者应避免闭门造车，要集思广益，参考不同人群的意见。因此，创业者需建立一个商业模式设计团队。

商业模式设计团队应该包括3类人，一是创业者等创业团队成员，这部分人是创业的主力军，对自身条件和拥有的资源最为了解，能做好商业模式设计的决策工作；二是行业专家或经验丰富的从业者，这类人对行业更加了解，能提供很多重要信息；三是意向客户，这类人能对商业模式做出直觉的判断，为商业模式设计提供重要参考意见。

（二）分析内外部环境

商业模式的实施受限于各种内外部环境，因此认识内外部环境是设计商业模式的基础。其中，内部环境是指创业团队拥有的技能、知识、资源等，外部环境则指政策、市场、社会等。在进行内外部环境分析时，创业者也可以采用 SWOT 分析法。

（三）发散创意

商业模式涵盖企业运营的整个过程，创业者可以根据商业模式九大要素对商业模式进行大胆创意和假设，还可根据企业自身优势选择商业模式的设计起点和中间路径，以某一要素为起点，构建企业价值链。例如，企业有客户资源，就可以将客户细分作为设计起点构建企业的价值链；企业有多种接触消费者的渠道，则可以以渠道通路作为设计起点。若以价值主张为设计起点，价值主张可以体现为低成本、高品质、购买便捷、响应快、服务好、功能强大等，由此也可搭建多种不同的商业模式。

（四）聚焦一种商业模式

创意发散阶段会激发创业者大量的想法、创意，但企业最终只需要一种最合适的商业模式，为此团队成员需要择优选取。这种商业模式应符合以下原则。

（1）客户需求原则。商业模式理应满足客户需求，团队成员可通过客户验证选择客户最能接受的商业模式。

（2）核心竞争力原则。利用 SWOT 分析法分析商业模式的竞争力，即别人能否复制自己的商业模式。

（3）价值最大化原则。商业模式设计是为了最大限度地发挥企业价值，因此团队成员可以借助商业模式画布工具，对利润和成本进行简单的评估。

（4）可复制性原则。商业模式的逻辑应清晰，即自己的商业模式能够复制。

三、运用商业模式设计工具

市场中已经存在很多成熟且稳定的商业模式，但市场中的大企业有先发优势，仅仅复制其商业模式难以与之竞争；而且商业模式是建立在一定条件基础之上的，具备特殊性，照搬他人的商业模式难免"水土不服"，难以为继。因此，创业者要根据自身条件和对市场的认识，设计具有比较优势的商业模式，这样才可能创业成功。

在设计商业模式时，设计团队往往会遇到各种问题，难以有效开展讨论和设计。对此，创业者可以借助一些商业模式设计工具，如商业模式画布。

（一）商业模式画布

亚历山大·奥斯特瓦德与伊夫·皮尼厄在商业模式九大要素的基础上，提出了实用型商业模式的设计方法——商业模式画布，这个画布被各行业的企业与创业者广泛应用。

1 商业模式画布的组成

商业模式画布是商业模式要素的可视化呈现，有助于创业者催生创意、减少猜测并合理解决问题。通过商业模式画布，创业者能看出商业模式各元素之间的作用与关系，以完善创业模式的搭建。透过商业模式画布，创业者应该充分认识和发挥自身商业模式的作用，以促进企业更好发展。商业模式画布如图 5-2 所示。

重要伙伴	关键业务	价值主张	客户关系	客户细分
	核心资源		渠道通路	
成本结构			收入来源	

图 5-2　商业模式画布

商业模式画布由 9 个方格组成，每个方格都有多个可能和替代方案，创业者需要找到其中的最优方案。创业者可以将画布打印出来或在白板上画出，和设计团队成员一起使用便利贴或马克笔共同描绘和讨论。

2 商业模式画布的制作步骤

商业模式画布的制作流程分为以下 5 个步骤。

（1）描绘消费者细分市场。开始设计商业模式时，先让参与者描绘企业服务的消费者细分市场。参与者根据消费者细分群体的不同，将不同颜色的便利贴贴在画板上，每组消费者代表一个特定群体，并描述其特定需求。

（2）描述对价值主张的理解。让参与者描述对每个消费者细分群体所提供价值主张的理解，参与者应使用相同颜色的便利贴，代表每个价值主张和对应的消费者细分群体。如果一个价值主张涉及两个差异较大的消费者细分群体，那么应当分别使用这两个消费者细分群体对应颜色的便利贴。

（3）使用便利贴完成各模块任务。参与者使用便利贴将该企业商业模式中所有剩余的模块标识出来。相关的消费者细分群体使用同一颜色的便利贴。

（4）评估商业模式的优劣势。映射出整个商业模式后，开始评估该商业模式的优劣势。将绿色（代表优势）和红色（代表劣势）的便利贴粘在商业模式中运行良好的模块和有问题的模块旁边。

（5）对现有商业模式进行改进。参与者可以在步骤（1）～（4）产生的画布中对现有商业模式进行改进，也可以另外设计一种全新的商业模式。在理想情况下，参与者可以使用一个或几个商业模式画布改进现有商业模式。

（二）精益创业画布

埃里克·莱斯（Eric Ries）提出的精益创业理论为企业提供了一个探索商业模式的工具，即精益创业画布。对初创企业而言，精益创业画布是一个优质工具，尤其是创业初期资源较少、创业者掌握的创业经验和企业实战经验较少的时候，要在尽量节约成本的基础上高效行动，此时精益画布就能发挥作用。

1 精益创业画布的组成

精益创业画布的设计者认为，创业者必须关注和研究的要素包括问题、解决方案、关键指标、独特卖点、竞争壁垒、渠道、客户群体分类、成本分析和收入分析，如图 5-3 所示。

问题 需要解决的3个重要问题	解决方案 产品最重要的3个功能	独特卖点 简明扼要，一句话概括产品的独特之处，为什么值得购买	竞争壁垒 相对竞品无法被复制的优势	客户群体分类 目标客户
	关键指标 应考核哪些方面		渠道 如何获取客户、如何推广	
成本分析 争取客户花费的费用、推广销售的费用、网站架设费用、人力成本等		收入分析 盈利模式、毛利等		

图 5-3　精益画布的组成

精益画布是早期创业者的高效行动指南，可使创业者在进行企业和产品分析时，更有逻辑和头绪，快速聚焦关键点，帮助创业者清晰地梳理商业模式。

2 精益创业画布的制作步骤

精益创业画布的制作可分为写出初步计划、找出风险最高的环节和测试计划 3 个步骤。

（1）写出初步计划。创业者在编写初步计划时，不需要刻意追求提供最优问题解决方案，而要试着形成一整套完整的商业模式，并保证在该模式下所有元素都能相互配合。编写初步计划要记住一些要点。

① 迅速起草一张画布，在第一版画布上消耗的时间最好不超过 15 分钟。

② 画布中部分内容空着也没关系，要么马上写下来，要么留白。

③ 尽量短小精干，将商业模式的精华部分提炼出来。

④ 站在当下的角度思考，想想下一步应该先测试哪些想法。

⑤ 以消费者为本，仅仅调整一下消费者群体，商业模式就会发生翻天覆地的改变。

（2）找出风险最高的环节。《精益创业实战》的作者阿什·莫瑞亚认为创业一般分为3个阶段。

① 第一阶段：核心工作是针对要解决的关键问题提出一套最精简的解决方案，可称其为"最简可行产品"。

② 第二阶段：核心工作是检验企业提供的产品和服务是不是顾客想要的，顾客是否愿意为此付费。

③ 第三阶段：核心工作是明确怎样才能使企业加速发展壮大，通过验证商业模式的各个环节，找出其中风险最高的环节，及时对其进行改善，以便加速执行优化方案。

（3）测试计划。针对商业模式的各个环节进行参与式观察和深度式访谈，有效测试该商业模式的可行性。

任务三　"互联网＋"大学创新创业模式选择

近几年，"互联网＋"已成为人们耳熟能详的词汇，"互联网＋"产业也成为当前一种新的社会业态。"互联网＋"是指依托互联网信息技术实现互联网与传统产业深入融合的一种计划。旨在将各行业、领域与互联网创新成果深度融合，通过优化生产要素、更新业务体系、重构商业模式等途径，以产业升级增强经济生产力和发展动力，提升效益，从而实现经济的全面转型和升级。目前，"互联网＋"已成为当代社会的一种全新生产力，大学生创业者应当认识、利用当前的"互联网＋"浪潮，将其融入自己的创新创业实践。

一、"互联网＋"创新创业领域

"互联网＋"的兴起为传统产业的升级和转型提供了思路，而在实现"互联网＋"的过程中，金融、服务、医疗、教育、农业、餐饮等诸多领域均涌现出了很多创新创业项目。下面选择几个领域进行简单介绍。

（一）"互联网＋"金融

"互联网＋"金融是互联网与传统金融行业的融合。"互联网＋"金融的典型模式主要包括两种类型：一是新型网络金融服务公司利用大数据技术，使上百家银行的金融产品可以直观呈现在用户面前；二是传统银行以融资服务吸引商户，再通过对商户的现金流、商品流、信息流等大数据进行分析，为这些中小企业提供灵活的线上融资服务，在增强商户黏性的同时，节约了银行自身的运营成本。

"互联网＋"金融的实践可以使越来越多的企业和消费者享受更高效的金融服务。当然，现在的金融行业中也发展出一些其他"互联网＋"金融模式。例如，互联网企业加入金融行业的竞争，利用自身的互联网技术优势占据行业市场，为用户提供支付、理财等金融服务；传统金融机构接入互联网技术，提供多元化的互联网金融产品服务；互联网企业与金融机构合作，双方利用自身特长和优势为消费者提供更多元化的投资理财服务等。

常见的手机银行 App，云闪付、支付宝等第三方支付平台的发展，是金融领域与互联网结合的延伸发展，人们可以利用网络享受便利的金融服务。

（二）"互联网+"服务

"互联网+"服务是互联网和传统服务行业的融合，主要通过互联网技术改变服务的形态，简化服务的流程，提升服务的质量和效率，以及消费者的服务体验。服务业是规模十分庞大的产业，"互联网+"服务的常见表现往往不仅是传统意义上通过互联网提供传统的生产、制造和运营等服务，更多地体现为运用互联网技术，帮助线上、线下各方进行协作和对接，并通过协作和对接实现盈利，如收取相应的服务费和增值费等。"互联网+"服务的范围十分广泛，培训、招聘、设计等传统行业都可以与"互联网+"服务对接。此外，大数据、云系统、电商平台、O2O服务商、CRM等软件服务商、智能设备商、机器人、3D打印等领域也可实现与第三方服务的对接，甚至孵化出基于互联网的服务型平台企业。

（三）"互联网+"医疗

"互联网+"医疗是互联网与传统医疗的结合，通俗地说，就是利用互联网信息化技术和手段为患者提供医疗健康的相关服务。在传统医疗模式下，患者就医的重点往往在于诊疗阶段，但在互联网模式下，医疗卫生服务机构可以为患者提供一条龙的医疗健康管理服务，从医疗数据检测预防，到网上挂号、问诊、购药，以及病后康复的全过程，都可以系统、快捷地实现。

目前，我国各省、市、区等针对"互联网+"医疗都推出了相应的政策，一些社会组织机构也在"互联网+"医疗领域做出了很多创新，移动医疗、医疗大数据、智能养老、医药电商等"互联网+"医疗的典型模式相继出现。百度、阿里巴巴、腾讯等互联网企业均涉足了互联网医疗产业，利用自身的互联网技术优势，改变了传统医疗行业模式，为用户的医疗健康需求提供了多种个性化、便捷化的服务，极大提高了医疗健康服务的效率和效果。

精选案例

"互联网+"医疗的创新成果

"北京健康云"是由北京市政府倡导、百度牵头，智能设备厂商和服务商联手打造的大型高科技民生项目，旨在帮助用户建立科学合理的生活方式和健康管理方式，有效提高用户的健康水平、大幅减少个人和国家的医疗支出。

北京健康云平台联合百家智能设备厂商，为用户建立数字健康档案，持续跟踪和服务用户的健康情况。平台接入了智能手环、血压计、心电仪、体重秤、体脂仪、温度计、血糖仪、皮肤测试仪、酒精测试仪等多款智能设备，可以根据每个用户的实际情况，提供"监测—分析—建议"等个性化、完整的健康服务。以检测心血管疾病为例，用户通过北京健康云的智能心电仪贴身监测，心电数据会实时上传至云端，北京健康云后台有医生24小时监控，一旦发现用户的心电数据出现异常，医生会立刻打电话提醒用户去医院诊疗。此外，北京健康云的智能设备不仅为用户提供实时监测健康数据服务，当健康数据上传至云端后，健康云平台还将在大数据分析的基础上，为用户提供专业健康服务，如健康管理咨询、远程心电监测等。

分析 "互联网+"医疗是医疗行业发展的新方向，可以为用户提供健康教育、疾病风险评估、远程治疗和康复等多种形式的健康医疗服务，是我国卫生部门积极引导的医疗模式，可有效满足人民日益增长的健康医疗需求。

（四）"互联网+"教育

"互联网+"教育是互联网与教育相结合的一种新的教育模式，是利用互联网高效、快捷、方便传播等特点，创新教育形式、开发智慧教育、推动教育进程的一种教育计划。

当然，"互联网＋"教育并不局限于国家和学校层面。目前，各种社会组织机构也在积极践行"互联网＋"教育计划，促进众多互联网教育平台和智能化教育设备的产生，如一些慕课平台、智能培训平台等。这些平台利用互联网技术、智能设备等展开教与学活动，再将线下活动作为线上教学的补充与拓展。

精选案例

"互联网＋"教育的创新成果

在中国人工智能学会、中国语言智能研究中心等单位主办的第三届中国智能教育大会上，多位专家、学者围绕人工智能与教育深度融合的大趋势，对全国智能教育政策引导、前沿技术引领及产品应用转化落地等展开探讨，进一步探索智能教育与教育均衡发展的新模式、新路径。

专家认为，人工智能是实现教育生态重构的有效手段，学校要大力发展智能教育，依据大数据，利用人工智能技术，精准计算学生的知识基础、学科倾向、思维类型、情感偏好和能力潜质，按照认知规律和教育规律，因材施教，实现个性化培养和人才素质的全面提升。大会还对人工智能和教育深度融合的产品进行了展示。"IN课堂"是一个交互式的作文自动批改和反馈开放平台。有别于传统的中文作文教学课堂，"IN课堂"是基于"打分、评级、纠错、范例"四大功能，坚持"规则＋统计"，从语料库中挖掘打分细则、评级参数、偏误规则、常用范式的写作评阅系统，具有"自学习、自完善"功能，可以供学生对作文进行分析定位，也可以助力教师进行教学科研。"IN课堂"只需完成"上传—批改—评价"的简单步骤，人工智能助手2秒内就能对提交的中文作文做出精细的批改和评价。一些试点应用显示，学生写作的主动性显著提高，作文水平大幅提升。

分析　"互联网＋"教育并不是对互联网技术的简单应用，而是要实现教育的智能化、智慧化。人工智能技术在教育中的应用是"互联网＋"教育的典型体现，这种模式会在"互联网＋"创业中催生出更多的商机。

二、大学生互联网创业的常见类型

阿里巴巴、腾讯、百度、字节跳动等互联网公司的名字目前已为人们熟知，在这些互联网公司创始人的启发下，很多创业者投身互联网创业的浪潮。今天，互联网依然是创业的热点，创业者要想通过互联网创业，可以参考大学生互联网创业的常见类型。

（一）开设网店

开设网店是一种便捷、实惠的创业模式，只需登录网站、注册店铺、发布产品信息和图片，一家网店就可以开张。网络销售不受时间、空间限制，消费者只要上网，就能看到商家出售的产品。网店不需要像实体店那样装修，也不会产生太多费用，产品价格更便宜，利润也比较丰厚。因此，开设网店在大学生中日益流行起来，甚至成为部分大学生的就业新选择。

大学生开设网店，选对平台很重要。目前，可供开设网店的平台有淘宝、京东、拼多多等，此外还有抖音小店、小红书店铺、微店等。这些平台在用户人群、开店费用、店铺流量支持、发货、售后服务等方面都有所区别，创业者应该仔细比对、谨慎选择，然后再开设自己的网店。开设网店之后，大学生还可以利用网络社交平台，如小红书、微信朋友圈等推广自己的网店与产品，帮助网店引流促销。

（二）开发 App

在移动互联网普及的今天，人们手机中有各种 App，每个 App 都是一个流量平台，也是一个创业平台。对于创业者来说，开发并推广 App，能够吸引用户、获得流量，在积累一定数量的用户后，不管是通过用户付费还是植入广告，其都能够获得收入，实现盈利。

（三）成为网络自由职业者

自由职业是一种新型的职业，属于个人创业范畴。目前，自由职业一般有作家、设计师、绘画师、收纳师、摄影师等。

互联网的普及为自由职业者提供了更大的空间，创业者可以通过网络发布工作信息，列出自己可以承担的工作及价格。客户如果有意，就可以通过网络联系自由职业者，双方协商确定工作内容和价格，最后实现交易。

（四）利用互联网改良传统企业

互联网不仅催生了电子商务，还能用于改造传统企业。首先，互联网提供了一种全新的信息传输手段，这种手段较其他手段更为快捷、方便。传统企业可以通过在网络上发布视频、开设直播等方式宣传企业，打开销路。其次，互联网为企业和客户沟通提供了便捷的渠道。传统企业可以通过互联网收集客户反馈信息，与客户沟通，还可以通过建立客户群等方式建立客户交流平台，实现更高效的客户关系管理。最后，企业能够使用互联网建立便捷的信息网络，生产、研发、仓储、运输等各部门可以通过互联网便捷联系、实现协作。各地分公司也能与总部实时联络，协调一致。

综合而言，创业者可以引入互联网，对传统企业进行全方位的改造，使其降低成本、提高效率，取得市场竞争优势。

课后思考与练习

1. 互联网时代，有诸多颇具特色的商业模式，其中不少获得了不俗的成绩。你最感兴趣的是哪种互联网商业模式？试着举一实例，就该企业的商业模式进行分析。

你最感兴趣的互联网商业模式：

_____

采用该互联网商业模式的企业及具体分析：

_____

_____

2. 小红书 App 是当前非常热门的网络社区之一，该 App 的最初定位是一个用户生成内容（user generated content，UGC）的产品信息分享平台，由用户上传专业的内容，提供产品的真实背书。早期小红书的内容主要是产品攻略，后来团队认识到这种静态信息流难以使产品与用户之间产生即时、有黏性、双向的互动机制，于是开始转型社区，使用户可以"逛""刷"，后来又开始融合电商，上线跨境购买板块"福利社"，方便用户产生购买需求时直接购买。同时，小红书通过在社区加入第三方商家，增加广告起量，并在购买笔记中插入购买链接为自有商城引流，实现社区电商的高效转化。请根据题干及你对小红书的了解，分析小红书的商业模式，并在图5-4中完成其商业模式画布的填写。

重要伙伴	关键业务	价值主张	客户关系	客户细分
	核心资源		渠道通路	
成本结构			收入来源	

图5-4　小红书的商业模式画布

3. 阅读分析以下案例，回答问题。

京东集团（以下简称京东）以线下起家，转战电商平台之后便设立了京东商城，以"产品、价格、服务"为核心，致力于为消费者提供价格优惠、质优的产品。京东作为国内最受消费者欢迎和最有影响力的电商平台之一，在B2C（企业对消费者）电商平台领域，其自营式网络零售已经处于国内领先地位。2014年5月22日，京东顺利在纳斯达克证券市场挂牌上市，成为我国首家在美国申请首次公开募股成功的自营电商企业。

经过多年的迭代，京东已从自营模式转变为"自营为主、平台为辅"的商业模式，且平台业务占比逐步增大。京东通过建立大规模物流集成设施，保障消费者享受专业化、方便快捷的物流配送服务；通过自建信息系统，保障运营效率；通过打通供应商渠道，为消费者提供低价、优质的服务，为消费者打造良好购物体验。

2018年1月，京东自有品牌"京东京造"正式上线。所谓"京造"即京东制造，顾名思义就是京东自己制造的产品。依靠"京东京造"，京东完成了从平台方到生产方的转变。目前，"京东京造"涵盖计算机硬件、家用电器、厨房用具、家居家装、个护美妆、食品生鲜等全品类产品。2021年12月，"京东京造"登上《财经》2021"新奖"榜单，获评"年度最具影响力新消费品牌"。

（1）京东的商业模式是怎样的？结合案例及你对京东的了解，完成对京东商业模式的分析。

_____

_____

_____

_____

（2）请你根据案例及你对京东的了解，说一说它的商业模式相较传统电商模式有哪些优势。

_____

_____

CHAPTER 06

项目六　整合创业资源

本章学习目标

（1）知识目标：了解创业资源的含义、类型和获取途径，熟悉创业资源的整合原则和策略，掌握创业融资的方法和技巧。

（2）技能目标：能够获取和整合创业所需的各种资源，并有能力完成企业融资。

（3）素质目标：坚持运用辩证唯物主义，坚持系统观念，锻炼自身搜集、整合、规划能力；准备好创业资源，能够科学、合法地开展融资活动，正确回答现实和实践提出的重大问题，保持创业公司的蓬勃生机和旺盛活力。

引例

创业起步难？——学习党的二十大精神：系统观念

姜琳大学毕业后，想开办一家艺术设计工作室。她找到了一位学姐共同创业，两人经过市场调查，决定在市中心附近开办公司，那里人流量大，而且有很多同类型的文化创意公司。一切商定好之后，如何筹措启动资金成了问题。

姜琳二人虽然都是刚毕业的学生，但姜琳之前一直有创业的想法，因此曾经试着做过新媒体，运营了自己的个人媒体账号，平时发布一些与艺术设计相关的视频，由此积累了不少"粉丝"，并获得了一定的收益。学姐绘画技术非常突出，上学期间也通过在社交媒体分享绘画作品，接到了不少有关绘画的单子，二人也算有一点小积蓄。

但这些钱对于创业来说远远不够，毕竟公司的租金、相关设备配置，甚至水电费等支出也是一笔不小的开销，二人还需要通过其他渠道筹措资金。虽然两人有信心将公司办好，但她们的团队还不成熟，资源也十分缺乏，想要获取其他商业投资，难度非常大。经过商量，两人决定各自向家里借钱。姜琳努力说服了家人，父母决定出资 10 万元支持她创业，学姐也从亲友处获得了 6 万元的资金支持。此外，由于国家对大学生创业提供了贷款优惠政策，二人还决定向银行贷款。两人先去当地工商行政管理部门申请了营业执照，办理了税务登记等相关手续，拥有了经营许可证后，她们向商业银行提出了贷款申请。审核合格后，她们如愿拿到了银行的 5 万元贷款。

创业的启动资金准备得差不多了，创业前期准备工作也完成得不错。有了资金的支持，该公司很快正式开始运营，慢慢步入了正轨。

不管是创业初期准备，还是后续运营管理，都离不开资金的支持，资金是创业必需的一种资源。此外，创业还需要人力资源、经营场所等各种资源。要想成功创业，创业者要注意获取和整合创业资源，从而为创业做好充足准备，为成功创业奠定坚实基础。

任 务 一　创业资源的概念与获取

在创业活动中，大学生创业者往往需要不断地投入设备、原材料、人力、资金等各种资源，才能得到对应的产出。从这个角度看，创业的过程是创业者尽力获取资源并对资源进行合理配置的过程，没有创业资源，创业者就无法创造价值、开展创业活动。因此，创业之前，大学生要做好创业资源的获取与积累。

一、创业资源的含义

创业资源基础理论的主要代表人物巴尼认为，创业资源是指企业在创业的整个过程中先后投入和使用的各种有形和无形资源的总和，是创业过程中投入和运用的各种生产要素和支撑条件的综合。在实际创业活动中，创业资源的种类是十分丰富、多元的。创业过程中涉及的政策、资金、场地、设备、专业人员、销售人员、客户等，都属于创业资源。

创业资源在企业间是不可流动且难以复制的，特别是稀缺、有价值、不可替代或难以模仿的资源，它们组合后不仅可变为产品或服务，产生新的价值，还可以为企业获得竞争优势。总的来说，创业资源在新创企业的发展过程中，主要起着以下3方面的作用。

（1）创业资源是企业的构成要素。新创企业由各种创业资源构成，包括人力、资金、经营场所、技术、管理等。脱离创业资源，新创企业就无法建立，更不用说开展创业活动了。

（2）创业资源是生产经营的基础。新创企业的所有经营活动，不管是产品设计、生产、仓储，还是推广、营销、运输，都需要投入创业资源才能进行。例如，产品运输需要资金、车辆、人力等资源。

（3）创业资源是企业竞争优势的源泉。不同企业拥有的资源不尽相同，各种资源具有多种用途。企业的经营决策是指定各种资源的特定用途。而决策一旦实施就不可还原，因此，企业会根据自身的资源配置情况做出决策，资源的不同导致企业决策的不同，进而使企业各具特色，形成不同的竞争优势。

二、创业资源的类型

创业资源是所有有利于企业经营发展的因素总和，其中包含很多复杂、多样的概念。根据不同的规则，创业资源可分为不同的类型，不同类型的创业资源有其独特的作用与属性。

（一）按照控制主体的不同分类

按照控制主体的不同，创业资源可分为内部资源和外部资源两大类。

① 内部资源

内部资源是指创业者及创业团队在创业之初自身拥有的可用于创业的资源，如自有资金、技术、物资，以及管理才能和独自发现的创业机会等。内部资源是企业的核心资源，因此创业者应扩大、提升自己的内部资源，并依靠内部资源形成核心竞争力。同时，优质的内部资源能够吸引外部资源。

② 外部资源

外部资源是指创业者从企业外部获取的各种资源，包括从外部筹集的资金（借款、贷款、投资）、经营场所、设备、原材料等。创业初期，创业者往往面临资源不足或统筹不当等各类问题。只有充分利用创业契机，积极从外部获取各类所需的创业资源，并进行合理统筹利用，才能实现项目的顺利运营和快速发展。

（二）按照资源形态的不同分类

按照资源形态的不同，创业资源可以分为有形资源与无形资源。

1　有形资源

有形资源又称实物资源，是指具有物质形态，能够用金钱准确衡量其价值的资源，如厂房铺面、资金、机器设备、原材料和产品等。有形资源是企业的实体，无形资源往往需要依托有形资源才能发挥作用。

2　无形资源

无形资源是指没有物质形态、无法用金钱准确衡量其价值的资源，包括信息资源、人力资源、技术资源、社会关系资源、品牌资源、企业知名度等。有形资源的价值往往是固定的，企业只有运用无形资源才能为其附加新的价值，进而获得利润。

（三）按照利用方式的不同分类

按照利用方式的不同，创业资源可以分为直接资源和间接资源。

1　直接资源

直接资源又称生产性资源，是指直接作用于产品生产销售过程的资源，如机器设备、储存场地、运输设备、工人的生产劳动等。直接资源关乎产品的生产销售，每种资源都是不可或缺、无可替代的。

2　间接资源

间接资源又称工具性资源，是指为直接资源服务的资源，如政策资源、社会关系资源、科技资源等。有些间接资源能够转变为直接资源，如科技可能转换为工艺、资金等资源；还有一些间接资源可以使直接资源更好地发挥作用。

（四）按照资源性质的不同分类

按照资源性质的不同，创业资源可以分为人力资源、社会资源、财务资源、物质资源、政策资源、技术资源、组织资源。

1　人力资源

人力资源是指企业拥有的用以制造产品和提供服务的人力。人力资源是企业的关键资源，是获取、利用和转化其他资源的基础。人具有主观能动性，创业者、创业团队拥有的技能、知识、洞察力、视野、期望等都会深刻而持续地影响企业的运营和发展。人力资源又分为两个方面，一是高素质人才的获取和培养，二是高数量合格产业工人的培养和获取。二者都对企业的发展至关重要。

2　社会资源

社会资源主要指由人际和社会关系网络形成的关系资源。社会资源不会直接作用于产品的开发、生产、运输和销售这一整套流程，却能够帮助企业获取、利用其他资源，间接作用于企业的方方面面。同时，丰富的社会资源还能使企业获得或抢先获得一些其他组织难以获得和接触的资源，如一些隐秘的商业信息、市场变化的征兆等。

3　财务资源

财务资源是指企业拥有的所有以货币形式存在的资源，包括固定资产和流动性资源两种。固定资产如厂房铺面、机器设备、原材料、成品等；流动性资源包括现金存款及可以变现的债券、股票、基金、期货等。财务资源是衡量企业价值的标准，扩大财务资源是企业经营的主要目标。同时，财务资源尤其是流动性资源还能灵活转化为其他资源，在企业经营活动中发挥重要作用。

④ 物质资源

物质资源是指企业拥有的各种有形资源，包括厂房铺面、机器设备、原材料等，还包括地皮、矿山、林地等自然资源。

⑤ 政策资源

政策资源是指会对企业的生产、运营和发展产生影响的国家、地区、行业的相关政策，如一些市场准入政策、创业税收支持政策、创业融资支持政策、创业指导培训、回乡创业优惠政策、人才帮扶政策等。

现阶段，政策资源在助力大学生创业过程中主要体现在3个方面：首先是政府颁布的各种创业财政政策，这些政策能为高校提供重要的财政支持，以便高校能为创业大学生提供一定的资金支持；其次是创业融资支持，各大银行、金融机构都能向自主创业大学生提供小额贷款，并简化其贷款流程，使其更加便捷地进行开户与结算，进而使大学生能够在更加有利的环境下进行创业；最后是构建创业服务体系，如为了鼓励大学生自主创业，在一些区域设置创业工场等创业孵化器，不断完善创业孵化服务，使大学生能够通过这些平台获得优质的创业资源，并利用政府建立的公共信息网进行创业咨询。

⑥ 技术资源

技术资源是指企业在产品生产加工、储存、运输的过程中特有的关键技术和工艺流程等，广义的技术资源还包括应用这些技术的专业设备。技术资源是企业的核心资源，它决定着创业企业资本规模、市场竞争力及盈利能力的大小。缺乏技术的企业最终只能沦为代工厂，无法成为贯通产业链的行业巨头。

⑦ 组织资源

组织资源是指企业的组织结构、制度建设及企业的规范管理、市场营销策划等。其他资源的运用与发挥需要依靠组织资源。

三、创业资源的获取途径

创业所需的资源多样，而新创企业在资源方面常面临较多的限制，如厂房、土地、设备等物质资源缺乏，商业声誉缺乏，组织管理、作业流程等未形成规范，资金、人才、技术等缺乏明显优势等，因而更需要充分利用内部和外部环境，掌握创业资源的获取方法，提升创业项目的竞争力和生存能力，尤其是创业所需的资金、技术、人力、信息等资源。

① 资金资源的获取途径

对于创业企业来说，资金资源的获取主要依靠创业融资。所谓创业融资，是指创业企业根据自身发展的要求，结合生产经营、资金需求等现状，通过科学的分析和决策，借助企业内部或外部的资金来源渠道和方式，筹集生产经营和发展所需资金的行为和过程。"缺少资金"是大学生创业者在创业中经常遇到的困难之一，一般来说，大学生主要通过个人积蓄、借款、创业贷款、商业贷款等方式获取资金，如果创业项目走上正轨，也可以寻求投资人和投资机构的投资。

② 技术资源的获取途径

在当今的知识经济和科技创新时代，技术资源是创业企业形成核心竞争力的关键资源，拥有技术资源的创业项目往往更有生命力。通常来说，创业者获取技术资源的途径主要包括吸引技术持有者加入创业团队、购买他人的成熟技术、购买他人的前景型技术、通过后续开发完善已有技术、购买技术并让技术持有者加入创业团队、自主研发等方式。例如，有些企业通过产学研合作的方式获取中医药院校的科研成果，打造核心优势，也有科研人员直接利用自己的科研成果创办企业。

大学生创业者由于在资金、人力等方面相对缺乏，因此往往没有直接购买技术的能力，此时需要挖掘有志于共同创业的技术型人才，并时刻关注高校、科研院所等发布的最新研究成果或科技发明专利等，从中找到自己的技术研发方法，挖掘和开发商机。当然，通过技术资源形成核心竞争力，并不意味着在主要技术方面具备优势，如果大学生创业者可以在某项技术的一个方面形成自己的优势，就可以将其打造为自己的核心技术资源，形成某个细分领域的竞争优势。

政府的技术援助

大学生张文在寒假回家时，发现家乡正在热火朝天地建设特色农业基地，发展现代农业。张文当时正在为找工作发愁，一见这样的情况，当即被打动，萌生了创业的想法。

张文立即去附近基地走访调查，发现当地不少种植户种植了柑橘，发展得都不错。当地政府也在土地租赁、贷款等方面提供了优惠政策，这使张文创业的积极性大增。在与父亲商议后，张文毕业便回到家乡，与家人流转了100多亩山地。然而在种植什么果树上，二人却产生了分歧。

张文想种植柚子，而他的父亲却提出，家乡并没有种植柚子的传统，没有相关的技术积累，而且柚子从种植到挂果周期太长，风险太大，还是和其他农户一样，种植柑橘为好。

张文却坚持认为，附近盛产柑橘，市场已经饱和。父子俩相持不下。村主任老李听说了这样的情况，找到张文，告诉他，省里鼓励发展特色种植，在省农科院专门组织开办了农业技术培训班，免费向种植户开放。于是，张文搁置了与父亲的争议，到省城参加了半个月的集中培训。省农科院的刘技术员对张文这个大学生种植户很上心，悉心教授他利用嫁接缩短柚子产出周期的技术，并在培训结束后专程跟随张文到他流转的土地上考察，进行现场指导。

见张文掌握了关键技术，父亲也服了软。很快，张文种上了柚子树。在整个种植过程中，张文都与刘技术员保持着联系，同时，省农科院也组织了专家团队到村里进行考察和指导。2021年，张文的柚子树开始挂果，看着硕果累累的果树，张文感叹："省里的技术支持真是乡村种植户的及时雨啊！"

分析　本案例中，张文参加了政府组织的技术培训，获得了创业所需的技术资源，这为他的成功创业奠定了基础。

③ 人力资源的获取途径

创业项目的推进离不开人，人力资源往往代表着创业者与创业团队的知识、技能、经验等，合适的人力资源甚至可以为创业者带来资金、技术等其他资源。在创业初期，创业者主要需要根据创业团队的人才需求主动寻访和邀请关键的人才加入。此外，也可以通过学习行业相关知识、积极开展创业实践活动、参加相关创业培训等方式构建广泛的关系网，从而获取人力资源。

④ 信息资源的获取途径

政策、行业市场等资源，从本质上来说都是信息资源，如国家政策、产业发展、行业趋势、竞争情况等。掌握信息资源，有利于创业者结合自己的实际情况快速做出反应和决策。通常创业者可以通过政府机构网站、同行创业者或同行企业、专业信息机构、专业期刊书籍、科研机构、新闻媒体和会议网站等获取市场与政策相关的信息。此外，大学生所在的高校、科研团队等也是重要的信息获取渠道。

任务二　创业资源的利用与整合

不同的创业资源发挥着不同的作用，创业者仅靠单个资源可能难以创造新的价值，因此需要对创业资源进行开发和调整，通过合理的组合搭配将不同的创业资源整合在一起，使其互相作用，更好地服务于创业活动。

一、创业资源的整合原则

创业资源运用是一个复杂而动态的过程，稍有不慎就会造成资源浪费甚至重大损失。大学生创业者由于自身拥有的资源少，抗风险能力差，所以尤其需要注意创业资源的整合方式和方法。在创业资源的整合过程中，创业者应该遵循图 6-1 所示的原则。

渐进原则	缓冲原则
双赢原则	比选最优原则
量力原则	提前原则
当前利益与长远利益相结合原则	

图 6-1　创业资源的整合原则

（1）渐进原则。对于任何一位创业者来说，创业资源都是难以完全发掘、配置和利用的。因此，创业者必须遵循渐进原则，根据对资源的需求程度，以及资源开发和利用的成本、收益和不确定性三者的综合考虑，逐步地寻找和利用各种创业资源。也就是说，为降低资源的维护成本，对于每种创业资源，创业者都应选择一个适当的整合时机。

（2）双赢原则。创业者发掘和应用的每种创业资源都可能是一个相对独立的利益体。因此在开发和使用这些资源时，创业者不能仅仅从自身利益出发，而必须坚持双赢原则。尤其是需要长期使用的创业资源，更要重视对方的既得利益。例如，要实现企业与员工（人力资源）、经销商（社会资源）之间的共赢。

（3）量力原则。对于不同的创业资源需要渐进开发和利用，对于同一种创业资源，也需要进行逐步开发。尤其是对于大学生创业者来说，其资源开发的能力和经验都很有限，因此更需要采取量力而行的原则，对某一种创业资源进行合理开发和使用。

（4）当前利益与长远利益相结合原则。创业资源整合的根本目的是实现创业企业利益的最大化，但利益有当前和长远利益之分。因此在整合创业资源时，应该充分协调好当前利益与长远利益之间的关系。创业初期，创业者可能需要实现快速盈利，但单纯基于当前利益而对创业资源进行过度开发，最终会给企业的长远发展带来隐患。

（5）缓冲原则。对于创业企业来说，遇到困难和挫折是常有的事。任何利益主体都不愿意冒太大的风险去帮助一个新创建的企业。创业企业要挺过困境可能更多地需要依靠自有资源。因此，创业者在资源整合过程中一定要留有余地，以备不时之需，例如预留一些储备资金及原材料等，以有效帮助企业走出困境。

（6）比选最优原则。比选最优原则主要用于整合外部资源，因为外部资源具有多样性，能适用于某一创业任务的资源不唯一，而使用不同资源会面临不同的收益、成本和不确定性。创业者要根据创业项目发展的需要、自身的实力及这些资源的特点，最优化地选择资源。

（7）提前原则。寻找资源和获得资源都需要一定的时间，不能等到需要时再去考虑资源的获取整合。创业者应当具有一定的超前眼光，适当提前做好相关的准备。

二、创造性拼凑整合策略

创造性拼凑是由国外学者发现的一种通常出现在初创企业中的现象，即创业者在面对资源困境时，选择忽视正常情况下被普遍接受的关于物资投入、惯例、定义、标准的限制，仅仅利用手头已有的资源，创造出独特的价值。而这些资源对其他人来说也许是无用，甚至是废弃的。创造性拼凑是在资源束缚下，创业者为了解决新问题、创造新机会，整合手边已有的资源，创造出独特服务和价值的行为。创造性拼凑包含以下几层具体含义。

（1）加入新元素，实现有效组合，使原有系统的结构发生改变，实现新功能。

（2）新加入的元素往往是手边已有的资源，而非人们认知中的"最优解""通用解"，甚至是与原系统不适配的，但是被创业者通过一定技巧组合到原系统中并实现了新功能。

（3）这种加入新元素的行为是一种创新行为，其组合可能超越原有系统水平，即创造性拼凑不仅能维持原来的系统，还能使系统产生新的突破。

精选案例

变废为宝

国外某农场主的农场中有一个废弃的煤矿，经年累月，煤矿变成了一个巨大的污水坑，产生了大量沼气。这是一件非常不利于农场发展的事，农场主和他的合伙人开始因地制宜，展开对废煤矿的改造计划。他们挖了一个洞直通废矿架，并从本地工厂购买了一台二手柴油发电机，经过简单改造，使之能够燃烧沼气；然后他们翻新了变压器，将发的大部分电能通过变压器卖给本地电网。考虑到发电机发电会产生大量的热，于是他们利用发电机的冷却系统加热水温，建造了一个无土栽培番茄的温室。在非用电高峰期，他们用生产出的电力点燃特制的灯泡，用于加速番茄生长。冲洗番茄根部的水，他们则计划用于养鱼，并将鱼的排泄物作为番茄的肥料。最后，倘若还有多余的沼气，他们就将其卖给天然气公司。

在资源有限的情况下，农场主审时度势，通过改造柴油发电机，翻新变压器，用发电产生的热加热种番茄的温室，用种番茄的水养热带鱼等一系列活动，实现了对手边资源的创造性拼凑使用，做到了物尽其用，充分发挥了这些资源的潜在价值。

（一）创造性拼凑整合策略的三要素

创造性拼凑整合策略的使用需要同时满足三个关键要素，分别为手边的已有资源、整合资源用于新目的及将就使用。

（1）手边的已有资源。创业者能够充分使用可以轻易获得的资源，包括企业内部资源和外部获取的资源。虽然有些资源对他人来说或许是无用的、没有价值的，但是创业者可以通过自己独特的技巧、经验，将这些资源创造性地整合在一起，积极主动地突破资源传统利用方式的束缚，使其发挥新的效用。

（2）整合资源用于新目的。对于这些"零碎资源"，创业者可能不确定其用途，但是在面对新问题时，创业者通过敏捷的思维和洞察力察觉到这些"零碎资源"的潜力，突发奇想地将其用在新的系统中，是一种基于新目的的创造性整合。

（3）将就使用。创新性拼凑是在时间紧迫和资源不足情况下的权宜之计，其拼凑使用的多是废旧材料或其他系统的材料，因此在耐用度、性能和系统匹配度上往往存在不足，需要创业者经常关注，并对其进行维护或更换。

（二）全面拼凑和选择性拼凑

创造性拼凑可分为全面拼凑和选择性拼凑。二者在拼凑范围与程度方面存在较大的不同。

（1）全面拼凑。全面拼凑是指创业者在物质资源、人力资源、技术资源、制度规范和市场等诸多方面长期使用拼凑的方法，在企业现金流稳定后依然没有停止拼凑的行为。使用全面拼凑的企业会表现出如下特点：过分重视"零碎资源"，经常收集各种工具、材料、旧货等；偏重个人技术、能力和经验；不太遵守工艺标准、行业规范、规章制度。创业企业在每个领域都采用拼凑手段，久而久之容易被大众认定为标准低、质量次的"拼凑型企业"。

（2）选择性拼凑。选择性拼凑是指创业者在拼凑行为上有一定的选择性。在应用领域方面，他们往往只选择在一到两个领域内拼凑。在应用时间方面，他们只在早期创业资源紧缺的情况下采用拼凑，随着企业的发展逐渐减少拼凑，甚至最后完全放弃拼凑。由此企业得以摆脱拼凑型企业的阴影，逐步走向正规化，满足更广泛的市场需求。

三、"步步为营"整合策略

在创业资源整合中，"步步为营"主要指在缺乏资源的情况下，创业者分多个阶段投入资源并且在每个阶段或决策点投入最少的资源。

（一）"步步为营"整合策略的最终目的

在创业初期，项目需要不断地投入资源而不会产生利润，因此创业者往往会经历一段"只见支出不见收入"的时期，而"步步为营"整合策略适用于这种情况。"步步为营"整合策略要求创业者在需要投入资源的时间点投入尽量少的资源，其本质是通过尽量降低开销尽快实现收支平衡。

（二）"步步为营"整合策略的运用

"步步为营"整合策略看上去很美好，但实际应用的"度"不好把握，如果一次投入的资源过少，可能导致经营出现问题，如果投入过多，则失去了"步步为营"的意义。在运用"步步为营"整合策略时，创业者应遵循以下准则。

（1）有原则的节俭。节俭是"步步为营"整合策略的主要体现，创业者会设法降低资源的使用量并谋求降低公司的运营成本。常见的策略有外包，即将企业的非核心业务（如储存、运输等）委托给其他专业公司完成，这样可以减少固定成本投资，同时降低运营成本。特别需要注意的是，"步步为营"整合策略中的节俭是有原则的节俭，而非一味降低成本，更不是以次充好、粗制滥造。

（2）自力更生。"步步为营"整合策略还表现为企业不过多地依靠外部资源的支持，以减少经营风险，保存创业者对企业业务的控制权。

任 务 三　创业融资的方法与技巧

资金是创业活动的"燃料"，企业生产经营中的每个环节都离不开资金。为了获取资金，创业者需要掌握创业融资的方法。当代社会，创业者可以利用的融资方式多样，创业可以根据需求选择合适的方法。

一、创业融资的方法

新创企业能够使用的融资方法分为债权融资和股权融资两种。其中债权融资指企业通过举债的方式进行融资，股权融资则是企业的股东让出部分企业所有权以获取资金。

扫一扫

创业资本融资的概念

（一）债权融资

债权融资是企业凭借自身的信用或抵押资产，与债权人约定期限，获取相应资金使用权的融资方式，到达约定期限后，企业需要将资金还给债权人。这种融资方式一般不影响企业的股东及股权结构。新创企业可通过向家人及亲戚朋友借款、大学生创业贷款、银行商业贷款、商业信用融资、融资租赁等方式进行债权融资。

1 向家人及亲戚朋友借款

新创企业早期所需的资金具有高度的不确定性，但是需求量较少，因此在这一阶段，除了大学生创业者本人的积蓄外，向家人及亲戚朋友借款是最为常见的债权融资方式。他们之间有一定的亲情、友情关系，更容易产生信赖感。

向家人及亲戚朋友借款也有一定局限性，只适用于家庭物质条件较好的大学生创业者。另外，如果创业失败，还可能影响双方关系，因此大学生创业者应该在对方自愿的情况下进行借款，并以公事公办的态度将家人或朋友的借款与其他投资者的资金同等对待。

2 大学生创业贷款

大学生创业贷款是银行等资金发放机构对各高校学生（专科生、本科生、研究生等）创业者发放的无抵押、无担保的大学生信用贷款。大学生创业贷款是一项重要的创业扶持政策，相比普通银行商业贷款，大学生创业贷款通常具有利率低（甚至无息）、审核宽松、放款速度快等优点，是一种理想的融资手段。同时，大学生创业贷款也有额度较低、具有申请条件限制等缺点。

3 银行商业贷款

如果大学生创业者需要的创业启动资金无法通过创业贷款的方式获取，可以向银行申请商业贷款。银行是依法成立的经营货币信贷业务的金融机构，向银行申请商业贷款是企业使用得非常普遍的融资手段之一。银行商业贷款主要有以下 5 种形式。

（1）担保贷款。担保贷款是指以担保人的信用为担保而发放的贷款。随着国内中小企业信用担保体系的建立和完善，目前各地均有专业化的信用担保机构。如果大学生创业者缺乏合格的抵押物品，可以向信用担保机构申请担保贷款。

（2）抵押贷款。抵押贷款是指按照《民法典》规定的抵押方式，以借款人或第三人的财产作为抵押物发放的贷款。办理抵押贷款时，由银行保管抵押物的有关产权证明（所有权不变更），且抵押贷款的金额一般不会超过抵押物评估价的 70%。

（3）质押贷款。质押贷款是指以借款人或第三人的动产或权利作为质押物发放的贷款。大学生创业者可用自己甚至亲朋好友（需要本人书面同意）未到期的存单、国债、国库券等作为抵押物，从银行申请有价证券面值 80% ～ 90% 的贷款。与抵押贷款相比，质押贷款中，借款人或第三方的动产或权利凭证被转移给了银行。

（4）贴现贷款。贴现贷款是指借款人在急需资金时，以未到期的票据向银行申请贴现而融通资金的贷款方式。贴现贷款具有流动性高、安全性大、自偿性强、用途确定、信用关系简单等特点。贴现贷款与质押贷款的区别在于贴现是由银行购买借款人的未到期票据，而质押则是转移动产或权利的占有权。

（5）信用贷款。信用贷款是指银行仅凭对借款人资信的信任而发放的贷款，借款人无须向银行提供抵押物或担保。信用贷款具有无抵押、手续便捷的优点，借款人的门槛也较低，只要工作稳定，征信记录良好，如信用报告、信用评估、信用信息良好就能获得贷款。但银行对信用贷款的信用审核严格，贷款额度相对较低，所以只适合于创业者的短期小额贷款。

4 商业信用融资

商业信用融资是指企业之间在买卖商品时，以商品形式提供的借贷活动，即交易双方依靠延期付款或延期交货的形式形成借贷关系以筹措资金的融资方式，商业信用融资是经济活动中非常普遍的债权债务关系。

商业信用融资建立在企业良好信用的基础之上，具体包括应付账款融资、预收货款融资和商业票据融资3种。商业信用融资具有筹资便利、筹资成本低及限制条件少的优点，但是其期限较短、筹资数额较小，而且必须有良好的企业信用才能实施。

（1）应付账款融资。应付账款融资也称买方融资。所谓应付账款是指企业购买货物未付款而形成的对供货方的欠账（先货后款）。在这种交易中，卖方为了促销而同意买方在购货后延迟支付货款。应付账款融资易于取得，无须办理筹资手续并支付筹资费用，而且在一些情况下不用承担资金成本。

（2）预收货款融资。预收货款融资又称卖方融资，是指卖方按照合同或协议约定，在交付货物之前向买方预先收取部分或全部货物价款的信用形式（先款后货），相当于卖方向买方先借一笔款项，再用货物抵偿。此信用形式应用非常有限，仅限于市场紧缺商品、买方急需或必需商品、生产周期较长且投入较大的建筑业和重型制造业等。

（3）商业票据融资。商业票据是指由金融公司或某些企业签发的，无条件约定自己或要求他人支付一定金额，可流通转让的有价证券。体现为具有一定权力的凭证，如汇票、本票、支票等。商业票据融资的特点是利率低、限制少、见票即付、期限短。

⑤ 融资租赁

融资租赁是指出租人根据承租人对租赁物件的特定要求和对供货人的选择，出资向供货人购买租赁物件，并租给承租人使用，承租人则分期向出租人支付租金，在租赁期内租赁物件的所有权属于出租人所有，承租人拥有租赁物件的使用权。融资租赁是目前国际上最普遍、最基本的非银行金融形式。依靠融资租赁，需要添置设备的企业只需支付少量资金就能使用所需设备进行生产，相当于为企业提供了一笔中长期贷款。

由于融资租赁具有融资与"融物"相结合的特点，企业无法还款时租赁公司可以回收、处理租赁物以挽回损失，因而在办理融资时对企业资信和担保的要求不高，非常适合中小企业融资。

（二）股权融资

股权融资是指企业股东出售部分企业所有权（股份），获取相应资金的所有权，而资金所有者也就成为企业的股东。因此，股权融资获得的资金，企业无须还本付息，但新股东将与老股东同样分享企业的盈利与增长（红利）。股权融资的最高级阶段是上市，此时企业可以通过证券交易所首次公开向投资者发行股票，上市企业的股票可以在股票市场自由流通，为企业带来高额的资金。新创企业的股权融资方式包括天使投资、风险投资和私募股权投资等。

① 天使投资

天使投资（angel investment）是自由投资者或非正式风险投资机构对原创项目构思或小型新创企业进行的一次性前期投资。其投资资金主要为投资人自己的积蓄，因此通常只有一轮，多为短期投资。该投资方式感情色彩较强，取决于投资人本人的意愿，因此创业者可以与投资人建立一定的感情基础，借此说服投资人并获得其认可。例如，字节跳动天使轮的投资来自海纳亚洲创投基金，字节跳动创始人张一鸣与海纳亚洲创投基金的投资者王琼有很好的私交。由于融资决策基于投资人本人的想法，因此该投资方式简单快捷。

② 风险投资

风险投资（venture capital，VC）又称创业投资，是指职业金融家投入新兴的、迅速发展的、有巨大竞争力企业的一种权益资本。具体来说，创业资本家或其他出资人和机构将资金投入拟创立的新企业或刚刚诞生的新企业，创业项目或新创企业提供资本支持，并提供资本经营服务等一系列服务，帮助创业者完成创业过程。创业成功后投资者一般会卖出股份套取现金。

风险投资的投资额一般较大，投资者投入资金的同时也会获得一定的管理权限，并且会随着所投资企业的发展而逐步增加投入。总体而言，风险投资具有高风险性、超额回报率、投资中长期性、权益性投资、投资专业化、投资者积极参与等特点。

（1）高风险性。风险投资者的主要投资对象是刚刚起步或尚未起步的高科技新创企业，这些企业各方面的资源往往比较匮乏，市场用户认可度较低，团队的企业经营管理经验也较少，因此投资的风险性和失败率都非常高。

（2）超额回报率。与高度的投资风险相伴的是超额的回报。风险投资者在注入资金之后，往往会与创业者签订一系列投资条款，以便企业成长之后回收投资。企业上市后，风险投资者就可以在金融市场上出售自己的股份，实现风险投资的高额回报。

（3）投资中长期性。风险投资的流动性较小，具有长期性特点，在实际投资时，常见的投资方式是分期投资。

（4）权益性投资。权益性投资是风险投资的首要特征。风险投资者更看重投资对象的发展前景和投资增值状况，以便未来取得高额回报。权益性投资的特点决定了风险投资其他方面的特征。

（5）投资专业化。为降低投资失败率，风险投资者往往更愿意投资自身熟悉的产业，即风险投资者一般要求所投资的产业具备较高的专业水准。在投资并介入企业运作后，风险投资者也会提供专业化的增值服务，给予企业针对性的战略支持。

（6）投资者积极参与。为降低投资风险，风险投资者在向企业注入资金的同时，必然会介入该企业的经营管理，参与企业的战略决策。如要求获得董事会中的席位及一些特定的否决权。

精选案例

创业公司获得分期投资

大学毕业后，冯纲一直在一家科技公司上班，随着与公司发展理念分歧的扩大，冯纲决定自立门户。他召集了数位通过工作结识的志同道合的伙伴，凑齐几十万元的启动资金，注册了一家公司。

由于整个团队都是"老手"，不仅十分有经验，还拥有广泛的人际关系和市场渠道，很快公司就实现了销售额数倍的增长，在同行业中拥有了一定的知名度，也因此得到了投资机构的认可。

冯纲见时机成熟，准备进行市场扩张，但这需要大量资金支持。在发布融资意向后，先后有3家投资机构以认股的方式向公司注入资金，共获得25%的股份。两年后，这3家投资机构再次注入资金，进一步促进了公司的飞速发展。

分析 风险投资的一个特点是分期投资，当企业获得投资机构的风险投资后，如果收益状况良好，那么可能继续获得下一阶段的投资。

3 私募股权投资

私募股权（private equity，PE）投资是指通过私募形式对私有企业，即非上市企业进行的权益性投资。这种投资方式在交易实施过程中附带考虑了将来的退出机制。私募股权投资目前在我国发展迅速，已成为非上市企业重要的融资方式之一。私募股权投资具有以下特点。

（1）高回报。私募股权投资是对非上市企业的股权投资，因其流动性差被视为长期投资，所以投资者会要求高于公开市场的回报。

（2）没有上市交易。因为没有现成的市场供非上市企业的股权出让方与购买方直接达成交易，所以有投资意愿的投资者和需要投资的企业必须依靠个人关系、行业协会或中介机构等对接并合作。

（3）深度合作。对于新创企业来说，私募股权投资可能给企业带来管理、技术、市场和其他需要的专业技能。如果投资者是大型知名企业或著名金融机构，其名望和资源在企业未来上市时还有利于提高上市的股价。

（4）资金来源稳定。相对于波动大、难以预测的公开市场，私募股权投资对企业而言是更稳定的资金来源。

（5）保密程度高。在引进私募股权投资的过程中，企业可以对竞争者保密，因为信息披露仅限于投资者，而不必像上市那样公之于众。

二、初创企业融资技巧

为了促进初创企业融资的顺利进行，创业者还需要掌握一些融资技巧，以推动融资的迅速实现。

（1）利用众筹平台。作为互联网金融的新兴方式，众筹为大众创业提供了一定的试错验证机会。创业团队可以将自己的创业理想、项目等发布于众筹平台，通过用户的支持率数据等验证自己的创业能否被大众接受。若众筹成功，创业团队就可获得创业资金，促进产品变现，该方式比较适合产品创意类创业项目。

扫一扫

获取创业资本的
融资技巧

（2）参加孵化器或加速器项目。我国各地都建设了各种创业孵化器、加速器，如创业园、孵化园、众创中心等，可以为创业者提供创新创业支持，如帮助初创企业建立计划、获得指导，并与投资者对接，或者提供初期资金支持等，可以促进创业项目孵化。例如，红杉中国成立创业加速器YUÈ，为处于天使轮到A轮的创业者提供红杉独家研发的体系化创业课程和资源服务，帮助其创业成功。

（3）提前了解投资方。不管是面对投资机构，还是天使投资人，新创企业最好能做到知己知彼，了解对方之前的投资历史、投资偏好与特点等，因地制宜，展示自己项目中投资人感兴趣的内容，这样更容易获得投资。

（4）做好前期准备。新创企业切忌盲目融资，而不进行融资资金规划。这种没有目的的融资难以获得投资人认可。最好是准备详细周到的创业计划书，对企业、产品、服务、痛点、市场、竞争、运营、团队等方面进行介绍，使投资人了解你的创业项目。除此之外，还要通过数据展示投资人可获得的投资收益，以实际利益打动对方。

（5）融资介绍要到位。获取融资时，创业者要站在投资人立场，对其重点关心的问题进行介绍，使投资人产生共鸣。另外，要善于运用图表等素材，辅助表达，使自己的讲解更加生动，增强讲解的感染性，以增强投资人投资的兴趣。

课后思考与练习

1. 若你想创业，可以通过哪些途径获取什么创业资源？试着结合自身情况进行说明。

2. 假设你是一位短视频或直播博主，拥有数量庞大的"粉丝"，你想依靠"粉丝"实现变现（依靠"粉丝"获得收益），你会怎么整合和利用外部资源，达成自己的目的？

3. 以一个企业为例，分析其融资经历，并谈谈你从中获得的启发。
企业融资经历：

_____

_____

_____

_____

你的启发：

_____

_____

_____

_____

4. 阅读分析以下案例，回答问题。

恩达的农场有一个废弃的煤矿，煤矿穿过农场形成了巨大的污水坑，并且产生了大量沼气，因此煤矿遭到弃用。恩达的农场也被沼气破坏了，无法进行耕种。失去了农场收入的恩达没有放弃，与合伙人一起挖了一个直通矿井的洞，这样沼气就能从洞里涌出。然后他们又从本地工厂购买了一台二手柴油发电机。发电机经过简单改造，能够燃烧沼气。发电机被架在洞口利用沼气发电，大部分电力通过翻新的变压器卖给本地电力企业。考虑到发电机在使用过程中会产生大量的热，他们利用发电机的冷却系统建造了一个温室，用于无土栽培番茄。

恩达没有蓄电设备，于是在非用电高峰期时，他用生产出的电点亮特制的灯泡，用于加速番茄生长。考虑到温室里有种植番茄的水、免费的热能，恩达决定养殖罗非鱼。他用种植番茄的水养鱼，并将鱼的排泄物作为番茄的肥料。最后，倘若还有多余的沼气，他就将其卖给一家天然气企业。

（1）恩达采用了什么创业资源整合策略？他是如何整合创业资源的？

_____

_____

（2）你还了解哪些整合创业资源的方法？举实例说明。

_____

_____

实战篇

学习提示

创新创业实战篇以大学生创业项目的落地为前提，对大学生创业者撰写项目计划书、路演、开办企业、管理新创企业、参与创新创业大赛的相关知识进行了详细梳理，为大学生创业者获取外部投资、开办和管理新创企业、参与创新创业实践并获得项目孵化机会提供指导。

CHAPTER 07

项目七　项目计划书的撰写与项目路演

本章学习目标

（1）知识目标：了解普通项目计划书的基本结构、编写要求、主要内容和撰写技巧，熟悉项目路演的准备工作、演讲与展示内容，以及关联 PPT 的制作与展示技巧。

（2）技能目标：能够按要求撰写项目计划书，能够制作创业项目路演 PPT，并顺利开展各类项目路演活动。

（3）素质目标：以严谨、认真的态度完成项目计划书的撰写，了解项目计划书整体的逻辑及各部分之间的关联，增强审美意识，使制作的 PPT 更精美并更具针对性。

引例

更胜一筹的创业者

随着生活水平的提高，人们更加关注饮食健康，绿色无公害食品备受人们欢迎。某高校的一支大学生创业团队看中了生态养殖项目的前景，想要以此获得资金创业，于是寻找投资者，对当前生态养殖的优势与前景，以及可能获得的收益等进行了介绍，希望获得投资。然而事与愿违，投资者并未被打动。在投资者看来，生态养殖固然存在商机，但是这个项目并非只有这支创业团队才能实施，所有的创业者都处于同一起跑线的起点，他们并没有明确表明这个项目能取得成功的关键——养殖技术优势及具有竞争力的商业模式等。

恰巧找上该投资者的另一个团队同样看中了生态养殖的前景。不同的是，他们事先编写了详细的项目计划书，项目计划书中明确表述了其生态养殖项目的技术方案、养殖方式、厂房与设备建设、市场营销策略、副产品开发、销售渠道等，并附上了团队在这方面的尝试与优势说明。这些表述为这份项目计划书加了不少分，最终这支创业团队获得了投资者的青睐。

项目计划书是创业者进行融资的必备资料，其质量决定了投资的成败。当大学生创业者选定了创业目标与项目，并在技术、市场等诸多方面做好准备之后，就需要撰写一份详细的项目计划书。这样不仅能帮助大学生创业者清楚并坚定自己的创业目标、创业内容，还可以作为说服他人合资、入股的工具。在创业实施过程中，项目计划书还可以帮助大学生创业者厘清思路，使企业顺利度过起步阶段。

任务一　项目计划书的创作思路

项目计划书是一份关于创业者计划开展业务内容的书面呈现，用以描述创办一个企业所有相关的外部及内部要素，包括对商业前景的展望，人员、资金、技术等各种资源的整合，以及经营思想、战略等全部信息。项目计划书是创业企业市场营销、财务、生产、人力资源等职能计划的综合体现，主要解决的是"我们是谁""我们现在在哪里""我们将去哪里""我们如何到达那里"等问题。项目计划书的写作要基于创业活动全方位考虑，写作前，创业者需先了解项目计划书的基本结构、编写要求，再具体设计其内容。

一、项目计划书的作用

（一）帮助创业者进行合理评估，厘清创业思路

在创业融资之前，项目计划书是给创业者自己和核心团队看的。办企业不是儿戏，需要真金白银的投入，创业者应该以认真的态度对自己拥有的资源、已知的市场情况和初步竞争策略进行尽可能详尽的分析，并提出一个较完整的行动路线图，通过制订计划做到心中有数。另外，项目计划书还是创业资金准备和风险分析的必要手段。对于初创企业来说，项目计划书的作用尤为重要。一个尚在酝酿中的项目往往"面目"模糊，通过项目计划书，先把正反面因素写下来，再逐条推敲，创业者就能对这一项目有更加清晰的认识。

（二）帮助创业者凝聚人心，进行有效管理

一份完备的项目计划书可以增强创业者的自信，使创业者明显感到企业更容易控制，从而对经营更有把握。因为项目计划书介绍了企业的现状并规划了未来发展的方向，也为企业提供了良好的效益评价体系和管理监控指标。尽管市场变化经常发生，创业计划也会根据市场变化适当调整，但是撰写过程本身也非常重要。它使团队成员团结一心，为了共同目标而努力；同时，在撰写项目计划书的过程中还能发现团队中可能存在的问题，通过论证使团队成员更加团结、配合更加默契，使团队核心成员和创业者保持统一的行动方向。因此，项目计划书的撰写过程和创业计划本身同样具有价值，是使创业目标变为现实的重要途径，是使团队成员了解企业目标、完成企业计划的重要措施。

（三）帮助创业者对外宣传，获得必要融资

项目计划书作为一份全方位的项目计划，它是对即将展开的创业项目进行可行性分析的过程，也是向投资人、银行、客户和供应商宣传拟建的企业及其经营方式，包括企业的产品、营销、市场及人员、制度、管理等各方面的媒介。实际上向创业者索要项目计划书的组织数量一直不断上升。越来越多大学或社会团体主办的创业园和商业孵化机构要求候选企业提供项目计划书。研究表明，项目计划书的质量和初创企业获得融资之间成正相关关系。作为一种推销性文本资料，项目计划书有助于企业提高自身可信度，尤其是在由大学、教育部、团中央及一些基金组织举办的创业大赛中

获奖的创业计划书及其相关项目，更容易受到投资者的关注。

二、项目计划书的基本结构

项目计划书是非常严肃的书面材料，有着严格的语言规范、完整的内容和合理的结构。一份完整的项目计划书通常包括封面、目录、计划摘要、正文和附录等主要板块，各板块又包含不同的内容。

扫一扫

创业计划书封面

（一）封面

封面是项目计划书的第一页，也是合伙人、投资者等最先看到的页面。一般来说，项目计划书的封面设计要给人以美感，好的封面会使阅读者对项目计划书产生良好的第一印象。同时，封面中也要对项目计划书的基本信息进行展示，包括项目名称、团队、主要联系方式等。如果创业者已经成立企业或已经研发出主要产品，也可以将企业 Logo 和主要产品展示在封面中。某项目计划书封面如图 7-1 所示。

★做一做　自己动手设计一个具有鲜明特色的项目计划书封面。

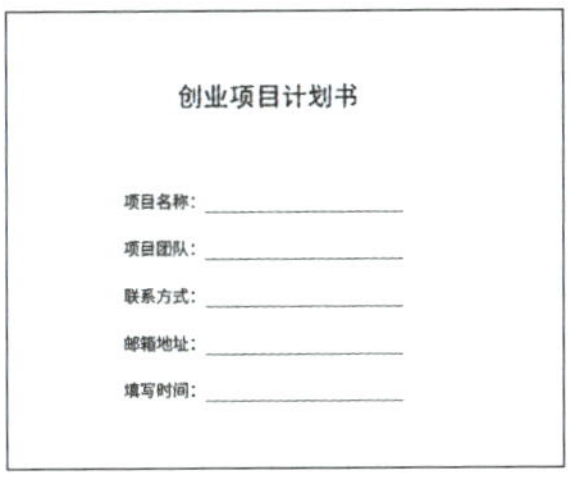

创业项目计划书

项目名称：

项目团队：

联系方式：

邮箱地址：

填写时间：

图 7-1　某项目计划书封面

（二）目录

当项目计划书的篇幅较长、内容较多时，就需要在正文之前展示项目计划书的目录。一方面可以方便阅读者快速定位和翻阅自己想了解的内容，另一方面可以系统展示整个项目计划书的内容和结构。图 7-2 所示为某项目计划书目录结构示例。

目录

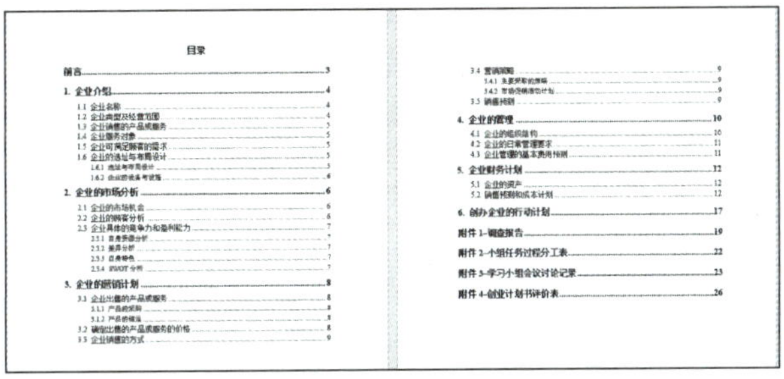

图 7-2　某创业计划书目录结构示例

（三）计划摘要

计划摘要也称执行概要、前言等，往往写在正文之前。计划摘要涵盖创业计划的精华和要点，要求一目了然，以便投资者能在最短的时间内评审计划并做出判断。

（四）正文

正文是项目计划书的主体部分，也是具体描述项目规划的部分。项目计划书中关于企业、产品、市场、竞争、财务、团队、风险等的描述，都是在正文中体现的，因此正文部分也是创业者花费精力最多的部分。

（五）附录

如果创业者在撰写项目计划书的过程中做过相关调查，收集了相关数据，进行了评估等，并在项目计划书中引用了相关内容，就可以将这些信息作为附录置于项目计划书的最后，作为项目计划书中相关结论的数据凭证，方便阅读者查看。

三、项目计划书的编写要求

项目计划书是为创业项目制定的一份完整、具体、深入的行动指南书，是呈现创业构想的载体。

一份数据真实、计划可行的项目计划书应目标明确、逻辑清晰、符合客观实际、体现市场导向、突出竞争优势、展示团队协作，这样不仅可以帮助创业者厘清创业思路，还可以更清楚地向投资者展示创业项目的竞争优势及投资者可以获得的利益，使投资者对项目产生兴趣。

（一）目标明确

项目计划书首先应该体现明确的目标性，如体现整体目标或阶段目标。整体目标一般是基于现状对未来创业收益的一种预测，阶段目标则是项目计划各个实施阶段的主要目标，包括短期目标、中期目标与长期目标。明确项目目标可以使创业者、投资者、合伙人等明确项目的发展方向和可能性，从而对整个项目的价值进行评估。

（二）逻辑清晰

一份优秀的项目计划书应尽可能地全面完整、充实完善，为阅读者展示一个可预期的企业发展蓝图，同时在不泄露商业机密的前提下提供相应的指标参数，使预估与论证相互呼应、前后一致，体现出较强的逻辑关系。

（三）符合客观实际

一份较为全面、完善的项目计划书需要建立在充分的市场调研基础上，力争做到各项预估符合客观实际，从而为项目计划书提供可靠的数据支撑。这样才能保证项目计划的实用性和可行性，使投资者更加信服。

（四）体现市场导向

一个创业活动能否成功，主要取决于其能否满足市场需求。市场对项目所提供产品（服务）的需求越高，项目的潜力就越大，投资者的投资意愿就越强。因此，创业者在撰写项目计划书时，应该重点展示项目计划的市场导向，说明项目计划是根据市场需求进行的生产经营活动的安排，以满足消费者的需求为目标，可以获取较大的利润。

（五）突出竞争优势

创业者撰写项目计划书的目的之一是为投资者、合伙人等提供决策依据，从而顺利获取项目资源。因此，项目计划书应尽可能地呈现企业或产品的竞争优势，显示创业者创造利润的强烈愿望，并明确投资者预期可以获得的报酬。与此同时，创业者也不能忽视获取投资的过程中可能遇到的困难，不能一味地强调投资的优势和机遇，而忽略潜在的不足与风险。

（六）展示团队协作

很多时候，投资者选择投资项目时不只关注项目的价值，更看重创业团队能否将项目构思变为切实的项目成果。通常创业团队的素质越高、能力越强，投资者的投资意愿越强烈。因此，为了获取项目资源，创业者还应在项目计划书中展示创业团队的成就、能力和素质，展示整个创业团队的协作性，以提高投资者对创业团队的信任度。

精选案例

后知后觉的杜宇

杜宇在室内环境污染治理方面取得了一项重要突破。这项技术如果在实际中得到应用，前景将非常广阔。于是，杜宇准备自己创业，并用积蓄注册了一家公司。但后续还需要一笔创业启动资金，以支持企业的后续运营。

无奈之下，杜宇想到了风险投资基金，他希望通过引入合作伙伴的方式走出困境。为此他多次与风险投资机构或个人投资者接洽商谈。虽然他反复强调自己的技术先进，应用前景广阔，并保证投资回报，却总是无法使投资者信服。对于投资者问到的很多数据，如市场需求量具体有多少、一年可以有多少销售量、投资后年回报率有多高等，杜宇都无法回答，因为他并没认真搜集、计算和预测这些数据。

　　这时，一位朋友用一句话点醒了杜宇："你的那些技术有几个投资者搞得懂？你连一份像样的项目计划书都没有，怎么让别人相信你？投资者凭什么相信你？"醒悟后的杜宇立即向相关专家请教咨询，并查阅了大量的资料，最终静下心来，从公司的经营宗旨、战略目标出发，对公司的技术、产品、市场销售、资金需求、财务指标、投资收益、投资者的退出机制等方面进行了分析和论证……两个月后，杜宇终于拿出了一份项目计划书。这份项目计划书引起了一位投资者的兴趣，在与杜宇深入交谈后，他向杜宇的公司投资了一笔可观的资金。有了资金支持，公司运营走上了正轨，很快年利润就突破了 500 万元。

　　分析　一份详细、优秀的项目计划书可以使投资者全面了解投资项目、评估项目的可行性。有志于创业的大学生应清楚地认识项目计划书的重要性，掌握其撰写方法。

四、设计项目计划书的内容

　　项目计划书中，计划摘要和正文部分是投资者关注的重点。计划摘要便于投资者快速了解创业项目的要点，正文部分则是对整个创业项目的全面阐述，包括企业描述、产品或服务、竞争分析、创意开发、创业团队、财务分析、风险分析和退出策略等内容。设计好正文内容，有助于投资者全面深入了解整个创业项目，帮助和推动创业者后续的创业活动。

（一）计划摘要

　　计划摘要是项目计划书内容的精华，往往在撰写项目计划书的最后阶段完成，却是投资者最先看到的。一般而言，计划摘要可以描述公司概况、管理者及其组织、主要产品和业务范围、市场概貌、营销策略、销售计划、生产管理计划、财务计划、资金需求状况等重点内容。创业者在撰写计划摘要时要反复推敲，阐述整个计划的要点，以便在短时间内给投资者留下深刻印象。

　　（1）概述项目的亮点。采用具有吸引力的语言解释为什么该项目是一个商机，该项目有哪些具有价值的创新之处等。通常可以直接、简练地描述解决某个重大问题的方案或产品。

　　（2）介绍产品或服务。首先，清晰描述消费者当前面临的或未来将面临的某个重大问题；其次，说明该项目将怎样解决这个问题。最好采用通俗的语言描述公司的产品或服务，尽量不要使用各种专业术语。

　　（3）介绍项目的前景。用科学、客观的语言简要描述市场规模与增长趋势，以及该项目的广阔前景。要有调查、有结论、有数据，必要时也可对调查的局限性进行说明。

　　（4）分析竞争对手。主要描述该项目的竞争优势和核心竞争力。当面对竞争对手时，创业团队预先设计了什么样的解决方案，每种解决方案有什么优势与劣势等。此外，对如何保持该项目的核心竞争力也应该进行简短描述。

　　（5）介绍团队。用简洁的语言展示创业者和核心管理团队的背景及成就。注意不要用一些套话，比如"李萧，有 8 年的新媒体运营管理经验"，比较理想的描述为"李萧，曾在互联网公司从事 8 年数据存储方面的 144 项研究"。

　　（6）分析财务情况。一般使用表格（如现金流量表、资产负债表、利润表）将公司未来 1～3 年的核心财务指标展现给投资者。

　　（7）融资说明。陈述该项目期望的融资金额、主要用途及使用计划等。例如，融资 100 万元，出让 10% 的股权，用于购买新设备。

精选案例

一个室内绿化项目的计划摘要

一支大四学生创业团队看中了一个室内绿化项目。为了获取投资者的关注，他们以该项目参加了本地各高校联合举办的创新创业大赛。评委中有一位投资人，几乎是只看了计划摘要，就对该项目产生了投资兴趣。其计划摘要内容如下。

（1）项目简介。本公司着力打造"人与自然"和谐共处的居住理念。随着社会经济的发展，人们的居住条件得到了改善，但其生存环境不断恶化，尤其是装修污染问题日益严重。目前，在新装修的房屋中，绝大部分的室内环境都达不到国家环保的标准，而由于室内空气污染引起的支气管炎患者、呼吸道疾病患者及白血病患者的数量也在不断增加。如何通过室内绿化设计达到美化环境、消除污染的目的，成为人们在装修房屋时最关注的问题之一。

（2）产品介绍。通过室内绿化项目，消费者可以在健康与舒适的环境中生活，减少因室内空气污染而患病的风险。

（3）竞争优势。绿化环保产业是国家重点扶持和重点发展的产业。目前，市场上还没有将室内绿化设计与植物的特效功能（如清除有害气体等）联系在一起的公司，该领域处于市场空白阶段。另外，各地方政府对该产业有相关补贴政策。

（4）财务情况。项目初始投资100万元。经过3年的发展，公司营业收入及利润将逐年递增，第5年时，营业收入将达到460万元，税后利润将达到120万元。

（5）团队介绍。创业团队由一群充满激情与创新精神的大学生组成，该团队拥有园林植物与观赏园艺专业的研究生、技术经济及管理专业的研究生，以及植物相关专业的本科生，整个团队对绿化项目的推进和发展充满了热情与信心。

通过这份计划摘要，该团队不仅使投资者明白了该项目的商业价值，还清楚地介绍了所提供的产品，以及该产品是如何解决消费者问题的。在后续的路演中，由于该项目团队成员表现优异，且项目可行性强。该项目不仅成功获奖，更赢得了一些投资者和企业的支持。

分析　材料中的项目团队凭借计划摘要赢得了投资者的进一步关注，由此可见，一份优秀的计划摘要在吸引投资者兴趣方面的重要性，创业者在写作项目计划书时，要充分发挥计划摘要的作用。

（二）企业描述

项目计划书的正文从企业描述开始。企业描述一般是对企业总体情况的说明，包括企业简介、创业背景、使命陈述、产品和服务、企业现状、启动资金、法律性质和所有权、选址等内容。

（三）产品或服务

投资者最关心的问题之一是项目的产品（服务）是否具有新颖性、先进性、独特性和竞争优势，以及该产品（服务）能否解决及多大程度上解决现实生活中的问题。项目计划书中的产品（服务）介绍应提供所有与企业产品（服务）有关的细节，以及企业所有调查的内容，表7-1所示为产品介绍的大致内容。

表7-1　产品介绍的大致内容

项目	具体例子
产品的概念、性能及特性	产品名称、类型、规格、材质、大小、属性、功能等，如果产品的制造、设计、工艺等具有创新性，还需介绍产品的创新、创意等
产品的研究和开发	物料需求计划、产品制作、技术设备、新产品投产计划、技术提升和设备更新要求、质量控制和质量改进计划等

续表

项目	具体例子
产品的目标人群	目标人群的特点、类型、行为偏好、需求、痛点等
产品的竞争力	产品的优势与劣势、与竞争产品的对比等
产品的成本与售价	产品的制造成本、销售成本、其他成本等，以及产品定价
产品的市场前景	预测产品的市场规模、销售额等
产品的品牌与专利	产品品牌名称、Logo、产品获得的专利等

注意，产品（服务）介绍要用词准确、通俗易懂，尽可能少用专业术语，使不是专业人员的投资者也能看明白。最好附上产品原型、照片或其他介绍内容，以提高内容的表现力。另外，在介绍产品时，也可将产品参数制成表格，以便投资者阅读、理解，表 7-2 所示为通过表格对产品参数进行的描述与展示。

表 7-2 某产品参数表格

产品				
名称	名称 1：		名称 2：	
规格	大小：	颜色：		材质：
包装	一般包装：		特殊包装：	
售后				

（四）竞争分析

项目的竞争优势会影响该项目未来的发展情况，以及该项目的投资收益等，因此竞争分析也是投资者非常关注的问题之一。由于项目类型不同，其竞争优势也体现在不同的方面。例如，技术产品类的项目需要具备技术、生产等方面的优势，服务产品类的项目则需具备服务质量、售后质量等方面的优势。总的来说，不管是什么类型的项目，一般都需要对其所属的行业、市场等进行分析，明确项目的总体优势。

1 行业分析

行业分析即对项目所属行业进行分析。在进行行业分析时，应该正确评估项目所属行业的基本特点、竞争状况及未来的发展趋势等内容，清楚地预测和说明该行业的发展趋势、总体规模、竞争情况等。

2 市场分析

市场分析即在行业分析的基础上，对未来的市场规模、市场潜力、产品销量等进行预测和分析。在进行市场分析时，应重点对市场现状、竞争厂商、目标消费者和目标市场、本产品的市场地位、市场细分和特征等情况进行预测和分析。此外，可以重点分析目标消费者的具体需求和主要竞争产品的优势及劣势。

（五）营销计划

营销计划即针对产品、市场等情况，分析项目适合采取的营销策略，并制订相应的计划。营销策略应包括细分市场的选择、营销渠道的选择、营销队伍的组建和管理、促销计划、广告策略及价格策略等内容。由于营销策略受到各种因素的影响，变数较大，所以创业者应该为其留出调整的余地，全方位考虑可能出现的不同营销状况，并针对各种情况准备多种营销预案。

（六）创业团队

在介绍创业团队时，创业者需要分别对管理人员、核心成员等进行介绍，介绍他们具有的能力、职务和责任、过去的详细经历及背景等。在介绍企业管理团队和企业组织结构时，创业者可提供企业组织结构图，并分别介绍企业组织结构中各部门的功能和职责、各部门负责人及主要成员、企业薪酬体系、企业股东名单（包括认股权、比例和特权）、董事会成员、董事会成员的背景资料等。

（七）财务分析

财务分析是对项目资金运作情况进行分析，如资金需求分析、资金投入计划分析、收入预测分析、成本预测分析、利润预测分析等。投资者根据财务分析可以初步判断项目未来经营的财务状况，进而判断其投资能否获得理想的回报。

如果项目已经经过了前期的初步运营，则在项目计划书中也可以展示现金流量表、利润表及资产负债表等主要财务报表，说明项目前期的运营状况。其中，现金流量表可以说明项目目前的现金流情况，利润表可以反映项目目前的盈利状况和经营成果，资产负债表用于衡量项目目前的经营状况及可能的投资回报率。

产品销量决定盈利规模，而财务分析一般建立在产品销量预测的基础之上，因此创业者在撰写财务分析内容时，可以根据市场分析中对项目未来半年或一年销量的预测情况，真实、客观地对财务情况进行分析，不能为了吸引投资者的投资而高估收益。

（八）风险分析

在项目计划书中，创业者应阐明项目可能面临的各种风险，并且阐明为降低或防范风险所采取的各种措施。同时说明这些风险中哪些是可以控制的，哪些是不可控制的，哪些是需要极力避免的，哪些是致命的或不可管理的。投资风险被描述得越详细，交代得越清楚，越容易引起投资者的兴趣。

（九）退出机制

在创业初期，投资者的风险投资虽然可为项目提供资金，但对于创业企业来说，这并不是永久行为。为了增强投资者的投资意愿，创业者在争取投资者的风险投资时，还要为其考虑合适的退出机制，保证风险投资的相对安全性。退出机制一般应根据企业的实际运营情况而定，如并购退出、股权转让、创业团队回购、员工持股、清算退出等都可作为退出机制的一种形式。

★谈一谈 项目计划书正文的各个部分是否存在一定的逻辑关系？

任 务 二 项目计划书的撰写技巧

项目计划书的内容较多，要想给投资者留下深刻印象，还需对内容和页面等进行精心设计，增强其可读性和吸引力，以优化整体呈现效果。

一、5分钟原则

一般来说，风险投资人或创业竞赛的评审专家阅读一份项目计划书的时间为5分钟左右。他们关注的侧重点不尽相同，但不外乎计划书中有关业务和行业性质、项目性质（借钱还是风投）、资产负债表、团队、项目特色等内容。因此，创业者在撰写项目计划书时要对这几个方面给予足够重视。另外，要对摘要格外重视，摘要的语言要注重简洁，不要出现无意义的语句。

二、注重页面效果

在撰写项目计划书时，不要使用过于花哨的字体，如艺术字、斜体字等，避免给人留下不够严肃、不够正式的印象。另外，在项目计划书的细节处理上，要多花一些心思。例如，在项目计划书的封面和每一页的页眉或页脚加上设计精美的企业 Logo，这样可以体现出创业者的用心。

三、厘清结构布局

清晰的结构和布局可以使投资者快速找到他们关注的内容，增加他们对项目的兴趣。由于不同的阅读者对创业项目的关注点不同，因此创业者在撰写项目计划书时不能生硬套用固定模板，而应该根据不同的阅读者对结构和布局进行调整，突出重点。

四、说明运作模式

项目计划书虽然是基于创业的产品和服务而撰写的，但真正吸引投资者关注的却是整个创业项目、新创企业的运作模式。因此创业者既要描述产品的研发、产品的独特性、产品的生产成本和售价等基本信息，使投资者了解产品或服务的优势，也要完整地体现出良好、成熟的企业运作模式，增加投资者对创业项目的信心。

任 务 三　创业项目路演与 PPT 制作

路演是一种促进融资的重要活动，是创业者对创业项目的演讲与介绍，有利于投资者对项目的全方位了解，使其清楚项目的价值。目前，路演已成为创业者接触投资者、获得投资的重要手段。为了方便创业者进行路演，创业者还需要制作路演 PPT。

一、路演的准备工作

在正式进行路演之前，创业者需做一些准备工作，以提升整体呈现效果和影响力，使创业项目获得投资者的认可。

（一）可行性评估

可行性评估以项目计划书为依据，应当明确以下问题。

1　问题与解决方案是否匹配

问题与解决方案是否匹配决定了解决方案能否真正解决问题，目标消费者愿不愿意购买产品或服务。如果问题与解决方案不匹配，项目就得不到投资者的支持。

2　产品与市场是否匹配

产品与市场是否匹配主要探讨产品或服务能否顺利进入市场并持续发展。只有与市场匹配，产品或服务才能真正满足消费者需求，而没有市场的产品或服务也将失去成为项目的价值。

3　商业模式与资源是否匹配

创业项目的商业模式是否有足够的资源支撑，商业模式有多大的扩展性，也是投资者的关注点。创业项目的路演应当展现出该项目是否具有明显竞争优势，以及门槛与退出机制，这样才能确定投资者的获益空间。

（二）路演受众分析

路演的根本目的是吸引投资者。作为路演的受众，投资者也有不同的类型。大学生创业者应当根据新创企业的项目类型、项目所处的阶段及投资者关注的领域，选择合适的投资者，以增大吸引投资者关注项目的概率。通常意义上，对受众的分析应当考虑以下两个方面。

1 投资领域

不同的投资者有不同的关注领域。例如，有的投资者关注金融、生物科技、智能硬件、医疗及消费；有的投资者关注现代农业、教育、先进制造、工业互联网；有的投资者关注深度学习（人工智能分支）、企业服务、共享经济、体育；有的投资者关注无人驾驶、VR/AR（虚拟现实／增强现实）、电子商务、云计算、新能源等。当创业项目所在领域与投资者关注领域相匹配时，融资效率更高，融资成功的概率也更大。

大学生创业者可以关注投资者以往的投资案例，投资者的投资领域，以及投资者的报道、采访等，获取投资者的相关信息，确认自己的创业项目符合对方的喜好。

2 投资阶段

不同的投资阶段，投资者承担的风险及获得的回报也有所不同，这会影响投资者的投资决策。一般早期投资，投资者面临的风险更大，因为早期投资往往周期更长，这通常也意味着高收益。总之，投资者的投资规模、对企业的控制权和所要求的回报都会因投资阶段的不同而有所差异。

新创企业需要根据项目目前所处的阶段选择投资者，通常处于种子期、初创期的企业可以选择天使基金；处于发展早期、培育期、扩张期的企业可以选择风险投资基金，尤其是经营高新技术业务的小企业；处于成长期的企业，则适合寻求培育基金。

二、路演的演讲与展示

路演通常是数个创业者就自己的创业项目轮流向同一批观众展示，具有一定的竞争性，只有表现更优秀才能获得投资者的认可，因此创业者尤其要注意厘清路演演讲逻辑，对投资者关注的问题进行重点展示，使投资者可以快速从讲述中获取其需要的、有价值的内容。

（一）路演的演讲逻辑

在项目路演上，通常会有众多创业企业对融资展开竞争，而一个亮眼的开场更容易快速引起投资者的注意，甚至使其对创业项目产生兴趣，因此项目路演前半段的内容安排和讲解逻辑非常重要。

1 提出问题

提出问题是指演讲者首先应该提出具有社会共性或当前急需解决的问题。这样不仅可以引起投资者的兴趣，也可以为后面将要推介的项目或产品作铺垫。假设将要推介的产品是电动汽车，作为路演者，首先不必讲述产品有多么好，而是采用提问引出等方式说明现有产品的不足及电动汽车的重要性，使投资者意识到即将推介的产品是消费者需要的，是有市场前景的。

2 扩大问题

扩大问题即挖掘消费者的痛点，展示解决该痛点的紧急性和重要性。比如，描述石油危机引发油价上涨、温室气体排放引起全球变暖等客观情况，由此将问题扩大，加深投资者对项目或产品的印象。

3 解决方案

解决方案实质上是路演者在此次路演中要推介的项目。假设要推介的产品是电动汽车，此时路演者可以结合前面提出的问题，对产品的技术、市场、竞争能力、安全性、适用性等方面进行详细说明。

4 消费者见证

消费者见证即通过数据说明当前消费者对产品的信赖和支持程度。在项目路演中，如果能够通过数据证明产品的前景，则该创业项目更容易获得投资者的认可。当然，消费者见证并不是只能通过数据展示，消费者的真实反馈、评价等都可作为消费者见证的材料。

5 价值塑造

价值塑造是使投资者、消费者感觉产品物超所值。演讲者可以着重讲述产品的品质价值、概念价值、附加价值等，突出产品的优越性，也可以从侧面证明产品的市场竞争力。

（二）路演的展示重点

通常来说，商业路演的时间不会太长。在一些大学生创新创业比赛中，甚至会严格地将路演的时长限制在 10 分钟或 8 分钟以内，因此创业者必须尽可能地在有限的时间内展示重点内容，以最大化传递有效信息，吸引投资者的关注。

① 展示愿景

在路演中，创业者需要展示一个吸引人的大愿景，告诉投资者企业未来的发展方向。这个愿景可能很远，目前看来还有些不切实际，却可以体现该项目良好的发展前景，以及创业者坚持创业的自信、热情和志气。

② 展现竞争力

无论创业项目的产品或服务是否已经产生收入，创业者都需要在路演时向投资者展示该产品或服务已经拥有的竞争力。竞争力最显著的表现是利润或关键资源的获取量，如用户数量、销售渠道等。

③ 展现解决痛点的能力

所有出色的路演几乎都是围绕某个行业痛点展开的，创业者在路演中一定要表述清楚自己的产品或服务解决这一行业痛点的方法、资源与能力，一方面展现自己的实力，另一方面从侧面证明项目具有较强的可实施性。

④ 介绍团队构成

投资者很清楚一个强大的团队更能推出优秀的产品和品牌，并最终赢得市场。创业者路演时应该对自己的核心团队进行介绍，包括成员的工作履历、具体工作内容、重要成就等。

⑤ 阐述资金使用情况和财务规划

投资者很关心创业者获得投资后如何使用这笔资金，因此创业者要分析自己的资金使用情况，然后向投资者介绍企业运营成本、收入增长率、利润等详细财务规划，或者提出一个可预知投资回报率的营销策略，向投资者展示投资带来的收益。

为了取得更好的路演效果，演讲者要注意提前对演讲内容进行全面梳理，然后开展头脑风暴，厘清商业逻辑中容易被质疑、否定的部分，并针对现场可能遇到的提问（棘手问题）做好解答的准备。路演时，着装应大方、庄重、得体。讲述要生动，可以通过恰当的提问停顿、音量高低控制，或使用丰富的表情等感染、鼓舞观众，吸引观众的注意力，同时可增加与观众沟通的频率，使路演生动有趣、充满激情。路演前可以多进行模拟练习，寻找不同背景的听众，从不同角度提出问题，不断打磨项目。

精选案例

失败的路演

动漫设计专业的杨光，其专业技能十分过硬，大学期间获得了多个动画设计大赛奖项。大学毕业后，许多动漫、游戏制作公司都向他抛出了橄榄枝，但杨光都没有动心，因为他早就下定决心自己创业。他组建了自己的团队，创办了动漫工作室。为了获得投资，杨光提前撰写了一份详细的项目计划书，并在老师的推荐下参加了一个动漫有关合作方举办的线下分享会。分享会有行业投资人参加，因此专门设置了项目路演环节。为了保证路演效果，杨光将项目计划书背得滚瓜烂熟，但在正式演讲时，由于过于紧张，他多次忘词，频繁出现抓裤子、搓手等小动作，讲完之后才发现自己前面想重点讲的地方没有讲到位。在投资人提问环节，他思路不清晰，没有很好地回答投资人的问题，也没有陈述清楚项目的价值，最终遗憾而归。

分析 杨光在路演过程中，没有讲到自己想讲的重点，也没有较好地回答投资者的提问，这是准备不足的表现。建议创业者在路演前梳理好整个路演内容，并明确演讲重点，放平心态，提前进行多轮次的演练，以更好地完成路演展示，应对投资者提问，提升路演效果。

三、PPT 制作与展示

因为路演时间有限，因此，创业者最好使用 PPT 展示创业项目核心内容，从而使投资者尽快对项目产生兴趣。项目路演的 PPT 制作通常可以遵循 6-6-6 法则，即每行不超过 6 个词语，每页不超过 6 行，连续 6 页文字内容之后需要一个视觉停顿（采用带图表的 PPT）等；一场 5 ～ 8 分钟的路演 PPT 最好不超过 12 页（不包括标题页和致谢）。

表 7-3 所示为推荐的路演 PPT 内容模板，PPT 共计 12 页。展示 PPT 往往从标题幻灯片开始，该页应包括企业名称和 Logo、创始人的姓名和联系方式等内容。

表 7-3 项目路演推荐的展示 PPT 模板

PPT 页码	核心内容	内容安排
1	概述	简单说明产品或服务，或该项商业活动带来的潜在收益（经济效益、社会效益）等
2	问题（痛点）	说明亟待解决的问题（问题在哪儿？为什么会出现该问题？如何解决该问题？）和通过调查证实的问题（潜在顾客的需求是什么？专家有哪些建议？问题的严重性如何？）
3	解决办法	说明企业解决方案与其他解决方案相比的独特之处；展示本企业的解决方案在多大程度上可以改变顾客的生活，以及企业的解决方案有什么进入壁垒
4	机会和目标市场	要清楚定位企业具体的目标市场，对目标市场的广阔前景进行展望；通过图表的方式展示目标市场的规模、预期销售额和预期市场份额等信息，说明拟采取什么方式实现销售计划
5	技术	介绍技术、产品或服务的独特之处，对技术的描述尽可能通俗易懂，切忌使用专业术语进行陈述；展示产品的图片、相关描述或者样品，如果产品已经试生产成功，则最好展示样品；说明可能涉及的知识产权问题及企业采取的保护措施
6	竞争分析	详细阐述直接、间接和未来的竞争者，展示项目计划书中的竞争者分析，说明与竞争对手相比的竞争优势
7	市场和销售	描述总体的市场计划、定价策略、销售过程及销售渠道，说明顾客的购买动机、企业激起顾客购买欲望的方法，以及产品或服务如何到达最终顾客手中
8	管理团队	介绍现有管理团队（团队成员的背景和专长，以及其在企业中将发挥的作用，如何进行团队合作等），说明管理团队存在的缺陷或不足，如果有顾问委员会，最好加以介绍
9	财务规划	介绍未来 3 ～ 5 年企业总体的盈利状况、财务状况及现金流状况，尽量将规划的内容显示在一页上，而且只显示总体数据，同时做好回答与数据相关问题的心理准备
10	现状	用数据突出已经取得的重大进展，介绍启动资金的来源、构成和使用情况，介绍现有的所有权结构，介绍企业采用的法律形式及其原因
11	财务要求	如果有融资计划，介绍想要的融资渠道及筹集资金的使用方式，同时介绍资金筹集后可能取得的重大进展
12	总结	总结企业、团队最大的优势，同时介绍企业的退出策略，并征求反馈意见

为了提升 PPT 的整体视觉效果，给受众带来良好的视觉体验，路演 PPT 整体还应做到：风格清晰；主色调不超过 3 种；多用表格、图片、形状、动画、多媒体等对象，少用大段文字等。图 7-3 所示为某路演 PPT 示例。

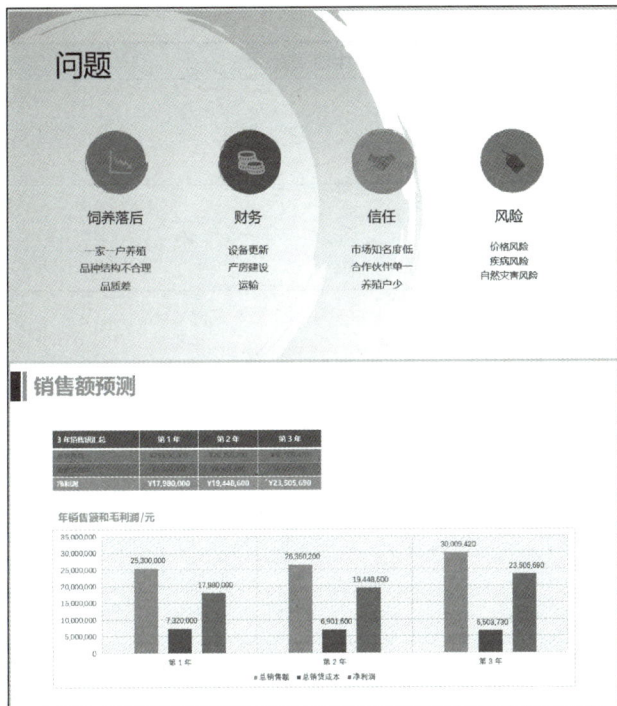

图 7-3　路演 PPT 效果展示

课后思考与练习

1. 作为一份规范、专业的文件，项目计划书往往由对项目十分了解的人编写，你认为由谁编写项目计划书比较合适？

2. 假设学校愿意在校内以极低的价格提供一处面积为 30 平方米的房屋作为大学生创业开店的门店，要求有意向的大学生提交项目计划书，择优选择一个项目获得门店使用权。你会以怎样的创业项目去竞争，请你据此填写表 7-4 所示的项目计划书。

表 7-4　项目计划书内容设计

分析项目		分析结论
基本信息	创业项目名称	
	企业名称	
	企业类型	□个体工商户　□个人独资企业　□合伙企业 □有限责任公司
	企业经营范围	
	商业模式（盈利模式）	

续表

计划摘要			
项目概要			
产品与服务			
项目前景			
项目团队			
运营情况			
竞争情况			
财务状况	预计成本		
	预计投资额		
	预计营业收入		
	预计营业利润		
	预计净利润		
融资说明			

3. 假设需要根据该创业项目进行路演，请根据项目计划书设计路演 PPT，并完成该创业项目路演。

4. 阅读分析以下案例，回答问题。

如下为某生鲜农产品项目计划书的内容。

本项目致力于打造一条沟通消费者、中间商、线下生鲜商店、企业客户的完整农产品销售链，为消费者提供新鲜、健康、实惠的农产品。本项目并不生产生鲜农产品，也不储存生鲜农产品，只销售原产地的生鲜农产品，使消费者可以用实惠的价格买到高品质的生鲜农产品。

为了促进生鲜农产品线上线下渠道协同发展，项目团队开发了线上新零售商城，上线了直播社区团购系统，可以在全国各地培养分销"团长"，进行农产品的推广和销售。同时，项目团队也与××城市的部分生鲜商店形成了合作关系，开发了合作分摊模式，保证了各种生鲜农产品的销货量。

① 项目优势。借助互联网实现轻资产运营，产品供应端有保障、产品需求端有把握。

② 运作模式。对初级生鲜农产品供应端的资源进行整合和优化，利用互联网新零售技术提高生鲜农产品的销售效率。

③ 项目进展。已对接部分产品供应端和产品需求端；已获得物流服务支持；已拥有与项目产品相关的"粉丝"数超 2 万的微信公众号、短视频号；已完成线上零售商城的开发……

④ 竞品分析。本项目拥有操作和推广都十分方便的新零售商城小程序，一定规模的私域流量，目前可以利用已有优势迅速建立线上社群等，培养各地分销商；产品的质量、品类、数量等有保障；借助互联网线上销售实现轻资产运营。相关竞品尚没有形成较完善的销售链，仍然采用传统零售思维，规模较小。

⑤ 项目团队。××技术人员，从事互联网技术研发多年，有丰富的互联网产品开发和维护经验。

××运营人员，从事互联网运营多年，有丰富的线上线下营销经验。××设计人员，从事平面设计多年，设计能力突出，曾负责××的页面设计。××文案人员，从事新媒体运营多年，曾负责××的微博、微信公众号、社群等运营工作。

⑥ 融资计划。融资方式——股权融资；融资金额——200万元～1000万元；融资用途——主要用于产品维护，以及线上线下的推广引流。

⑦ 产品展示……

（1）你如何评价这份项目计划书的内容？

_____

_____

（2）如果你是投资人，你会被这些内容打动吗？如果你是创业者，又会如何设计该项目的项目计划书？

_____

_____

_____

CHAPTER 08

项目八　新企业的创办与管理

本章学习目标

（1）知识目标：熟悉企业组织形式、企业选址原则及申办流程，设计企业组织结构，建设企业品牌等相关知识，了解新创企业营销管理和人力资源管理的工作内容。

（2）技能目标：选择合适的企业组织形式，能够基于具体的创业项目进行企业选址、为企业设计组织结构等，并熟练掌握初创企业营销管理与人力资源管理的相关操作。

（3）素质目标：提升自身决策能力，能够完成企业创办的相关决策与实践；培养筹划能力，对新创企业管理工作做好规划与安排。

引例

新创企业的管理

"嘉映"是一家由大学生团队创立的互联网科技公司。短短几年间，"嘉映"就取得了优异的成绩，并成功拿到了2000万元的A轮投资，成了新生代互联网公司的翘楚。

"嘉映"的成功离不开其先进的管理体系。在人员招聘上，"嘉映"奉行"简化流程、关注核心要素"的原则，将招聘流程简化为简历筛选、多维面试两大过程。首先，由部门负责人负责专业知识领域的面试；其次，由公司首席执行官负责应聘者价值观面试，考核应聘者的抗压能力、团队协作能力、对自己的未来是否有规划，能否为公司创造长远的价值等方面；最后，由人力资源部门与应聘者共同确认薪酬福利。"嘉映"以绩效考核为基础激励手段，将绩效考核指标分为几大部分，分别是任务达成（占60%）、执行力（占15%）、职业素养及团队协作（占15%）、员工行为规范（占10%），以此综合考查员工的工作情况。同时，"嘉映"在创业之初就建立了完善的薪酬福利制度，根据考核结果实行动态工资调整。此外，公司岗位薪酬工资实行"一岗一薪""一岗多薪"，给予有能力者更多的发展空间，实行能者多劳、多劳多得的薪资制度。

"嘉映"通过创新的、符合公司需要的人力资源管理手段，营造了良好的工作环境与氛围，提升了公司整体效益。

成功的创业团队大多会走向"企业"形态，在这个过程中会接触企业创办与管理的相关工作。上述案例就体现了该创新公司在人力资源管理方面展开的相关工作，且其管理颇具成效。对于创业者而言，想使创业事业有一个圆满的结局，就要完成从创业团队到企业的转变，并通过科学的企业管理，推动企业有序运转。

任务一 从团队到企业的转变

创业团队的总目标是通过完成创业阶段的技术、市场、计划、组织、管理等各项工作实现企业从无到有。因此创业活动发展到一定阶段后，创业团队需要实现从团队到企业的转变，使整个创业活动步入更加规范的新阶段。

一、选择企业组织形式

企业一般是指以盈利为目的，以实现投资人、客户、员工、社会大众的利益最大化为使命，运用土地、劳动力、资本、技术和企业家才能等各种生产要素，向市场提供商品或服务，实行自主经营、自负盈亏、独立核算的法人或其他社会经济组织。企业具有不同的组织形式，各具优势与劣势，常见的企业组织形式包括公司和非公司企业两类。

（一）公司

公司是依照《中华人民共和国公司法》（以下简称《公司法》）在中国境内设立的以营利为目的的企业法人，是适应市场经济社会化大生产需要而形成的一种企业组织形式，即公司是一类特殊的企业。公司又包括有限责任公司、一人有限责任公司和股份有限公司3类。

（1）有限责任公司。有限责任公司又称有限公司，指由符合法律规定的股东出资组建，股东以其出资额为限对公司承担责任，公司以其全部资产对公司的债务承担责任的企业法人。

（2）一人有限责任公司。一人有限责任公司本质是有限公司中的特例，可简称为"一人公司""独资公司"或"独股公司"，是指只有一个自然人股东或者一个法人股东的有限责任公司。一人有限责任公司的股东不能证明公司财产独立于股东自己的财产的，应当对公司债务承担连带责任。

（3）股份有限公司。股份有限公司又称股份公司，其注册资本由等额股份构成，股东通过发行股票筹集资本。我国《公司法》规定，股份有限公司是指其全部资本分为等额股份，股东以其所持股份为限对公司承担责任，公司以其全部资产对公司债务承担责任的公司。

（二）非公司企业

设立公司的企业形式包括个体工商户、个人独资企业、合伙企业。这些非公司企业都不具备法人资格，不能独立享有民事权利并承担民事义务。

（1）个体工商户。个体工商户是指在法律允许的范围内，依法经核准登记，从事工商业经营的自然人或家庭，是结构最简单的企业形式。个体工商户业主只需一个人或一个家庭。这类组织只需要业主有相应的经营资金和经营场所，到工商行政管理部门办理登记手续即可开业。个体工商户个人经营的，以个人全部财产承担民事责任；个体工商户家庭经营的，以家庭全部财产承担民事责任。

（2）个人独资企业。个人独资企业简称独资企业，是指由一个自然人投资、全部资产为投资人所有的营利性经济组织。独资企业是一种很古老的企业组织形式，至今仍被广泛运用，其典型特征是个人出资、个人经营、个人自负盈亏和自担风险。

（3）合伙企业。合伙企业是指由两个或两个以上的自然人通过订立合伙协议、共同出资经营、共负盈亏、共担风险的企业组织形式。合伙企业分为普通合伙企业和有限合伙企业，在普通合伙企业中，所有合伙人承担同等无限连带责任；有限合伙企业由普通合伙人和有限合伙人组成，普通合伙人对合伙企业债务承担无限连带责任，有限合伙人以其认缴的出资额为限对合伙企业债务承担责任。

（三）选择企业组织形式需考量的因素

创业者选择企业组织形式时，需先考虑拟创业的行业及企业组织形式的特点，再根据自身情况选择合适的组织形式。

1）拟创业的行业

选择企业组织形式首先应考虑的因素是拟创业的行业可以采用哪些企业组织形式，因为对于一些特殊的行业，按照我国法律规定只能采用特定的形式，如律师事务所不能采用公司制形式；而银行、保险等金融行业则必须采用公司制形式。对于法律有强制性规定的行业，创业者只能按照法律的要求执行，若法律没有强制要求，创业者可自行决定。

2）企业组织形式的特点

不同的企业组织形式有其自身的特点，各具优势与劣势。在行业对企业组织形式没有限制的情况下，创业者应该在充分考虑各企业组织形式特点的基础上选择适合自己的企业组织形式。各企业组织形式的优劣势如表8-1所示。

表 8-1　企业组织形式的优劣势

企业类型	企业组织形式	优势	劣势
公司	有限责任公司	① 股东只对企业承担有限责任，不用担心个人其他资产，风险较小 ② 公司所有权与经营权分离，适应市场竞争 ③ 多元化的产权结构有利于科学决策	① 设立程序比较复杂 ② 不能公开发行股票，筹集资金的规模和途径受限
	一人有限责任公司	① 设立比较便捷 ② 运营和管理成本较低	① 筹资能力受限 ② 财务审计条件较为严格
	股份有限公司	① 公司股东只对企业承担有限责任，风险较小 ② 公司产权可以以股票形式充分流动 ③ 可以公开发行股票，筹资能力强	① 创立程序复杂，法规要求严格 ② 需要定期报告自身财务状况，相关事务无法严格保密
非公司企业	个体工商户	① 从业人数无数量限制 ② 开办手续比较简单	① 筹资能力极弱 ② 股东承担无限责任，风险高
	个人独资企业	① 设立、转让和解散等行为手续简便且费用低 ② 企业经营灵活性强，对市场变化反应迅速 ③ 在技术和经费方面易于保密	① 股东承担无限责任，风险高 ② 筹资能力受限 ③ 高度依赖创业者的个人能力
	合伙企业	① 设立较为简单和容易 ② 企业经营具有高度的灵活性 ③ 信用度较高，企业资金来源较广	① 企业财产的分割和转让困难 ② 遭遇分歧时企业决策困难 ③ 合伙人的个人因素会在很大程度上影响企业的经营

3）创业者的风险承担能力

企业组织形式与创业者日后承担的风险息息相关。公司制企业股东仅以出资额为限承担有限责任，而个体工商户、普通合伙制企业投资人、个人独资企业投资人都要承担无限责任。由于不同的企业组织形式在创业风险上存在客观差距，因此创业者必须在创业前衡量自身的风险承担能力，考虑"企业破产"这一最坏结果。

4）税务因素

不同的企业组织形式所缴纳的税是不同的，个人独资企业和合伙企业的生产经营所得计征个人所得税，公司制企业既要缴纳企业所得税，又要在向股东分配利润时为股东代扣代缴个人所得税。因此，从税负筹划的角度看，个人独资企业和合伙企业的税负相比公司制企业更低。

但是，政府也提供了各种税收优惠政策，一些特殊企业，如高新技术企业和小微企业，在享受税收优惠政策的情况下，公司制企业或许更加节税。

5）未来融资需求

如果创业者资金充足，拟投资事业的资金需求也不大，则可采用合伙企业和有限责任公司组织形式；如果日后发展业务所需资金规模非常大，则建议采用股份有限公司形式，否则，当需要股权融资时，企业就需要更改组织形式。

6 经营期限

个人独资企业和合伙企业的运营与创业者的人身依附性非常强，根据我国企业经营现状，以上两种企业的经营期限均不长。而公司制企业除出现法定解散事由或约定解散事由外，理论上是可以永远存续的。因此，创业者如果希望企业长久发展，建议采取公司制企业形式。

精选案例

我要办哪一类企业

李琴毕业于室内设计专业，很早的时候，她便计划未来开一间设计工作室。但由于资金不足，她决定先就业再创业。李琴凭借出色的设计作品，在人才市场上很快得到了4家设计公司的青睐。经过对比考虑后，李琴最终选择了一家当地的平面设计机构——新人家装饰公司。在新人家装饰公司工作2年后，李琴便辞职走上了创业之路。为了节约成本，李琴租了一栋旧写字楼里的一间小办公室，然后在网上购买了一些二手办公桌椅、文件柜等设备，还从电脑市场买了一台彩色打印机，总共费用不到1万元。

一切准备工作就绪后，李琴却在选择企业组织形式时犯了难，她不知道当前的创业项目应该选择哪种组织形式，于是利用网络查阅了企业组织形式的介绍和办理流程，最终李琴决定成立个人独资企业，其建立与解散程序比较简单，并且经营管理灵活自由。

分析　企业的组织形式多样，创业者在选择时，要根据自己的实际情况进行恰当的选择，李琴的选择对于她而言无疑是比较合适的。

二、企业选址与申办

要创立企业，创业者还要为自己的企业选择一个合适的地址，然后申请工商注册，方便后续的创业活动。

（一）企业选址

创业企业需要有自己的经营场所，这个场所的选址往往与其未来的经营发展有很大关系。正所谓"天时不如地利"，在商业战场中，"地利"即经营环境和地址，有利、积极的经营环境在企业的顺利经营中发挥着十分重要的作用。创业者在进行企业选址时，要结合企业的性质及自身资金等情况，选择一个相对更优的企业地址。

1 企业选址的重要性

选址对于新创企业而言是一件大事，其将对企业的后续经营管理产生重大影响，创业者应意识到企业选址的重要性。

（1）选址是企业制定经营战略及目标的重要依据。经营战略及目标的确定，需要企业重点考虑所在区域的社会环境、地理环境、人口、交通状况及市政规划等因素，并依据这些因素明确目标市场，再按照目标消费者的构成及需求特点确定经营战略及目标，制定包括广告宣传、服务措施在内的各项促销策略。事实表明，经营方向、产品构成和服务水平基本相同的企业会因为选址的不同，而在经济效益上表现出明显差异。创业者如果不理会企业周围的市场环境及竞争状况，任意或仅凭直观经验选择企业地址，是难以经受考验并获得成功的。

（2）选址反映了企业的市场定位。为消费者提供便利服务很重要，尤其是对服务型企业而言，地址在某种程度上决定了客流量、消费者的购买力、企业对潜在消费者的吸引程度及企业竞争力等。选址恰当，便占有了"地利"的优势，企业能吸引大量消费者，生意自然兴旺。

（3）选址是一项长期性投资。不论是租赁的，还是购买的，企业一旦确定地址，就会投入大量的资金。当外部环境发生变化时，企业的地址不能像人、财、物等其他经营要素一样做出相应的调整，它具有长期性、固定性特点。因此，创业者对企业地址的选择要进行深入的调查和周密的考虑，妥善规划。

（4）选址反映了企业的服务理念。为消费者提供便利的服务很重要，尤其是对服务型企业而言，选址要以便利消费者为首要原则。企业应从节省消费者购买时间和交通费用的角度出发，最大限度地满足消费者的需要，否则会失去消费者的信赖和支持，从而失去企业存在的基础。

精选案例

不同地段、不同租金的建材店

孙毅和刘立大学毕业后一起到上海创业，并同时担任一家建材企业的驻沪代表。他们的货源充足，也不需要占用自己的资金，但是企业规定他们自负盈亏，经营期间的费用，如水电费、人员工资和房租，都由他们自己承担。

因为对上海不了解，他们都选择了朋友推荐的店面，朋友给他们推荐的店面一家在宜山路建材市场，一家在市区路边。建材市场内的房租比较贵，孙毅害怕生意做不好，选择了便宜的路边店面；而刘立比较大胆，租下了建材市场内昂贵的店面。

一年以后，刘立店面的销量和利润已经远远超过了孙毅，还开设了分店。

分析　刘立的选址地点位于建材市场，相较孙毅，该选址能接触更多的目标消费者，并能为想要了解其他建材商家的消费者节省了交通成本和时间成本，为消费者购物提供了便利，因此他的生意更好。

2）影响企业选址的因素

在客观条件下，企业的运营受到政治、经济、技术、社会文化、自然、人口等外部因素的影响，因此选址时，创业者应该综合考虑这几方面的因素，选择一个相对合适的企业地址。各因素对企业选址的影响如表8-2所示。

表8-2　影响企业选址的因素

影响因素	表现
政治因素	国家政治稳定、法制健全、治安良好、赋税公正、经济形势健康、政策利好，则利于企业的经营，反之，企业需要承担较大的风险。例如，部分地区颁布促进新农业发展的相关政策，相关企业在该地区办厂选址就可以享受相关优惠
经济因素	经济发展越好的地区，投资潜力越大，消费者的消费能力相对越强。例如，很多高端消费品往往会在经济比较发达的城市设立店铺。另外，创业者自身的经济情况也会影响企业选址，若租房价格高，而创业者的启动资金非常有限，其选址将受较大限制
技术因素	对技术需求较高的企业往往选择研发能力、技术人才、技术研发环境等相对较好的国家和地区；而对技术需求较低的企业，则更倾向于选择劳动成本更低的国家和地区
社会文化因素	不同的国家和地区，居民的教育水平、宗教信仰、生活习惯、生活水平、文化风俗等都不一样，而这些因素会对企业生产经营活动的开展产生影响
自然因素	土地资源、气候条件、水资源和物产资源等自然因素会对企业的生产经营活动产生直接影响。例如，当地的土地资源丰富，则企业的建厂成本相对更低；当地的物产资源丰富，则企业的原材料成本相对更低
人口因素	一个国家和地区的人口总数、人口密度、家庭户数、年龄分布、性别比例、民族分布、职业倾向、人均收入、人均受教育程度、宗教信仰等不同，当地消费者对安全、健康、环境等的关注度就不同，消费偏好、消费行为、消费能力也不同

此外，还有一些租房的细节问题也需要创业者注意，如停车、乘车、货物运输是否方便，该地段或房屋规划的用途与自己的经营项目是否相符，物业是否有合法权证，房屋空置待租的原因，坐

落地段的声誉与形象，如是不是环境污染区、有没有治安问题、会不会拆迁等。总之，创业者选址切忌盲听、盲信、盲从、一味求快，应对有意向的地段进行多方考察，权衡各方面因素的优劣，从长远角度考虑，以便为企业日后的经营打下良好的基础。

精选案例

一次失败的创业经历

4位梦想创业的大学生准备在校园附近开一家精品店。当他们与房屋转租者签好转让协议，准备对店面进行装修时，房东突然出现并进行阻挠，导致他们的门店无法开张。

小王是中南大学铁道校区大三学生，大二时他就忙着在学校做市场调查，认为定位中高档的男士精品店会很受学生欢迎。这学期开学不久，他和另外3位有创业想法的同学一拍即合，准备开店。

校园附近的孙老板有3间紧挨着的店面，其中一个门面闲置。孙老板同意以12 000元转让这个门面两年的使用权。当时孙老板宣称自己有这个门面3年的使用权，但为了不让房东知道房子已经转租给他们，就说几个大学生是帮她打工的，以此避免房东找麻烦。

"我们虽然知道孙老板不是房东，只是租用了房东的房子，但我们不知道一定要经过房东的同意才能租房。"当年9月10日，涉世未深的几名大学生和孙老板签下了门面转让协议书，并支付了转让费。之后，他们又花了5000元购买了装修材料。

当他们开始对门面进行装修时，房东闻讯赶来。房东表示，他和孙老板签订的合同上明确写了该门面只允许做理发店，并且不允许转租。房东阻止他们装修，并与孙老板发生了冲突。后来，这个不能转让的门面的门上挂了3把锁。先是房东将第一把锁挂了上去，接着孙老板也挂了一把锁。小王等人的玻璃货架等物品都被锁在里面，无奈之下他们自己也挂了一把锁。现在要进入这个门面，要过三道关。几把锁锁死了他们的创业之路。

分析　创业者应对经营场所相关信息有全面的了解，慎重选择，否则将极大地影响创业进程。

【想一想】

如果你要开一家时尚饮品店，会选择在哪里开店？

❸ 企业选址的基本步骤

创业者为企业选址时可以遵循以下步骤。

（1）根据自己的经营定位列出"必需的"和"希望的"选址条件。

（2）对照选址条件确定备选地点。

（3）造访备选地点，挑选两三处较好的位置。

（4）按照"必需的"和"希望的"两类选址条件，对这几个地点进行比较。

（5）一段时间内白天、晚上的各个时段到各个备选地点实地观察，计算有效客流量。

（6）咨询有经验的人士，获得帮助。

（7）综合分析各种信息和意见。

（8）做出选址决策。

（二）企业申办

申办企业是创业者正式推进和实施创业活动的第一步，创业者在做好相关创业准备后，确定自己要创办的企业类型和地址后，即可准备材料，完成企业注册。

通常来说，企业注册是在创业者开设企业时，企业设立人依照法定的条件和程序，为组建公司并取得法人资格采取的一系列行为。企业注册流程主要包括企业名称核准、工商注册登记等环节。此外，为了保证企业的合法运营，创业者往往还需要刻制印章，开立银行账户、办理税务登记、办理社会保险登记。

① 企业名称核准

为了规范企业名称登记管理，保护企业合法权益，维护社会经济秩序，优化营商环境，《企业名称登记管理规定》对新企业名称的登记管理进行了详细规定。企业注册登记时，必须先进行名称核准，以确保新企业名称没有违反国家相关规定，没有与其他企业名称重复，且符合工商注册登记的要求。

《企业名称登记管理规定》明确指出，企业只能登记一个企业名称，企业名称受法律保护。企业名称由行政区划名称、字号、行业或者经营特点、组织形式组成，例如，深圳市腾讯计算机系统有限公司，深圳为行政区划名称，腾讯为企业字号，计算机系统为企业所属行业，有限公司为企业组织形式。

企业名称由申请人自主申报。申请人可以通过企业名称申报系统或者在企业登记机关服务窗口提交有关信息和材料，对拟定的企业名称进行查询、比对和筛选，选取符合《企业名称登记管理规定》要求的企业名称。企业名称设立登记网上申报流程可通过国家市场监督管理总局的企业登记网上注册申报服务系统进行查询。创业者在申报企业名称时，可提前准备多个合适的名称。

② 工商注册登记

工商注册登记是设立新企业的法定程序，完成工商注册登记后，申请人才能获得从事市场经营活动的资格。创业者可以到工商行政管理部门或在企业登记网上注册申报服务系统中了解和查看企业工商注册登记的流程，并办理新企业的工商注册登记手续。创业者在按规定提交申请材料并经审核通过后，即可携带准予设立登记通知书、办理人身份证原件等材料，到工商行政管理部门领取营业执照正、副本，完成企业的工商注册登记。

③ 刻制印章

企业所用的印章具有法律效力，包括公司公章、合同专用章、财务专用章、发票专用章等。公司印章的刻制、补办、挂失等都有专门的规范。新创企业申请刻制相应的印章时，创业者需持营业执照复印件、法定代表人和经办人身份证复印件各一份，以及由企业出具刻章证明、法定代表人授权委托书到公安局指定的机构进行刻章。

④ 开立银行账户

企业经营涉及资金往来，需要通过银行进行资金周转和结算，因此创业者需要为新创企业开立银行账户。按照我国现行的现金管理和结算制度，每个企业都必须在银行开立存款结算账户（结算户），用于办理存款、取款和转账结算。

根据《企业银行结算账户管理办法》，企业申请开立银行结算账户，应当按规定提交开户申请书，并出具营业执照、法定代表人或单位负责人有效身份证件、法定代表人或单位负责人授权他人办理的，还应出具法定代表人或单位负责人的授权书及被授权人的有效身份证件、《人民币银行结算账户管理办法》等规定的其他开户证明文件等。同时，企业在申请开立银行结算账户时，应当对开户申请书所列事项及相关开户证明文件的真实性、有效性负责。

⑤ 办理税务登记

新创企业领取由工商行政管理部门核发加载法人和其他组织统一社会信用代码的营业执照后，虽然无须再次进行税务登记，办理税务登记证，但仍需前往税务机关办理相应的后续事项，才能进行正常缴税。

需要特别注意的是，新创企业在办完首次涉税业务后，在之后的经营中要按时、按期、持续申报税费，以免因延误纳税而给企业的正常经营带来不利影响。各项税收的缴纳时间不同。增值税、消费税的纳税期限分别为1日、3日、5日、10日、15日、1个月或者1个季度。企业所得税按纳税年度计算，分月或分季预缴。企业应当自月份或者季度终了之日起15日内，向税务机关报送预缴企业所得税纳税申报表，预缴税款。自年度终了之日起5个月内，向税务机关报送年度企业所得税纳税申报表，并汇算清缴，结清应缴应退税款。此外，创业者也可拨打12366纳税服务热线或登录国家税务总局12366纳税服务平台进行咨询。

精选案例

借出去的银行账户

　　××市国税局稽查人员在对某食品公司的税收情况进行例行检查时，一笔会计分录引起了稽查人员的注意。原来某月该企业从××商贸公司收到货款263 100元，会计分录为"借：应收账款263 100元，贷：其他应付款263 100元"。而且凭证中附有一张收条，署名为万某。看似简单的会计分录和收条却引起稽查人员的注意，正确的会计分录应为"借：应收账款；贷：主营业务收入，贷：应交税费——应交增值税（销项）"，但这笔分录却没有计提税金。经进一步查询该公司近几年的账务资料，稽查人员初步分析认为，该食品公司没有将上述货款计提税金，属隐匿销售收入偷逃税款，应该根据有关规定进行补税罚款处理。

　　这时，公司负责人王某才否认偷逃税款，承认帮别人走账并将账户借予他人使用的事实。原来，借用人张某原是××商贸公司的财务人员，个人经营了一笔业务，由于张某没有办理税务登记证件，于是便利用工作上的便利，私下协商使用该食品公司的账户取走了货款。稽查人员随即延伸调查张某，并根据《中华人民共和国税收征收管理法实施细则》的有关规定，对该食品公司出借账户的行为给予罚款3000元的处理。

　　分析　国家高度重视税收，企业和个人都应依法纳税，切实杜绝税务风险的产生，尤其是企业更要做好税务管理工作，管理好自己的银行账户，增强法律意识，切勿触碰法律底线，否则严重情况下将被追究刑事责任。

6 办理社会保险登记

　　新企业注册成功后，创业者还必须办理社会保险登记。《中华人民共和国社会保险法》规定，用人单位应当自成立之日起三十日内凭营业执照、登记证书或者单位印章，向当地社会保险经办机构申请办理社会保险登记。社会保险经办机构应当自收到申请之日起十五日内予以审核，发给社会保险登记证件。用人单位应当自用工之日起三十日内为其职工向社会保险经办机构申请办理社会保险登记。未办理社会保险登记的，由社会保险经办机构核定其应当缴纳的社会保险费。

三、设计企业组织结构

　　企业组织结构是组织内部对工作的正式安排，决定了企业的运作程序。企业的经营和管理都围绕着组织结构开展，在成功创办企业后，创业者需要根据企业的规模、经营的项目、业务关系等因素设计企业的组织结构。经典的组织结构有金字塔形和扁平化两种，创业者可以选择一种基础结构加以优化。

（一）金字塔形组织结构

　　金字塔形是一种经典的企业组织结构形式，是指在组织规模已定的情况下，通过比较狭窄的管理幅度和较多的管理层次设计而使职能严格划分、层级严格确定的组织结构形态。金字塔形组织结构历史悠久，其中又分化出了直线制、职能制、直线—职能制、事业部制和矩阵制等形式。

1 直线制

　　直线制是最早且最简单的组织结构形式，又称军队组织结构形式，它是指企业各级行政单位从上到下实行垂直领导，没有职能机构。直线制组织结构如图8-1所示。

2 职能制

　　职能制是指企业内部各管理层次都设职能机构，行使管理职责和权力，下级除了接受上级主管指挥外，还必须接受上级各职能机构的领导。职能制组织结构如图8-2所示。

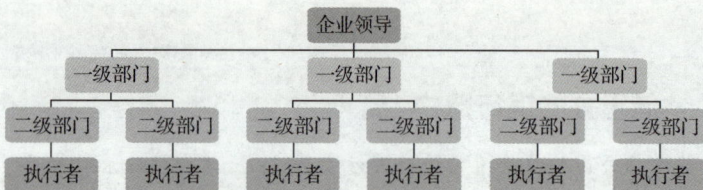

图 8-1　直线制组织结构

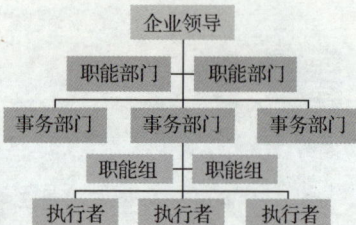

图 8-2　职能制组织结构

3）直线—职能制

直线—职能制组织结构集合了直线制组织结构和职能制组织结构的优点，是现代企业中最常见的一种结构形式。直线—职能制组织结构以直线制组织结构为基础，在各级领导之下设置相应的职能部门从事专业管理，作为该级领导的参谋，下级机构既受上级部门的管理，又受同级职能部门的业务指导和监督。直线—职能制组织结构如图 8-3 所示。

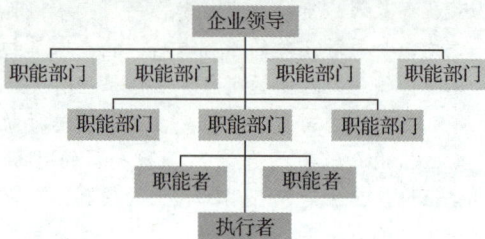

图 8-3　直线—职能制组织结构

4）事业部制

事业部制组织结构又称分公司制组织结构，是为满足规模扩大和多样化经营对组织机构的要求而产生的一种组织结构形式，即在总公司领导下设立多个事业部，每个事业部都有自己的产品和特定的市场，能够完成某种产品从生产到销售的全部职能。图 8-4 所示为事业部制组织结构。

5）矩阵制

矩阵制组织结构是在直线—职能制组织结构的垂直形态组织系统的基础上，再增加一种横向的领导系统，由职能部门系列和完成某一临时任务而组建的项目组系列组成，从而同时兼具事业部制与职能制组织结构特征的组织结构形式。矩阵制组织结构如图 8-5 所示。

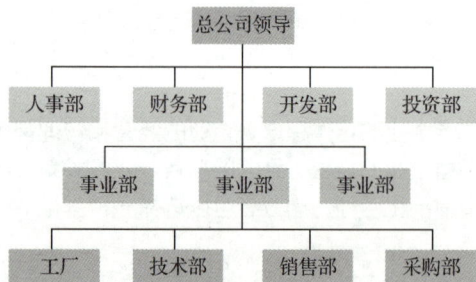

图 8-4　事业部制组织结构

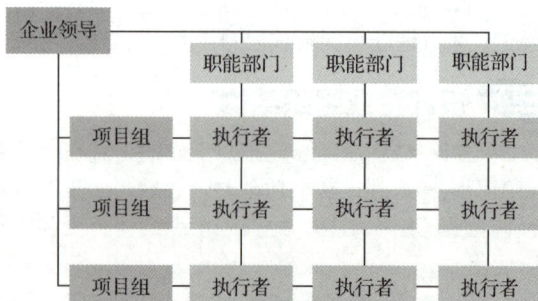

图 8-5　矩阵制组织结构

金字塔形组织结构各形式各有其优缺点和适用情况，具体内容如表 8-3 所示。创业者可将此表作为设置组织形式的参考。

表 8-3　金字塔形组织结构各形式优缺点及应用情况

组织结构形式		详细情况
直线制	优势	权力集中，权责分明、命令统一，信息沟通简捷方便，便于统一指挥，集中管理
	劣势	各级部门领导必须熟悉与本部门业务相关的各种活动，最高层的企业领导必须是全能管理者；部门间缺乏横向的协调关系；没有职能机构作为各级领导的助手，容易产生忙乱现象
	应用	适用于规模较小、业务单纯的新企业

续表

组织结构形式		详细情况
职能制	优势	能适应现代化企业管理工作比较精细的特点；能充分发挥职能机构的专业管理作用，减轻直线领导人员的工作负担，利于业务专精，思考周密，提高管理水平；同类业务划归同一部门，利于建立有效的工作秩序
	劣势	不便于行政组织间各部门的整体协作，容易形成部门间各自为政的现象，使行政领导难于协调；形成多头领导，妨碍必要的集中领导和统一指挥，易造成生产管理秩序混乱
	应用	适用于多品种生产，需要各种专业人员参与管理的企业
直线—职能制	优势	既保持了直线制组织结构集中统一指挥的优点，又吸收了职能制组织结构分工细密、注重专业化管理的长处，提高了管理工作的效率
	劣势	各职能部门之间的横向联系较差，容易产生脱节和矛盾；信息传递路线较长，反馈较慢，难以对环境变化做出迅速反应
	应用	适用于规模中等、外部环境较为简单的企业
事业部制	优势	利于最高领导层摆脱繁杂事务，使各事业部发挥经营管理的积极性和创造性
	劣势	各事业部利益的独立性容易滋长本位主义（只顾自己，不顾整体利益）；该组织结构形式对公司总部的管理工作要求较高，若达不到要求，则容易失控
	应用	适用于产业多元化、品种多样化、各自独立的市场，且市场环境变化较快的大型企业
矩阵制	优势	同时具备事业部制与职能制组织结构的优点，加强了部门与项目组间的横向联系，专业设备和人员得到了充分利用，实现了人力资源的弹性共享，有利于解决复杂问题
	劣势	不能形成统一指挥，人员受双重领导，需要花费很大力气用于协调，不易分清责任
	应用	一般比较适用于协作性和复杂性强的大型组织，也可以作为集全企业之力解决某一复杂问题时的临时组织结构

（二）扁平化组织结构

所有的金字塔形组织结构，无论是直线制、职能制、直线—职能制、事业部制还是矩阵制，都是典型的科层制。科层制组织模式是建立在"专业分工，经济规模"这一假设之上的，各功能部门之间界限分明。近年来这种组织结构逐渐显现出无法适应环境快速变化的问题，于是一种新型的、非科层制的组织结构逐渐流行，这就是扁平化组织结构。

❶ 扁平化组织结构的特点

扁平化组织结构改变了原来层级组织结构中，企业上下级组织和领导者之间的纵向联系方式、平级各单位之间的横向联系方式，以及组织体与外部各方面的联系方式，建立起了管理幅度宽、管理层级少、横向联系紧密的组织结构。这样的组织结构体现出以下特点。

（1）以流程为中心。扁平化组织结构不以部门职能建立组织结构，而是以核心流程为中心建立组织中的部门，部门也不再担负专业处理某一类事务的职能，而是负责处理"某一核心流程"。

（2）管理层次简化。扁平化组织结构的管理层次简化，削减了中间管理层，缩短了企业的指挥链条，提高了信息传递效率。

（3）分权式管理。扁平化组织结构中，单一层次的管理幅度较大，因此领导普遍采取分权式管理，基层组织和员工具有较高的自主权。

（4）目标管理。扁平化组织结构同时实行目标管理，以目标的设置和分解、目标的实施及完成情况的检查、奖惩为手段，通过员工的自我管理实现企业的经营目的。员工在工作中自主决策，同时责任自负。

❷ 扁平化组织结构的优劣势

近年来，扁平化组织结构逐渐发展并流行开来，很多知名企业都采用扁平化组织结构。扁平化组织结构的优势与劣势如下。

（1）优势。扁平化组织结构有利于缩短上下级距离，密切上下级关系，信息纵向流通快，管理费用低。而且由于管理幅度较大，被管理者有较高的自主性、积极性和满足感。

（2）劣势。扁平化组织结构管理幅度较宽，权力分散，不易实施严密控制，加重了对下属组织及人员进行协调的负担，且随着企业规模的扩大，协调和取得一致意见会变得更加困难。

四、企业品牌建设

品牌是企业对产品的"特有标记"，以使消费者将该品牌的产品与市面上其他产品区分开来。商家使用品牌已有悠久的历史，我国现存最古老的品牌六必居始于明朝嘉靖九年（公元1530年），有近500年的历史。

（一）品牌的概念

品牌是指企业及其提供的商品或服务，品牌信息主要包括品牌名称、品牌标识、商标和品牌角色4个部分。

（1）品牌名称。品牌名称指品牌信息中可以读出的部分，包括词语、字母、数字或词组等的组合，例如华为、格力、中国电信等。

（2）品牌标识。品牌标识指品牌信息中可以被认出、易于记忆但不能用语言直接读出的部分，包括符号、图案或明显的色彩或字体。

（3）商标。很多品牌都注册了自己的商标，商标是经注册后其专用权受法律保护的整个品牌、品牌标识、品牌角色或各要素的组合。在我国，使用商标时要用"R"或"注"明示，意指注册商标。未经注册获得商标权的品牌不受法律保护。

（4）品牌角色。品牌角色指用人或拟人化的标识代表品牌的方式，常见于品牌的吉祥物，例如海尔兄弟、苏宁的吉祥物狮子"苏格拉宁"等。有一些品牌则没有设计品牌角色。

（二）品牌成长的阶段

一个初创的品牌要成长为优质的著名品牌，需要经历以下3个成长阶段，每一阶段的任务不同。

（1）品牌扩展阶段。品牌扩展阶段是指品牌从创立到被大众认识的阶段，这一阶段品牌发展的主要任务是打造品牌知名度，使目标客户了解品牌。通常的做法是企业通过广告、拜访、产品发布会、展会、行业大会等形式对品牌进行宣传。

（2）品牌形象树立阶段。品牌形象树立阶段即企业品牌被消费者接受、认可的阶段，需要赢得消费者满意，获得较好的口碑。要实现这一目标，企业需要着力提高消费者的获得感，使其认为"物超所值"，并尽量减少消费者的不满和抱怨，积极化解消费矛盾。

（3）品牌文化渗透阶段。品牌文化渗透阶段即通过持续维持品牌满意度，使消费者接受品牌文化，成为品牌的"忠实粉丝"。忠实于品牌的消费者会重复购买并向他人推荐品牌，为企业带来可观的收益。

（三）品牌建设规划

品牌建设是一个循序渐进的过程，需要企业持之以恒地投入人力物力，因此，先期规划十分重要。创业者应该对品牌建设进行详细的规划，才能获得理想的效果。

1 品牌诊断和定位

品牌诊断和定位是指企业对品牌所处市场环境、品牌与消费者的关系、品牌与竞争品牌的关系等进行事先调查、分析和评估，对品牌的资产情况及品牌的战略目标、品牌架构、品牌组织等进行先期规划，以做出可靠的品牌决策。

品牌诊断和定位是品牌建设规划的第一步，是整体规划的基础。如果品牌诊断失真、定位不当，后续的规划也会脱离实际，无法取得理想的效果。

2 规划品牌愿景

通俗地说，品牌愿景是品牌未来的发展方向和目标，也是品牌最先要传递给消费者、股东及员工的信息。品牌愿景并不只是企业高层管理开会讨论出的结果，也要代表为品牌工作的员工的共同愿望和目标，这样才能促进品牌的健康发展。

对于消费者而言，品牌的愿景代表了该品牌的价值，只有品牌愿景符合目标消费者对这类品牌的期望，品牌才能得到消费者的认同。

3 提炼品牌核心价值

品牌核心价值是品牌一切营销传播活动的中心，提炼品牌核心价值应遵循以下原则。

（1）品牌核心价值应有鲜明的个性，以与其他品牌区分开来。当前市场上充斥着很多同质化的品牌，大量使用"优质""高性价比""方便""高档"等词语描述其核心价值，但这已经很难打动消费者。品牌核心价值应该瞄准细分市场的特定目标消费者，并与其他品牌形成差异化，如此才能吸引消费者眼球。

（2）品牌核心价值要能打动消费者。企业提炼品牌核心价值，一定要充分进行市场调查，分析目标消费者群体，从消费者的价值观、审美观、喜好、渴望等出发，打动消费者。

（3）品牌核心价值要有包容性。如果随着企业的发展，品牌需要延伸，此时发现原来的品牌核心价值不能包容新产品，则企业只能改造品牌或建立新品牌，这容易造成极大的资源浪费。因此品牌的核心价值应该具有包容性，如海尔的"掌握核心科技"就能应用于各种产品。

4 制定品牌战略

品牌战略是指企业将品牌作为核心竞争力，以获取差别利润与价值的企业经营战略。品牌核心价值确定后，企业应该围绕品牌核心价值制定较长时期内的品牌战略，并尽最大可能使其具有可操作性。

（1）远期品牌战略。远期品牌战略是面向未来较长时间范围的品牌发展规划和战略。通常涉及5年以上的时间跨度，主要关注品牌的长期目标和方向。远期品牌战略要起到"搭架子""树路标"的作用，为整个品牌战略搭好框架，并为中期和短期品牌战略提供目标。

（2）中期品牌战略。中期品牌战略是建立品牌第1年后到第5年的战略，通常以企业的生产计划、研发计划、营销计划为依据，对品牌的推广、展示、优化进行设计，使品牌战略契合企业的相关业务，助力企业发展。

（3）短期品牌战略。短期品牌战略是建立品牌一年内的战略，应当详尽而具体地列出品牌建设相关的工作及其时间、负责人、实施方法、预计取得的效果等。

5 配置品牌管理组织

由于品牌建设是一项长期性工作，因此企业应该设立专门的品牌管理组织，配置专门的人员负责相关工作。这个管理组织的人数、级别、权责都可以由企业自身情况决定，通常新创企业可以设立一个品牌工作组或者品牌发展办公室。待企业走上正轨后，再建立品牌部、品牌事业部等较高层级的部门，一些企业甚至会设置品牌总监、首席品牌官（chief brand officer，CBO）、分管品牌事务的高级副总裁等高管职位，由有识之士领导品牌管理部门。

品牌管理组织的运行需要各方面的人才，包括设计人才、企划人才、公共关系管理人才、客户关系管理人才、数据分析人才、营销人才、市场调查人才等。新创企业可以只在品牌管理组织中设置数个岗位处理日常事务，剩下的难处理事务则通过多部门合作推进，这样可以提高人才的利用效率。

6 品牌传播和推广

品牌战略一旦确定，就应该进行全方位、多角度的品牌传播与推广，使品牌深入人心。品牌传播与推广没有一成不变的模式，企业应该结合自身情况制定相应的传播与推广策略。进行品牌传播推广时，企业应遵循以下原则。

（1）多种方式并行。单一的广告往往只能提高品牌知名度，难以形成品牌美誉度，更难积淀为品牌文化。企业应该合理运用广告、公关赞助、市场生动化、关系营销、销售促进等多种手段进行品牌传播与推广。

（2）合理选择媒体。大众传媒方式多样，电视、广播、报纸、网络、移动端、广告牌、户外大屏等都能作为品牌传播与推广的媒介，企业应该根据目标消费群的触媒习惯选择合适的媒体。例如，以老人为目标消费群体，则可以选择电视和广播。

（3）资源聚焦。新创企业资源有限，千万不可盲目乱投，而应进行合理规划与聚焦，在某一细分市场集中资源，打造优势。例如，某企业将其全部资金都投入某地写字楼内的广告位，特别是电梯显示屏，很快便在当地职业人群中拥有了一定知名度。

（4）持续连贯。品牌的提升是一项系统工程，需要长久的投入与坚持，品牌传播要持续、连贯，否则将会前功尽弃。

7 维护品牌的一致性

品牌具有长期性，其核心价值一旦确定，企业就要持之以恒地坚持维护它，保持品牌的一致性，不断提升品牌的影响力和可信度。如果出现品牌文化自相矛盾、品牌内涵被频繁改动、品牌涉及的营销活动违背其愿景等情况，品牌本身的作用和价值就会大打折扣，而这种损失需要大量的时间才能补回。品牌的一致性包括横向一致和纵向一致两个方面。

（1）横向一致。同一时期内，产品的包装、广告、公关、营销活动等都应围绕同一主题和形象。例如，某国风美妆品牌在产品包装、广告短片摄制、广告文案、线下门店柜台设计、新媒体营销内容设计等方面都围绕"国风"这一核心。

（2）纵向一致。品牌不同时期的不同表达主题应围绕同一品牌核心价值。例如，同仁堂坚守"炮制虽繁必不敢省人工，品味虽贵必不敢减物力"的训条300余年。

8 精心策划品牌延伸

一个品牌发展到一定阶段，就会推出新的产品线，借助原有品牌的号召力，新的产品能够获得更好的市场效益。雀巢经过品牌延伸，将产品拓展到咖啡、婴儿奶粉、炼奶、冰淇淋、柠檬茶等各个领域，每种产品都取得了可观的销量。

然而品牌延伸是把双刃剑，错误的品牌延伸也可能造成新产品滞销，甚至损害品牌本身。创业者对品牌延伸应该谨慎决策，遵循品牌延伸的以下原则。

（1）延伸的新产品应与原产品符合同一品牌核心价值，否则很容易失败。某品牌以"温和、原生态"闻名，却为了吸引年轻消费群体推出了"激爽"系列产品，结果不仅"激爽"系列产品销售惨淡，该品牌的忠实用户也出现了较大规模的流失。

（2）新老产品的产品属性应具有相关性，否则容易失败。例如，霸王集团以"中药防脱洗发水"闻名，但其推出的"霸王凉茶"却没能得到市场的认可。

（3）延伸的新产品必须具有较好的市场前景，否则一款不够畅销的产品可能拖累品牌形象。海尔公司要求延伸产品发展到一定规模后，必须能在同类产品中位居前三名，如果认为达不到预期效果，就取消这一延伸产品。

★想一想　互联网时代，维护品牌形象是更容易了还是更困难了？

任务二　新创企业的营销管理

创业本质上以盈利为目标，为了促进新创企业的发展，确保企业实现持续盈利，创业者有必要开展营销活动，正确分析市场机会，选择目标市场，制订与之相适应的、切实可行的营销计划，以实现营销目标。

一、开展市场调查

开展市场调查是指针对产品或服务，搜集、记录和整理有关市场营销的信息和资料，对市场需求、市场现状和发展趋势等进行分析，以便正确认识市场、行业等的综合情况。开展市场调查是创新创业中十分关键的环节，创业者只有基于市场开展针对性的调查、获取关键信息，才能制定有效的营销策略。

通常来说，创业者可以分别从消费者、产品、价格、促销手段、销售渠道、营销环境等方面展开市场调查。

（一）消费者调查

消费者调查的主要目的是了解消费者需求，消费者需求调查的常见内容如表 8-4 所示。

表 8-4　消费者需求调查的常见内容

调查类型	调查目的
消费者整体需求调查	了解消费者需求的产品、需求产品的数量、产品的使用时间等信息
服务需求调查	了解消费者对服务质量、服务效率等的需求和建议
对产品信赖度的调查	了解消费者对产品的信赖度、信任或不信任的原因等
影响需求的因素调查	了解影响消费者需求的主要因素及其变化情况
消费者购买需求调查	了解消费者的购买心理、购买动机、购买行为等
潜在消费者调查	了解潜在消费者对产品的需求情况、需求数量及需求时间等

（二）产品调查

产品调查的主要目的是基于消费者需求更好地设计和管理产品，以提供更受消费者欢迎的产品。产品调查的常见内容如表 8-5 所示。

表 8-5　产品调查的常见内容

调查类型	调查目的
产品设计调查	了解消费者喜爱的产品功能设计、外观和包装设计、使用设计、操作安全设计、品牌和商标设计等信息
产品系列、组合调查	了解消费者需求的产品系列数量、产品组合方案等
产品生命周期调查	了解消费者在不同产品阶段对产品的需求情况
产品改进与创新调查	了解消费者需求或期望的产品新功能
新品开发调查	了解消费者需求的新产品
销售技术服务调查	了解企业应该如何做好销售技术服务以提升消费者满意度

（三）产品价格调查

产品价格调查的主要目的是了解产品价格对消费者的影响，以便制定合理的价格策略。产品价格调查的常见内容如表 8-6 所示。

表 8-6　产品价格调查的常见内容

调查类型	调查目的
市场供需调查	了解消费者对产品的需求情况及变化趋势
价格影响因素调查	了解对产品价格变化产生影响的因素及其影响程度
价格弹性调查	了解消费者可以接受的价格区间
替代产品调查	了解目标市场中有哪些替代品，以及替代品的价格等信息
新品定价调查	了解消费者对新品的价格期望值，以便企业更好地进行新品定价

（四）产品促销手段调查

产品促销手段调查的主要目的是了解不同促销方式的优势和劣势，及其对消费者的影响程度，以便制定有效的促销策略。产品促销调查的常见内容如表 8-7 所示。

表 8-7   产品促销调查的常见内容

调查类型	调查目的
广告手段调查	了解广告媒体类型、广告效果、广告时间、广告预算等信息
促销人员调查	了解人员销售的效果、销售人员素质、销售人员分工、销售人员报酬、销售人员促销策略等信息
营销推广调查	了解公共关系，以及其他不同营销方式的作用及效果等
企业形象调查	了解消费者心中的企业形象，以及对企业的好感度等

（五）销售渠道调查

渠道即产品的销售途径，也就是产品通过哪些渠道售卖给消费者。销售渠道调查的主要目的是了解哪种渠道适合产品销售，哪种销售渠道成本低、效率高。销售渠道调查的常见内容如表 8-8所示。

表 8-8   销售渠道调查的常见内容

调查类型	调查目的
中间商调查	了解批发商、零售商、代理商、经销商，以及网络代销等中间商的优缺点，便于企业做出选择
销售费用调查	了解不同销售渠道所需的销售成本
交货调查	了解不同销售渠道的物流、仓储情况及交货时间等

（六）营销环境调查

营销环境调查的主要目的是了解外部环境对营销策略的影响，营销环境调查的常见内容如表 8-9所示。

表 8-9   营销环境调查的常见内容

调查类型	调查目的
政治环境调查	了解与企业产品生产、销售相关的方针政策、法律法规等
经济环境调查	了解国民生产总值、目标消费者人均收入、目标消费者的消费结构、目标市场的消费者数量、目标市场的购买力等
科技环境调查	了解新技术、新工艺、新材料的发展变化，以及新产品的出现情况等
竞争环境调查	了解竞争者的数量与实力，竞争者的产品定位与营销策略、竞争者的产品占有率、消费者对竞争产品的忠诚程度、竞争者的企业形象等

精选案例

"说谎"的市场调查对象

一家罐装咖啡品牌将目标人群定位为中年劳工，比如出租车司机、卡车司机、普通业务员等。该咖啡品牌方在选择咖啡口味时遇到一个难题，不知道目标消费人群更喜欢微苦的咖啡，还是微甜的咖啡。调研人员决定选择目标消费人群进行试饮，他们首先选择了办公室内的业务员，把微苦、微甜两种咖啡放在同样的包装里，请他们试饮，结果大部分人表示喜欢微苦的咖啡。接着，调研人员又在出租车站点处、便利店、工厂等地区放置了两种口味的咖啡，结果发现微甜口味的咖啡被拿走得更多。

同样的消费人群，为何在不同的地方做出了不同的选择呢？调研后发现，在办公室等场景试饮的消费人群，害怕承认自己喜欢微甜咖啡后，会被别人嘲笑不会品味正宗咖啡，因而隐瞒了自己的真实意愿。

分析   被调查人员"说谎"的现象是调研人员难以控制的，因此在开展市场调查时，必须借助一些有效的手段对其真实意愿进行甄别，才能得出相对正确的调研结论。

二、选择目标市场

选择目标市场即在市场调查的基础上，根据消费者对产品或服务的不同需求、不同购买行为和偏好，选择一个产品或服务与消费者匹配度更高的市场，以便企业集中力量在该市场中进行推广，实现营销价值的最大化。例如，某速溶咖啡拟将办公人群作为目标市场，但市场调查后发现，产品口味、风格更符合工人、业务员等目标人群的需求，因而将工人、业务员群体所在市场作为最终的目标市场。

原则上来说，一个产品往往可以同时推广到多个目标市场。例如糖果，策划充满童趣的营销方案，可以推销给孩子；策划个性化、风格化的营销方案，可以推销给成年人。但选择哪类人群所在的市场作为最终的目标市场，需要对目标市场消费者的价值进行判断。一般来说，具有较高价值的细分市场，需要满足以下 4 方面的标准。

（1）市场存在潜在需求量。创业企业选择的目标市场应能满足消费者的现实需求和潜在需求，同时可以使创业企业获得更多的销售机会，扩大销售规模。

（2）市场中的消费者有一定的购买力。市场中的消费者必须有一定的购买力，创业企业的销售规模才能达到预期的利润目标。

（3）创业企业具有竞争力。创业企业应该在目标市场具有竞争优势，可以通过恰当的营销策略占领该细分市场。

（4）创业企业具有市场经营能力。创业企业应该具备足够的人力、物力、财力等实力，以进入市场开展经营活动，满足市场需求。

三、制订营销计划

创业者选择了目标市场后，就可以初步拟定产品或服务进入市场后的营销计划。通常来说，营销计划主要围绕产品、价格、渠道、促销 4 个方面制订。

（一）产品计划

产品是向消费者销售的东西，可以是有形的，也可以是无形的。产品计划是创业企业为目标消费者提供其所需产品的一种方案。一般来说，创业企业为消费者提供的产品可以是单独的产品，也可以是一系列组合产品。创业企业在制订产品计划时，应明确产品的基本效用、材料、颜色、包装、技术附加、服务附加等，说明产品的质量、特色，以及产品提供的服务、维修、零件供应等情况，同时还要突出产品的亮点，以吸引消费者购买。

（二）价格计划

价格计划即创业企业的产品定价方案，合理的产品定价才能获得消费者的认可。设定产品价格需要考虑产品成本、消费者接受度，以及竞品定价等情况。

（三）渠道计划

渠道计划即产品销售渠道选择方案。通常来说，不同类型的产品适合不同的销售渠道。例如，零售和服务企业直接与消费者接触，可以不通过中间商直接将产品或服务销售给消费者，销售地点以邻近消费者为好；制造企业由于需要承担制造成本，厂区选址要接近原材料地，且交通方便，可以通过中间商的销售网络（批发商—零售商）完成产品的销售；农、林、牧、渔的企业与制造企业类似，距离消费者较远，因此可以通过中间商完成产品销售。

（四）促销计划

促销即产品的营销方式，促销计划即利用某种手段向消费者传递信息，并吸引其购买产品的方案。产品的促销决定着产品的最终销量和企业盈利。总的来说，产品促销可以采用人员推销、广告、公共关系营销、营业推广等方式。

任务三　新创企业的人力资源管理

人力资源管理是企业资源管理的重要内容，所有的企业都是由人组成的，企业价值的实现需要人来完成。松下电器的创始人松下幸之助说过："企业最好的资产是人。"然而人恰恰是难以量化、难以评价的对象，因此人力资源管理是企业管理的一大难点。

一、人力资源规划

人力资源规划是指将企业对员工数量和质量的需求与人力资源的有效供给相协调。其中需求源于企业运作的现状与预测，供给则涉及内部与外部的有效人力资源量。通过人力资源规划，企业可以实现人力资源的供需平衡，促进企业的正常经营发展，避免企业因岗位空缺、人不配岗等遭受经济损失。

（一）人力资源规划的内容

创业初期的人力资源规划，主要应该从业务发展层面（包含技术、生产、营销等几个主要方面）及企业整体运营层面进行思考，同时结合企业的长远发展进行规划。企业需要开展什么业务？需要配备什么样的人才？需要配备多少这样的人才？需要的人才来自哪里？如何才能引进这样的人才？如何才能使这些人才在企业中安心工作并发挥作用？企业在人才方面的预算是多少？一般员工的数量、来源、工作分配是怎样的？企业的薪酬福利制度是怎样的？由此得出一个关于人力资源管理的总目标、总政策、实施步骤和总预算的总体规划，再将总体规划分为方便实施的具体业务计划，如表8-10所示。

表8-10　人力资源规划的具体业务计划

计划项目	目标	策略
人员补充计划	提高或改善人员类型、数量、层次、素质、绩效等	拟定补充标准、圈定人员来源范围、提高起点待遇、广告吸引等
人员培训计划	长期计划目标：素质提高与层次提高 短期计划目标：技能提高、新观念的培育等	培训考核、培训资格认定，可制定相关程序与办法
人员分配计划	优化部门编制，改善人力结构和规模，人岗匹配	明确任职条件、职位轮换的范围及时间
人员晋升计划	保持后备人员数量，改善人才结构，提高绩效目标	实施全面竞争、择优晋升，明确选拔标准，做好未提升人员的安置
工资激励计划	减少人才流失，提高绩效和士气水平	工资政策、激励政策、激励方式
职业发展计划	提高员工业务水平，减少离职跳槽率，提高员工满意度	制定任职资格考核办法、聘用制度、轮岗考核制度、解聘方法等
退休解聘计划	降低劳务成本，提高生产率	制定退休政策、解聘程序等
劳动关系计划	降低非期望离职率，改进干群关系，减少投诉和不满	加强沟通，开展团队建设，员工参与管理，制定合理化建议奖励办法等

（二）人力资源规划的步骤

人力资源规划是为了对人员做出合适的安排，以保证企业的良性运转，因此为了确保规划的有效、高质，企业可以依照以下步骤完成规划，如图8-6所示。

图 8-6　人力资源规划的程序

（三）人力资源供需平衡调整

供需平衡是人力资源规划的最终目的，保证人才供需平衡才能发挥人力资源的最大价值，因此，新创企业要尤其关注企业人员供需关系的变化，并采取一定的措施实现供需平衡。通常来说，企业人力资源供需关系常表现为供不应求、供大于求、供求数量平衡但结构失衡等情况，不同供需关系有具体的应对措施，如表 8-11 所示。企业可以根据这些措施进行后续关于人员招聘、培训方面的具体安排。

表 8-11　企业不同时期人力资源供需关系

人力资源状态	现象	措施
供不应求	企业人力资源需求旺盛，人员供给不足	外部招聘人员、提高现有员工工作效率、延长工作时间、降低离职率、内部调配、人力资源业务外包等
供大于求	企业人力资源需求不足，人员供给过剩	裁员、重构岗位和工作时间、扩大经营、提前退休、自然减少、再培训等
结构失衡	企业局部存在离职、降职、不能胜任岗位、补充空缺等情况	内部配置，通过晋升调任或降职等填补空缺职位，通过培训使内部员工填补空缺职位，裁员并招聘等

二、员工招聘与培训

员工招聘与培训的目的是使企业的人员安排能够满足企业经营发展所需，因此该工作非常重要，是新创企业人力资源管理的重点，创业者必须掌握相关工作的具体实施情况。

（一）员工招聘

员工招聘是企业人力资源管理的核心工作之一，可以为企业储备人才。招聘员工时，企业必须按照科学的流程进行，以确保招聘工作顺利、科学地开展，为企业引进优秀的人才。

1　确定人员需求

一个高效的企业必须拥有具备一定知识和技能的员工团队。创新创业初期，由于创业企业拥有的资源有限，因此创业者必须根据实际需求高效完成人员的招聘。一般来说，招聘人员时，可以采用以下方法。

（1）列出所有待完成的工作项目。

（2）列出自己不能完成，需要招聘人员完成的项目，以岗定人。

（3）确定完成每项工作所需人数，以量定人。

（4）由招聘人员完成的工作，要详细说明所需技能、资格和其他要求。

在确定人员需求时，创业者可以拟定一份技能要求单，描绘企业当前最急需的技能和现有的技能缺口，根据技能缺口提出相应的解决措施，例如，是招聘员工弥补缺口，还是寻求外部人员解决问题。表 8-12 所示为某企业的技能要求单模板。

表 8-12   某企业的技能要求单模板

所需人员情况	企业所需技能						
	行政领导	存储运营	供应链管理	营销管理	人力资源招聘	财务管理	社会关系
缺少人员	√	√	√	√			
不缺少人员					√	√	√

② 定岗定责

定岗定责是一种"人人有事做，事事有人做"的管理理念。定岗定责一方面要确定企业需要设置的岗位，另一方面要明确各岗位的工作内容和工作职责。一般来说，定岗定责就是要建立员工管理制度——岗位责任制，岗位责任制主要有两个作用，即让员工明确自己该做什么，让管理者明确该考核什么。企业要在岗位分工明确的基础上确定岗位职责，建立管理制度，明确员工的岗位及责任、权利与利益，同时为员工的绩效考评提供依据，调动员工的积极性。

③ 根据需求招聘人员

处于创新创业初期的企业，其人员招聘大多比较灵活，也就是说，新创企业在确定岗位存在缺口后，可以基于该缺口的性质选择员工类型。例如，重要岗位、常设岗位招聘全职员工，工作量不多的岗位或特殊岗位可以选择兼职等其他形式的员工。

④ 人员招聘渠道

互联网社会，人员招聘渠道十分多元化，企业可以在智联招聘、BOSS直聘、猎聘网等求职、招聘平台，以及就业在线网发布人员招聘信息。这些网站流量较大，招聘效果好，是现在主流的人员招聘渠道。此外，创业企业也可以参与校园招聘会、社会招聘会等，现场招聘人才，或者由企业员工进行推荐。

（二）员工培训

员工培训是现代企业人力资源开发和管理的一项重要职能，加强员工培训，不仅可以丰富员工知识、技能，提高员工的工作能力和竞争力，还有助于创业企业提高整体绩效和实现目标。

在进行员工培训时，创业企业应该综合企业需求、工作需求和员工需求3个方面设计培训项目。其中，企业需求主要基于企业的目标与发展，工作需求主要基于岗位所需的知识和技能，员工需求则基于员工短缺的能力。明确了培训需求后，再制订培训方案，准备培训所需的场地、设施、资料等，开展培训活动。培训结束后，应观察并了解培训效果，以便对下一次培训的内容进行优化。

★做一做   尝试在班内组织一场模拟招聘。

三、员工绩效评估

绩效是指企业、团队或个人在资源、条件、环境，以及相关职位职责的要求下实现的工作结果和在此过程中表现出来的行为。通过绩效评估，企业可以了解员工的实际工作情况和潜力，并有针对性地对其进行奖惩，同时督促员工调整、改进自己的工作状态，从而改善企业绩效，实现企业目标。

（一）组建绩效管理团队

绩效评估是绩效管理工作中的重要一环，因此为了推动绩效评估工作的顺利实施，企业需要专门的绩效管理团队负责绩效管理的相关工作。绩效管理并不只是一个部门的工作，其往往需要多部门有机组合、职责分担和沟通合作，因此，企业的绩效管理团队通常由多个部分组成。

（1）各部门主要领导。他们是绩效评估的具体执行者，主要负责为下级员工制定明确的考核指标，提供员工考核数据结果等，协助整个绩效评估工作的开展。

（2）人力资源部。他们是绩效评估的实施机构，负责绩效考核的统筹与组织。

（3）高层管理者。他们主要负责组织、协助企业制定总绩效目标，分解绩效目标至各部门，审批各部门绩效目标的完成情况等。

（4）绩效管理委员会。他们主要由企业最高核心领导层组成，如创始人、董事长、董事会核心成员等，负责企业整个绩效管理工作的审核、评估、执行，并根据绩效结果进行人事变动、奖惩安排等。

（二）确定绩效管理工具

绩效管理工具可用于分解企业发展目标，减少员工无意义的工作，且各工具内常预设常用岗位的绩效考核方案，方便企业根据自身实际情况选择对应的考核方案等，在企业制订绩效计划时也大有用处，可方便企业的绩效考核工作。常用的绩效管理工具如表 8-13 所示。

表 8-13　常见的绩效管理工具

绩效管理工具	管理工具使用方法
目标管理（management by objective，MBO）法	1. 制定团队绩效管理的整体目标
	2. 将目标分配到各个部门，部门责任人设定本部门目标
	3. 部门成员设定自己的具体目标
	4. 团队管理者与团队成员共同商定行动计划，以实现目标
	5. 实施计划，定期检查和反馈计划
	6. 结合绩效奖励等激励方式，促进目标更好地实现
目标与关键成果（objectives and key results，OKR）法	1. 在 OKR 会议上通过小组讨论分析企业愿景和战略等步骤，确定合理的年度目标或季度目标
	2. 将目标从上到下分解，确定从企业到部门、小组、个人的目标，就目标的意义、完成措施与全员沟通，达成对目标的一致理解，分解后的任务目标、成果、得分需完全公开透明
	3. 一周或一月检查一次目标完成情况，做好工作汇报并在必要时进行调整，汇报内容需涵盖目标、进度、遇到的问题、原因、需要的支持和下一步计划
	4. 定期回顾 OKR 执行过程，每个 OKR 负责人详细阐述目标从建立到完成的情况，总结经验教训，提出建议并给自己评分
定标比超（benchmarking）法	1. 选择行业内绩效管理成果优秀的企业作为标杆，或选择团队内部绩效较好的个人作为标杆
	2. 根据标杆分析原因，寻找差距，找到改进方法
	3. 对改进方法进行落实，同时总结经验，形成新的、适合自己的方法
关键绩效指标（key performance indicator，KPI）法	1. 运用鱼骨分析法建立关键绩效指标体系，确定关键成功因素，并将其分解为关键绩效指标
	2. 通过关键绩效指标对各部门的具体工作进行量化
	3. 逐步完善、落实关键绩效指标和绩效管理流程
	4. 运用团队文化、制度等，更好地实现绩效管理目标
平衡计分卡（balanced score card，BSC）	1. 结合团队战略，从财务、客户、内部经营流程、学习与成长 4 个方面设定具体绩效指标
	2. 根据绩效指标提出各部门的具体量化考核指标，并分解、传达到下级各层
	3. 确定年度、季度和月度具体绩效考核指标及标准
	4. 跟踪、检查团队成员绩效完成情况，定期汇报各部门绩效考核结果，并对其评估、分析和调整

（三）制订绩效计划

绩效计划是关于工作目标和工作标准的契约，是绩效双方（管理者和员工）在充分沟通的基础上就绩效目标和绩效标准（如工作目标、工作职责、主要任务、完成任务的标准及完成任务过程中的困难与障碍等）达成的共识。制订绩效计划的主要步骤如图 8-7 所示。

绩效计划是考核、评估员工绩效的重要依据，管理者主要就员工达成绩效计划的情况和完成绩效计划过程中的表现来评估员工的绩效。

（四）设计有效的绩效考核方法

要得出绩效考核结果，必须以明确的绩效考核方法为依据。为了保证绩效考核的公平、公正，企业可以综合考虑自身项目和具体工作情况，选择适合不同团队或岗位的绩效考核方法。常见的绩效考核方法包括排序法、强制分布法、关键事件法、不良事故评估法和行为锚定法。

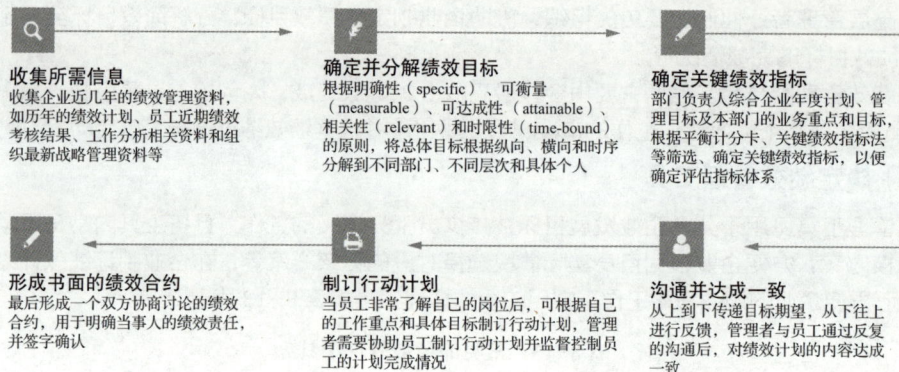

图 8-7　制订绩效计划的主要步骤

1）排序法

排序法是一种简单易行的绩效评价方法，大学生创业者可以直接对所有团队成员的总业绩进行排序，也可以采取"掐头去尾"和"逐层评价"的方法获得团队成员业绩的最终排序，其操作方法如下。

（1）列出被评估人员的名单，并划去评估者不熟悉的人员。

（2）选出表现最好和表现最差的团队成员。

（3）在剩余的团队成员中选出表现最好和表现最差的团队成员。

以此类推，对所有团队成员进行排序，得出完整的排序名单。

2）强制分布法

强制分布法是以正态分布原理为基础的绩效考核方法，该方法假设被评估者中同时存在优秀、一般和较差的团队成员，其操作步骤为将绩效表现划分为多个等级，并确定每个等级的人数比例，然后将团队成员按工作情况分配到每个绩效等级内，从而确定绩效评估结果。

例如，新创企业管理者将绩效表现划分为优秀、良好、中等、不合格 4 个等级，其中优秀占比10%，良好占比 30%，中等占比 50%，不合格占比 10%，然后将被评估者按照其工作情况和已确定的比例，依次划分到相应的等级中。

3）关键事件法

关键事件法是一种针对工作中重要的、能导致该工作成功与否的任务和职责要素，对可观察到的相关行为表现进行描述，以之作为标准进行绩效考核的技术，其操作方法如下。

（1）确定关键事件的定义或项目，例如根据团队的战略目标或部门的工作目标确定关键事件，或按照往年工作情况和管理者经验，与团队成员共同确定关键事件包含的项目。

（2）记录团队成员的关键事件。

（3）整理关键事件报告。

（4）根据关键事件报告评定团队成员的绩效。

（5）针对绩效评估结果帮助团队成员提高和改进绩效。

4）不良事故评估法

不良事故评估法是一种以绩效周期内团队成员身上出现的不良事件作为评估依据的绩效考核方法，出现的不良事件越多，负面影响越大，绩效就越差，其操作方法如下。

（1）确定不良事故包含的内容，并限定不良事故的处罚标准。

（2）制定不良事故的监督与预防机制。

（3）记录团队成员在绩效周期内的不良事故。

（4）根据不良事故记录生成团队成员的绩效评估报告。

（5）针对绩效评估报告，对团队成员实施相应的奖惩措施。

5 行为锚定法

行为锚定法需要列举每项工作的特定行为，并为其划分等级，明确每个等级的分值，其操作方法如下。表8-14所示为行为锚定法评定量表的模板（以团结性这个工作行为为例）。

（1）用工作分析中的关键事件技术确定有效和无效的工作行为。

（2）将上述工作行为按照工作或工作者的特征划分到各个维度，并概括各维度的定义。

（3）与外部专家讨论分析的结果，确保科学、准确地划分行为。

（4）建立一个评定量表，该表应包括特征的名称、定义、各行为描述等内容，从而形成最终的绩效评价体系，进行绩效评价。

（5）根据实际评估的反馈，适时调整和修订行为评定量表。

表8-14　行为锚定法评定量表（以团结性为例）

姓名:	部门:		考核年月:　　年　　月	自评□ 互评□	
项目		评定内容		配分	得分
团结性		1. 能充分与人协调合作，团队关系融洽			
		2. 主动帮助团队成员，团队关系较融洽			
		3. 能应别人的要求帮助他人，团队关系一般			
		4. 很少与别人合作，配合度差，团队关系较不好			
		5. 不肯与别人合作，团队关系紧张			

（五）建立绩效考核指标体系

为了按照统一的标准衡量团队成员的绩效，企业应该建立自己的绩效考核指标体系，将所有成员置入同一体系进行评价。绩效考核指标体系主要由绩效考核指标、绩效考核指标权重和绩效考核指标评价标准三方面构成。其中绩效考核指标是绩效考核的核心，创业团队有明确的绩效考核指标，才能进行有效的绩效考核和绩效管理。

1 绩效考核指标

绩效考核指标是指对团队成员绩效进行考核与评价的项目，主要包括硬指标和软指标两种类型，其中硬指标是以具体数值表示结果的评价指标，如销售业绩等；软指标是根据被考核者的知识和经验进行判断的指标，如团队成员态度等。一般来说，不同的团队在进行绩效考核时，其绩效考核指标是不同的，大学生创业者应选择合适的方法对绩效考核指标进行设计，如表8-15所示。

表8-15　制定绩效考核指标的常用方法

方法名称	使用方法
工作分析法	对某一职位任职者需要具备的能力及其工作职责进行分析，确定其衡量指标及指标的重要性
个案研究法	在较长时间内连续调查研究某个个体、群体或组织，并从典型个案中推导出普遍规律，例如从典型团队成员的工作情境、行为表现、工作绩效中分析绩效考核指标
业务流程分析法	通过对团队成员在业务流程中承担的角色、责任及其与上下级之间的关系进行分析，确定衡量其工作绩效考核指标
专题访谈法	通过面对面的沟通获取有关信息，从而确定其衡量指标，可以个体访谈，也可以群体访谈
问卷调查法	通过问卷调查的形式获取有关信息，从而确定其衡量指标

2 绩效考核指标权重

绩效考核指标权重是指对各项指标重要程度的评价和衡量，权重往往能反映团队各项工作的重点、难点。在确定考核指标的权重时，大学生创业者可以根据决策者的经验进行判断，也可以根据各指标的重要程序进行排序，或者组成专家考评小组，对考核指标的权重进行判断和计算。

3 绩效考核指标评价标准

绩效考核指标评价标准是指团队成员的绩效在各个指标上应该达到的水平，即期望标准。绩效考核指标评价标准是评价绩效考核指标的重要依据，包括描述标准和量化标准等类型。描述标准即用文字描述期望达到的状态，量化标准则用具体的数字描述期望达到的状态。描述标准经过长期的观察、分析、总结，然后对各个行为指标下的行为划分等级，建立行为标准。量化标准则根据创业团队的绩效目标和绩效指标，确定各个层面的量化考核标准，并对其进行调整和汇总。

（六）确定绩效考核周期

绩效考核一般有相对固定的周期，例如在奖金发放周期、工作任务完成周期等时段进行考核。绩效考核的周期往往由工作性质决定，从事事务性工作的成员，其考核周期相对较短；从事管理、技术等工作的成员，其考核周期相对较长；从事公共关系、法务等工作的成员，其考核周期往往是在工作的某一阶段，如项目完成时进行绩效考核，周期不定。

当然，大学生创业者也可以选择"定期考核 + 不定期考核"，对不同项目采取不同的考核周期。例如，对日常工作每月考核，但对价值观、工作态度等内容每季度考核。

（七）绩效面谈

绩效考核之后，企业需要将评价结果反馈给相应成员，此时就要组织绩效面谈。无论是对绩效优秀者还是绩效不令人满意者，都可以通过绩效面谈进行鼓励、劝诫、安抚、表扬等，以促进后续绩效的提升。

四、员工沟通与参与

员工沟通与参与是指构建企业与员工之间、员工与其他员工之间的沟通机制，使企业能够将必要的信息传达给员工，员工能对企业决策做出贡献，以及使员工之间能够合作。

企业可以成立人力资源部门或行政部门，协作完成企业的上传下达工作，帮助协调不同部门与部门员工之间的关系，并在员工工作满意度提升、劳动保障、职业心理辅导与申诉处理等方面提供帮助。同时企业还要鼓励员工与员工之间、上下级之间平等对话，营造良好、融洽的人际沟通氛围，并建立健全员工申诉机制，使员工有实际的问题解决渠道，提高员工满意度，同时加深员工对企业决策的参与度。例如，设立电子信箱、提供热线电话等。

此外，企业还应鼓励员工对公司提出合理化建议，欢迎员工通过投递公司发展意见至电子信箱的方式，参与公司的管理决策。或者定期举办员工大会、员工参与管理会议等，保证员工一年至少有一次机会向企业高层管理者畅谈自己对企业工作的各种意见等，尽可能多地使员工参与企业决策，同时企业需尽快对员工提出的意见做出反馈。

精选案例

使员工参与管理

李志毕业后没多久与人合伙创立了一家电子商务公司，经过一两年的发展，这家新创企业虽然暂时存活了下来，但发展情况不容乐观。李志发现，公司的员工流动率较高，月缺勤率达到10%，员工怠工情况也时有发生，工作积极性较低。经过调查，李志发现，原来有不少员工对公司的管理制度和方法存在意见，对公司的一些决策也不是很满意，但很少有提出意见的机会，有时虽然提出了意见，问题也难以得到解决。

经过一番思考，李志等管理团队决定使员工参与公司管理以改进工作，他们建立了专门的员工反馈渠道和反馈处理机制，并定期召开员工参与管理会议。刚开始，公司收到的几乎都是各种抱怨，然而随着各种问题的解决，员工的工作积极性逐渐提高，大家的公司归属感越来越强，员工流动性降低，公司稳步向好发展。

分析　在企业管理中，一旦员工与管理者之间缺乏良好的沟通机制，必然会导致一些矛盾的产生，不利于公司的发展，因此，新创企业要注意增强与员工的沟通，使员工参与企业决策，这样不仅可以提高员工的主人翁意识，还有利于整个企业更加团结稳固。

五、劳动纠纷处理

劳动纠纷也称劳动争议，指劳动关系当事人之间因劳动权利和义务产生分歧而引起的纠纷。引起劳动争议的内容包括劳动就业、劳动合同、劳动报酬、工作时间和休息时间、开除、辞退、劳动安全与卫生、社会保险与福利、培训、奖惩等。

《中华人民共和国劳动法》第七十九条规定："劳动争议发生后，当事人可以向本单位劳动争议调解委员会申请调解；调解不成，当事人一方要求仲裁的，可以向劳动争议仲裁委员会申请仲裁。当事人一方也可以直接向劳动争议仲裁委员会申请仲裁。对仲裁裁决不服的，可以向人民法院提起诉讼。"因此，处理劳动争议时，可以采取协商、调解、仲裁、诉讼4个不同方法。

（一）协商

《劳动法》第七十七条规定："用人单位与劳动者发生劳动争议，当事人可以依法申请调解、仲裁、提起诉讼，也可以协商解决。"其中协商是指当事人因合同发生纠纷时可以进行协商，在尊重双方利益的基础上，就争议的事项达成一致，从而解决纠纷的方式。

（二）调解

调解是指在第三人的主持下，通过说服教育等方式解决当事人之间的纠纷。当事人不愿协商、协商不成或者达成和解协议后不履行的，可以向本企业劳动争议调解委员会申请调解。调解成功双方达成一致的，应制作调解协议书，按该文书各自履行相应义务，但调解协议书不具备法律强制力，不能要求对方强制执行。

（三）仲裁

仲裁是指发生争议的双方当事人，根据争议发生前或发生后达成的仲裁协议，将纠纷提交仲裁机关进行裁决并解决纠纷的方式。不愿调解、调解不成或者达成调解协议后不履行的，可以向劳动争议仲裁委员会申请仲裁，当事人也可以跳过协商、调解程序，直接向劳动争议仲裁委员会申请仲裁。仲裁机构作出的仲裁裁决具有法律效力，当事人应当履行。

（四）诉讼

对仲裁裁决不服，符合法定条件的，当事人可以向人民法院提起诉讼。诉讼指合同纠纷发生后，当事人如果没有仲裁协议，任何一方均可以向人民法院提起民事诉讼，请求人民法院对劳动纠纷依法予以处理。如果发生争议的劳动者一方在10人以上，并有共同请求的，劳动者可以推举3～5名代表人参加仲裁活动。

此外，用人单位违反国家规定，拖欠或未足额支付劳动报酬，或拖欠工伤医疗费、经济补偿或赔偿金的，劳动者可以向劳动行政部门投诉，劳动行政部门应当依法处理。

★谈一谈　如何才能尽可能避免劳动纠纷？

精选案例

处理劳动纠纷

某创业公司与软件开发工程师陈某签订了为期两年的劳动合同。由于陈某表现出色，公司打算出资送陈某去国外接受半年学习培训，并与其签订了一份服务协议，要求其培训回国后需要继续为公司服务两年。但事实上，陈某回国一年后就因要求升职加薪未果向公司提出解除劳动合同，并在公司未同意的情况下跳槽到另一家软件公司并与对方签订劳动合同。现在公司打算按照劳动争议流程依法提出仲裁申请。

　　分析　当企业与员工产生劳动纠纷时，企业要善于通过劳动纠纷处理方式解决问题，依法保证自身权益，妥善处理问题。

课后思考与练习

1. 你认为创业者创办企业时，可以优先选择哪些企业组织形式？为什么？

_____

_____

2. 假设你想开办一家咖啡店，创业初始资金 100 万元，请你完成店铺选址工作，并说明你的选址思路。

_____

_____

_____

3. 请你根据开设咖啡店店铺的设想，分析你所需的人力资源数量和结构，制订员工招聘方案，并完成表 8-16 的填写。

表 8-16　人力资源招聘方案

分析项目	分析结论			
当前人员结构	人员		职位	
	人员		职位	
	人员		职位	
	人员		职位	
空缺岗位	岗位名称		需求数量	
	岗位名称		需求数量	
	岗位名称		需求数量	
	岗位名称		需求数量	
空缺岗位技能要求				
空缺岗位招聘人员类型		□企业员工　□实习生　□自由职业者　□其他		
		□企业员工　□实习生　□自由职业者　□其他		
		□企业员工　□实习生　□自由职业者　□其他		
		□企业员工　□实习生　□自由职业者　□其他		
拟采用人员招聘方式				

续表

分析项目	分析结论
人员培训计划	培训目的：
	培训内容：
	培训实施（场地、培训师资、培训时间等）：

4. 阅读分析以下案例，回答问题。

2019 年 7 月，华为技术有限公司（以下简称华为）公布了华为创始人、CEO 任正非亲自签发的 8 名顶尖学生的年薪方案，将"天才少年"计划第一次清晰地展示在社会公众面前。2020 年 8 月，华为再次公布入选"天才少年"计划的人员名单，又一次在社会上引起了广泛而强烈的讨论。有人说，华为的"天才少年"计划以百万年薪吸引众人眼球，实质上是一种营销手段；也有人说，华为的"天才少年"计划是华为的人力资源管理手段和战略，这也是华为能够取得成功的重要原因。

事实上，有渠道称，任正非早在 2019 年 6 月 20 日的内部讲话中就已经表示：今年我们将从全世界招进 20 ～ 30 名天才少年，明年我们还想从世界范围招进 200 ～ 300 名；这些天才少年将像"泥鳅"一样，"钻"活我们的组织，激活我们的队伍。

从本质上看，华为的"天才少年"计划是一个由任正非发起的、以顶级挑战和顶级薪酬吸引顶尖人才的项目，这也从侧面反映了华为的人力资源管理策略——以人才管理奠定胜利的基础。

从创业初期开始，任正非就有十分强烈的人才资源意识，很早就提出了人才是第一资源这个重要观念。很多人都知道，华为的成功与其优秀的人力资源管理密切相关，然而却很少有企业能够复制华为的成功。华为的飞速发展，促使其对优秀人才的需求不断提升，华为必须在吸收西方人力资源管理经验的同时，大量培养属于自己的优秀工程师和管理团队，以适应华为的战略发展需要。而随着华为的不断变革，其人才管理战略也必须不断革新，任正非将人才结构从金字塔状改为蜂窝状，就是为了吸引更多优秀的人才进入组织，适应组织业务与管理变化，有针对性地管理各类人才，从而激活各级队伍。

任正非说，华为要自己创造标准，只要能做到世界最先进，那我们就是标准，别人就会向我们靠拢。而要实现这一目的，公司的每个体系都要调整到冲锋状态，要发挥所有人的聪明才智，英勇作战，奋力前行。

（1）你如何看待华为的"天才少年"计划在其人力资源管理中的作用？

_____

_____

（2）通过网络搜索华为的人力资源管理相关资料，分析华为的人力资源管理特点，并谈谈其管理方式对于新创企业而言，有哪些是值得借鉴的。

_____

_____

项目九　创新创业大赛实践

（1）知识目标：认识中国国际"互联网+"创新创业大赛和"创青春"中国青年创新创业大赛的参赛项目和获奖案例。

（2）技能目标：能够选择适合参赛的项目。

（3）素质目标：认识创新创业大赛的重要性，善于总结，能够从获奖案例中得到经验，并将好的经验运用于自己的创新创业实践活动。

引例

健康、扶贫、传承，一场赛事造福一方百姓

当全民健身提升为国家战略、全民健身热潮掀起时，越来越多的人开始共享健康生活。

对于大多数体育爱好者来说，通过锻炼强身健体的同时，还能享受运动带来的乐趣。

但是，体育除了锻炼身体外，还能为人们带来什么？这一问题，鲜有人思考，尤其是体育还能与扶贫联系在一起，让人好奇又不解。

赵煜，曾是革命老区的留守儿童，深知家长陪伴孩子成长有多重要，"发展乡村"便是他一直以来的愿望。初入上海体育学院的他，报名加入了学校的一个公益社团"青于蓝体育服务中心"，其中有近7000名大学生践行赛事专业。

随着业务发展需要，赵煜和社团负责人开始探索社团转型新路。将家乡的特殊性、童年的生活经历与专业所学相结合，赵煜把转型之路定为"红色+体育+扶贫"模式。

"通过赛事市场化，整合政府、企业等多方资源，联动乡村旅游、住宿及餐饮等产业，是可以助力乡村振兴的"，赵煜将项目命名为"红色筑梦三项赛"。

在母校的引导下，项目团队与全国唯一的体育产业研究中心、体育旅游与文化数据研究中心等智库平台达成独家合作，并与国家体育总局、中青旅、中体产业、井冈山大学教育培训学院等强势资源合作，共同致力于红色体育赛事的开发和运营。

几经打磨，项目形成四大核心特色，在红色体育赛事中独树一帜。

特色一：寓教于乐，沉浸式红色教育

红色文化之地，参赛者通过定向越野打卡的形式，沉浸式体验诸多真实革命场景，同时感受时代红色教育。赛事旨在以寓教于乐的方式，使参赛者在"红色点将""老兵分享""战役打卡""公益传承"等精彩活动中体验和感受红色文化。

特色二：技术升级，大数据实时追踪

赛事创造性地引用互联网技术线上打卡，参赛选手完成每项任务后通过扫描二维码方可解锁下一任务，未知的解锁任务会为赛事增加许多趣味性。另外，参赛者可以通过"中国坐标"App实时查看成绩排名、追踪运动轨迹。组织者同时通过大数据科学监控运动比赛。

特色三：专业支撑，对标国际化赛事

赛事由上海体育学院上海运动与健康产业创新协同中心对体育产业、赛事进行专业规划、效益评估，体育旅游师资团队对赛事线路进行科学、安全、专业的指导。该项目不仅争当同类赛事的领军品牌，而且积极对标国际化赛事，联手上海市登山户外运动协会、每步科技（上海）有限公司等领域内专业机构，确保执行的标准化、竞赛规则的科学化、安保工作的规范化。

特色四："双线"齐下，赛事体验立体升级

线上，通过Keep、微博、微信公众号等新媒体平台实时更新赛事进展；依托上海体育学院明星校友资源，邀请体育明星入驻Keep平台，在"红色足迹"话题下，参与者与明星线上近距离互动；线下，体育明星参加开幕式并现场领跑，参赛者不仅能目睹冠军风采，还有机会与冠军一起"重走红军革命路"。

2019年，为了向中华人民共和国七十华诞献礼，项目团队专门设计举办了一场"红色教育＋体育赛事＋互联网技术"的红色筑梦越野赛，在有着丰富红色资源和优良革命文化传统的井冈山景区黄家坳排头兵广场吹响赛事号角。7千米的赛事路线，将井冈山黄坳乡红色山村的绳索、河流、大桥、丛林、山地车等户外运动资源一并串联其中，涵盖了秋收起义、穿越封锁线、转战大井冈、挑粮上井冈、红色递步哨、军民鱼水情、红色墟场、新城大捷、千里赴韶关、井冈山大会师等一系列红色文化主题任务打卡点。"亚洲足球先生"范志毅、世界体操冠军严明勇等体育明星现场领跑，将赛事氛围一度推向高潮。

休息间歇，项目团队还邀请红军二代代表为参赛者开讲革命先辈的故事、释义井冈山精神等，满足参赛者的身体和精神需求。

"红色筑梦三项赛"项目首选革命老区作为赛事开发地，根据老区的文化底蕴和自然禀赋，将红色、体育与互联网技术相结合，因地制宜规划、设计沉浸式体验的红色体育赛事，通过赛事为乡村引流，带动当地旅游、住宿、农家乐、餐饮、农产品销售、交通等多个行业发展。项目团队将大学所学的专业知识与创新创业充分融合，又将创新创业的内容与国家脱贫攻坚有机结合，不仅使团队成员感受到了"践行专业，服务社会"的宽度，而且使社会体会到了"勇立潮头，建功时代"的厚度，更使众多老区人民真切感受到了"齐心协力，奔赴小康"的温度。

【想一想】

1. "红色筑梦三项赛"项目是如何将体育与传承红色基因、实现乡村振兴相结合的？
2. "红色筑梦三项赛"项目的成功运营给了我们哪些启示？

近几年开办的各类创新创业大赛架起了教育端与产业端深度融合的桥梁，有助于培养更多具有家国情怀、"敢闯"素质、"会创"本领的一流创新创业人才。大学生作为当代有志青年，应当踊跃参与，开阔眼界、锻炼能力、提升素质，为开创创新创业事业、成为社会需要的创新型人才奠定基础。

任务一　参加中国国际"互联网＋"大学生创新创业大赛

　　《国务院关于进一步做好新形势下就业创业工作的意见》作为关于大学生创新创业工作的指导性文件，明确提出"支持举办创业训练营、创业创新大赛、创新成果和创业项目展示推介等活动，搭建创业者交流平台"。根据文件精神，各地、各高校纷纷响应号召，积极参与组织、举办各类大学生创新创业大赛，并鼓励广大大学生踊跃参与。这些大赛不仅为大学生进行创新创业实践提供了平台，还使一批批优秀的创业项目脱颖而出，打响了知名度，获得了投资孵化的机会。

精选案例

谓尔：你的数字孪生守护者

　　谓尔，一款全方位对用户本我内在进行数字孪生，在虚拟现实中建立虚拟自我，以获得即时正向反馈，实现自我提升的人格映射"养成型"系统——引导用户在现实生活中订立目标，通过细粒度用户画像与性格情绪可视化技术实现对用户内在本质的数字孪生虚拟身份，提供虚拟世界行业生态的接入口。

　　谓尔灵感源自项目负责人王振阳喜欢的科幻小说，从科技向善的朴素愿景出发，学生团队自主研发基于多模态信息的细粒度用户画像策略，并创造性地将数学与艺术相结合，基于贝塞尔曲线提出数字生成形象框架。基于非侵入式脑机进行形象标定和推演。

　　谓尔旨在架起现实世界与虚拟世界之间的桥梁，以此激励用户更好地认识自我、获得提升；引导新世代回归现实，提高国民整体素质，促进社会文明发展；防止科技反噬人类，凝聚文明发展延续力量。

　　谓尔团队全员为本科生，坚持"学生自主，真实落地"，团队获华尔街日报等多方媒体报道。获 2021 年苹果移动应用创新赛特等奖及苹果公司全球副总裁高度评价。在生态、概念、技术层面多维度创新。面对虚拟世界中数字孪生本我的空白市场，已获 500 万元融资，估值 5000 万元，致力于建立虚拟现实底层生态，引导科技向善。

一　中国国际"互联网＋"大学生创新创业大赛简介

　　中国国际"互联网＋"大学生创新创业大赛是我国深化创新创业教育改革的重要载体和关键平台，已成长为覆盖全国所有高校、面向全体大学生、影响最大的高校"双创"盛会。大赛主要由教育部与政府、各高校共同主办，旨在深化高等教育综合改革，激发大学生的创造力，培养造就"大众创业、万众创新"的主力军；推动赛事成果转化，促进"互联网＋"新业态的形成，服务经济提质增效升级；以创新引领创业，以创业带动就业，推动高校毕业生更高质量地实现创业与就业。该大赛首次举办于 2015 年，至 2023 年已成功举办了 8 届。下面以第九届中国国际"互联网＋"大学生创新创业大赛为例，展开赛事及活动、赛制、赛程安排、参赛项目、评审规则等的介绍。图 9-1 所示为第九届中国国际"互联网＋"大学生创新创业大赛官方宣传界面。

图 9-1 第九届中国国际"互联网+"大学生创新创业大赛官方宣传界面

第九届中国国际"互联网+"大学生创新创业大赛以"我敢闯，我会创"为主题，以"更中国、更国际、更教育、更全面、更创新、更协同"为总体目标，以赛促教、以赛促学、以赛促创，推动高等教育高质量发展，加快培养创新创业人才。大赛采用校级初赛、省级复赛、总决赛三级赛制（不含萌芽赛道以及国际参赛项目），总决赛由各地按照大赛组委会确定的配额择优遴选推荐项目。

大赛包括 1 个主体赛事、1 个"青年红色筑梦之旅"活动和 3 个同期活动。不同赛事、活动的要求和参赛类别有所不同。

（一）1 个主体赛事

主体赛事包括高教主赛道、"青年红色筑梦之旅"赛道、职教赛道、产业命题赛道和萌芽赛道。

（1）高教主赛道。高教主赛道的组别分为本科生组（创意组、初创组、成长组）和研究生组（创意组、初创组、成长组）共 6 个组别，参赛项目类型包括新工科、新医科、新农科、新文科。

（2）"青年红色筑梦之旅"赛道。参加"青年红色筑梦之旅"活动的项目，符合大赛参赛要求的，可自主选择参加"青年红色筑梦之旅"赛道，项目主要聚焦"新农村、新农业、新农民、新生态"建设，围绕乡村"产业振兴、人才振兴、文化振兴、生态振兴、组织振兴"要求，同时在推进农业农村、城乡社区经济社会发展等方面有创新性、实效性和可持续性。根据项目性质和特点，分为公益组、创意组、创业组。

（3）职教赛道。职教赛道组别有创意组、创业组，参赛项目类型包括创新类（以技术、工艺或商业模式创新为核心优势）、商业类（以商业运营潜力或实效为核心优势）、工匠类（以体现敬业、精益、专注、创新为内涵的工匠精神为核心优势）。

（4）产业命题赛道。产业命题赛道针对企业开放创新需求，面向产业代表性企业、行业龙头企业、专精特新企业等征集命题，形式为"企业出题，师生团队答题"。其命题应聚焦国家"十四五"规划战略性新兴产业方向，倡导新技术、新产品、新业态、新模式，围绕新工科、新医科、新农科、新文科对应的产业和行业领域。该赛道的设立旨在发挥开放创新效用，打通高校智力资源和企业发展需求，协同解决企业发展中所面临的技术、管理等现实问题，同时引导高校将创新创业教育实践与产业发展有机结合，促进学生了解产业发展状况，培养学生解决产业发展问题的能力，推动大学生更高质量创业就业。

（5）萌芽赛道。萌芽赛道主要面向普通高级中学在校学生，以推动创新创业素质教育，探索基础教育阶段创新创业教育的新模式，引导中学生开展科技创新、发明创造、社会实践等创新性实践活动，培养创新精神、激发创新思维、享受创造乐趣、提升创新能力为目标，发现和培养基础学科及创新创业后备人才。

（二）1 个"青年红色筑梦之旅"活动

第九届中国国际"互联网+"大学生创新创业大赛继续在更大范围、更高层次、更有温度、更深程度上开展"青年红色筑梦之旅"活动。该活动以"强国有我新征程，乘风破浪向未来"为主题，紧扣学习贯彻习近平新时代中国特色社会主义思想主题教育，不断拓展"青年红色筑梦之旅"活动的时代内涵，引导广大青年学生"上山下乡出海"，乘风破浪向未来。通过扎实开展"青年红色筑梦之旅"活动，推动习近平新时代中国特色社会主义思想入眼入耳入脑入心，使广大青年学生深刻理解"两个确立"、坚决做到"两个维护"，坚定不移听党话、跟党走，厚植家国情怀，成为社会主义合格建设者和可靠接班人，为全面建设社会主义现代化国家贡献青春力量。

（三）3 个同期活动

大赛总决赛期间，融合高校课程思政建设、创新创业教育、在线教育、拔尖人才培养等内容举办 3 项同期活动，即世界大学生创新创业联盟成立仪式、世界大学生创新创业指数发布会、大赛优秀项目资源对接会系列活动。

二、中国国际"互联网＋"大学生创新创业大赛比赛赛制

（1）大赛主要采用校级初赛、省级复赛、总决赛三级赛制（不含萌芽赛道以及国际参赛项目）。校级初赛由各院校负责组织，省级复赛由各地负责组织，总决赛由各地按照大赛组委会确定的配额择优遴选推荐项目。大赛组委会将综合考虑各地报名团队数（含邀请国际参赛项目数）、参赛院校数和创新创业教育工作情况等因素分配总决赛名额。

（2）大赛共产生 4100 个项目入围总决赛（港澳台地区参赛名额单列），其中高教主赛道 2300 个（国内项目 1800 个、国际项目 500 个）、"青年红色筑梦之旅"赛道 600 个、职教赛道 600 个、产业命题赛道 400 个、萌芽赛道 200 个。

（3）高教主赛道每所高校入选总决赛项目不超过 5 个，"青年红色筑梦之旅"赛道每所院校入选总决赛项目不超过 3 个，职教赛道每所院校入选总决赛项目不超过 3 个，产业命题赛道每道命题每所院校入选项目不超过 3 个，萌芽赛道每所学校入选总决赛项目不超过 2 个。

三、中国国际"互联网＋"大学生创新创业大赛赛程安排

中国国际"互联网＋"大学生创新创业大赛一般在 5—10 月举行，2023 年具体时间安排如下。

（一）参赛报名（2023 年 5—8 月）

参赛团队登录全国大学生创业服务网进行报名，在"资料下载"板块可下载学生操作手册指导报名参赛。通过微信公众号（名称为"全国大学生创业服务网"或"中国互联网十大学生创新创业大赛"）进行赛事咨询。

（二）初赛复赛（2023 年 6—8 月）

各地各学校登录全国大学生创业服务网进行大赛管理和信息查看。省级管理用户使用大赛组委会统一分配的账号进行登录，校级账号由各省级管理用户进行管理。初赛复赛的比赛环节、评审方式等由各校、各地自行决定。各地应在 8 月 31 日前完成省级复赛，并完成入围总决赛的项目遴选工作（推荐项目应有名次排序，供总决赛参考）。国际参赛项目的遴选推荐工作另行安排。

（三）总决赛（2023 年 9—10 月）

大赛设金奖、银奖、铜奖，另设省市组织奖、高校集体奖及若干单项奖。入围总决赛的项目将通过评审，择优进入总决赛现场比赛，决出各类奖项。大赛组委会通过全国大学生创业服务网、国家大学生就业服务平台为参赛团队提供项目展示、创业指导、人才招聘、资源对接等服务，各项目团队可登录上述网站查看相关信息，各地各校可充分利用网站资源，为参赛团队做好服务。

四、中国国际"互联网＋"大学生创新创业大赛参赛项目选择

不同赛道具体的参赛项目要求各不相同。以高教主赛道为例，第九届中国国际"互联网＋"大学生创新创业大赛规定的高教主赛道参赛项目类型如表 9-1 所示。大学生要选择符合赛道要求的项目参赛。

表 9-1　高教主赛道参赛项目类型介绍

参赛项目类型	参赛项目
新工科类项目	大数据、云计算、人工智能、区块链、虚拟现实、智能制造、网络空间安全、机器人工程、工业自动化、新材料等领域，符合新工科建设理念和要求的项目
新医科类项目	现代医疗技术、智能医疗设备、新药研发、健康康养、食药保健、智能医学、生物技术、生物材料等领域，符合新医科建设理念和要求的项目
新农科类项目	现代种业、智慧农业、智能农机装备、农业大数据、食品营养、休闲农业、森林康养、生态修复、农业碳汇等领域，符合新农科建设理念和要求的项目
新文科类项目	文化教育、数字经济、金融科技、财经、法务、融媒体、翻译、旅游休闲、动漫、文创设计与开发、电子商务、物流、体育、非物质文化遗产保护、社会工作、家政服务、养老服务等领域，符合新文科建设理念和要求的项目

　　参赛项目团队应认真了解和把握"四新"发展要求，结合以上分类及项目实际，合理选择参赛项目类别。参赛项目不只限于"互联网+"项目，鼓励各类创新创业项目参赛，根据"四新"建设内涵和产业发展方向选择相应类型。

五　中国国际"互联网+"大学生创新创业大赛评审规则

　　无论报名哪个参赛组别，参赛团队都应该从项目"市场""产品""技术""团队""效益""未来的发展"6个方面进行思考和自查，并明确项目短板。同时，结合参赛组别的评审规则，进行项目的完善和优化。不同组别的评审规则有所差别，下面分别以高教主赛道的创意组和"青年红色筑梦之旅"赛道的公益组为例，从教育维度、创新维度、团队维度、商业维度、社会价值维度、公益维度和发展维度等方面介绍评审规则。

　　（1）高教主赛道创意组参赛项目的评审要点、评审内容和分值，如表9-2所示。

表 9-2　高教主赛道创意组参赛项目的评审要点、评审内容和分值

评审要点	评审内容	分值
教育维度	1. 项目应弘扬正确的价值观，厚植家国情怀，恪守伦理规范，有助于培育创新创业精神 2. 项目符合将专业知识与商业知识有效结合并转化为商业价值或社会价值的创新创业基本过程和基本逻辑，展现创新创业教育对创业者基本素养和认知的塑造力 3. 体现团队对创新创业所需知识（专业知识、商业知识、行业知识等）与技能（计划、组织、领导、控制、创新等）的娴熟掌握与应用，展现创新创业教育提升创业者综合能力的效力 4. 项目充分体现团队解决复杂问题的综合能力和高级思维；体现项目成长对团队成员创新创业精神、意识、能力的锻炼和提升作用 5. 项目能充分体现院校在"三位一体"统筹推进教育、科技、人才工作，扎实推进新工科、新医科、新农科、新文科建设方面取得的成果；体现院校在项目的培育、孵化等方面的支持情况；体现产教融合、科教融汇、多学科交叉、专创融合、产学研协同创新等模式在项目产生与执行中的重要作用	30
创新维度	1. 项目遵循从创意到研发、试制、生产、进入市场的创新一般过程，进而实现从创意向实践、从基础研发向应用研发的跨越 2. 团队能够基于学科专业知识并运用各类创新的理念和范式，解决社会和市场的实际需求 3. 项目能够从产品创新、工艺流程创新、服务创新、商业模式创新等方面着手开展创新创业实践，并产生一定数量和质量的创新成果以体现团队的创新力	20
团队维度	1. 团队的组建原则与过程是否科学合理；团队是否具有支撑项目成长的知识、技术和经验；是否有明确的使命愿景 2. 团队的组织构架、人员配置、分工协作、能力结构、专业结构、合作机制、激励制度等的合理性情况 3. 团队与项目关系的真实性、紧密性情况；对项目的各项投入情况；创立创业企业的可能性情况 4. 支撑项目发展的合作伙伴等外部资源的使用及与项目关系的情况	20

续表

评审要点	评审内容	分值
商业维度	1. 充分了解所在产业（行业）的产业规模、增长速度、竞争格局、产业趋势、产业政策等情况，形成完备、深刻的产业认知 2. 项目具有明确的目标市场定位，对目标市场的特征、需求等情况有清晰的了解，并据此制订合理的营销、运营、财务等计划，设计完整、创新、可行的商业模式，展现团队的商业思维 3. 项目落地执行情况；项目对促进区域经济发展、产业转型升级的情况；已有盈利能力或盈利潜力情况	20
社会价值维度	1. 项目直接提供就业岗位的数量和质量 2. 项目间接带动就业的能力和规模 3. 项目对社会文明、生态文明、民生福祉等方面的积极推动作用	10

（2）"青年红色筑梦之旅"赛道公益组参赛项目的评审要点、评审内容和分值，如表9-3所示。

表9-3　"青年红色筑梦之旅"赛道公益组参赛项目的评审要点、评审内容和分值

评审要点	评审内容	分值
教育维度	1. 项目应弘扬正确的价值观，厚植家国情怀，恪守伦理规范，有助于培育创新创业精神 2. 项目体现团队扎根中国大地，了解国情民情，遵循发现问题、分析问题、解决问题的基本规律，将所学专业知识、技能和方法应用于解决各类社会问题，展现创新创业教育对创业者基本素养和认知的塑造力，以及提升创业者综合能力的效力 3. 项目充分体现团队解决复杂问题的综合能力和高级思维；体现项目成长对团队成员创新创业精神、意识、能力的锻炼和提升作用 4. 项目充分体现院校在"三位一体"统筹推进教育、科技、人才工作，扎实推进新工科、新医科、新农科、新文科建设方面取得的成果；项目充分体现专业教育、思政教育、创新创业教育的有机融合；体现院校对项目培育、孵化等方面的支持情况	30
公益维度	1. 项目以社会价值为导向，以谋求公共利益为目的，以解决社会问题为使命，不以营利为目标，有一定公益成果 2. 在公益服务领域具有较好的创意、产品或服务模式的创业计划和实践，追求社会效益的最大化	10
团队维度	1. 团队的组成原则与过程是否科学合理；是否具有从事公益创业所需的知识、技术和经验；是否有明确的使命愿景 2. 团队内部的组织构架、人员配置、分工协作、能力结构、专业结构、激励制度的合理性情况；团队外部服务支撑体系完备（如志愿者团队等）、具有一定规模、实施有效管理使其发挥重要作用的情况 3. 团队与项目关系的真实性、紧密性情况；团队对项目的各项投入情况；团队的延续性或接替性情况 4. 支撑项目发展的合作伙伴等外部资源的使用及与项目关系的情况	20
发展维度	1. 项目通过吸纳捐赠、获取政府资助、自营收等方式确保持续生存能力情况 2. 团队基于一定的产品、服务、模式，通过高效管理、资源整合、活动策划等运营手段，确保项目影响力与实效性 3. 项目在促进就业、教育、医疗、养老、环境保护与生态建设等方面的效果 4. 项目模式可复制、可推广、具有示范效应 5. 项目对带动大学生到农村、城乡社区从事社会服务就业创业的情况	20
创新维度	1. 团队能够基于科学严谨的创新过程，遵循创新规律，运用各类创新的理念和范式，满足社会实际需求 2. 项目能够从产品创新、服务创新等方面着手开展公益创业实践，并产生一定数量和质量的创新成果 3. 鼓励将高校科研成果运用于公益创业，以解决相应的社会问题	20
必要条件	参加由学校、省市或全国组织的"青年红色筑梦之旅"活动	

六　中国国际"互联网＋"大学生创新创业大赛获奖作品赏析

在"大众创业、万众创新"的政策鼓励下，"互联网＋"大学生创新创业大赛为大学生创新创业提供了新的机遇，点燃了无数青年学子的创新创业激情。大赛项目覆盖国计民生，涉及经济社会生活的诸多方面，为诸多问题的解决提供了创新型方案。其中不少项目有极高的含金量和参考价值，

大学生可以主动了解这些项目，从而加深对创新创业活动的理解和领悟。

（一）微纳动力科技：磁场控制技术攻克靶向医疗

2023年4月，第八届中国国际"互联网+"大学生创新创业大赛冠军争夺赛在重庆大学举行，经过近2小时的激烈角逐，北京航空航天大学申报的项目"微纳动力科技：磁场控制技术攻克靶向医疗"获得大赛亚军。

❶ 项目介绍

该项目团队致力于运用电磁力驱动磁性物质，实现精细运动。利用领先的磁场控制技术，在学校帮助并与专业医疗专家、医院合作的情况下，该团队主要推出了两款产品，磁悬浮胶囊胃镜机器人和靶向给药微纳米机器人，用于现今的医疗领域，解决胃检查及直肠癌、胃癌等靶向药物靶向率低的问题。

胃镜和胃镜胶囊机器人是检测胃部病变的有效方式，但传统胃镜检查具有检查过程痛苦且伴有并发症的问题，传统的胶囊机器人则无法精准控制，导致检测存在盲区，鉴于此，该团队开发了可口服的磁悬浮胶囊胃镜机器人，利用磁悬浮控制，使胶囊机器人实现高精度自由移动，到达胃部任意位置以任意角度拍摄，确保检测无盲区。同时，团队攻克了小体积与高集成度的技术难点，实现了基于Wi-Fi的高速视频传输技术。对比全球同类产品，该项胶囊机器人技术参数大幅提升，多方面实现了行业首创。图9-2所示为磁悬浮胶囊胃镜机器人做磁悬浮运动的截图。

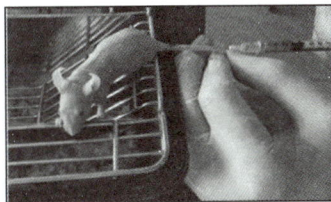

在此基础上，该团队开发了第二款产品，即提升用于抗肿瘤的分子（被动）靶向药物靶向性的靶向给药微纳米机器人。相比无靶向性、毒副作用明显的传统化疗药物，分子（被动）靶向药物可减轻毒副作用，提高肿瘤杀伤效果。由于传统化疗药物靶向性低，因此肿瘤杀伤效果有限，到达肿瘤位置的药物仅占0.7%。而该团队研发的靶向给药微纳米机器人可以在磁场作用下，实现主动的靶向给药，使抗肿瘤药物精准投放在肿瘤区域，靶向率可提升至70%。

动物实验（图9-3）中，通过利用靶向给药微纳米机器人，肿瘤的生长抑制率可高达91%。团队还与校友企业合作，进行基于磁悬浮机器人的航空发动机无接触内部检修技术的研发。2022年，项目所属公司成立3个月便完成天使轮融资2000万元。次年，完成A轮融资4000万元。同时公司接到了多家客户订单，预计2025年实现营收1.5亿元。未来该团队将把磁场控制技术运用于更多领域，如进行精密设备内部检查、自由绘制全息影像等。

图9-2　磁悬浮胶囊胃镜机器人做磁悬浮运动　　图9-3　为患有肿瘤的小鼠静脉注射微纳米机器人

❷ 项目赏析

该项目团队立足于当前的具体医疗困境提出了解决方案，通过磁控设备构造精密磁场空间，控制精度达到微纳米级，开发了多种产品，实现了癌症的颠覆性治疗。其中磁悬浮胶囊胃镜机器人可实现胃部无麻、无痛、无创、无盲区的精准检查，采用行业首创的磁悬浮无接触检测技术，显著提升了胶囊机器人的检测效果；靶向给药微纳米机器人可在外加磁场的作用下，对肿瘤进行主动的靶向给药，提高肿瘤杀伤效果。这些项目的研发，展现了当代青年人在新时代的创新突破与成长，体现出敢闯会闯的青春智慧力量。

（二）"渔"杰冰清——护江使者　振兴先锋

在第八届中国国际"互联网+"大学生创新创业大赛总决赛"青年红色筑梦之旅"赛道的比赛中，

"'渔'杰冰清——护江使者 振兴先锋"项目斩获金奖。

1 项目介绍

2021年，长江开始十年禁渔，国家拿出10年修复长江，10年禁捕牵涉30万渔民的生计问题，这些渔民世代以打鱼为生，其中有一半年龄超过50岁，学历只有初中水平的占80%。面对近30万退捕渔民转产就业难题，郑冰清发起成立冰清养殖公司，免费为渔民培训养殖技术，促进渔民从"捕鱼者"向"护鱼者"转型，并通过优质苗种供应、全程技术服务和兜底统购统销等途径带动渔民致富（图9-4）。

图9-4 "'渔'杰冰清——护江使者振兴先锋"项目带动渔民致富

授人以渔，种苗是关键，在长期繁养实践中，团队先后突破刀鱼人工养殖难题，获得8项发明专利，自主研发了微生态制剂、无人化ERP系统等，养殖存活率提高2.5倍，优质率提升至90%；牵头制定了3项江苏省地方标准，1项无锡市地方标准。她与团队成员实现了河豚、刀鱼等大规模人工繁育，科学支撑了增殖放流，助力长江渔业资源修复和生态保护。

2 项目赏析

"'渔'杰冰清——护江使者 振兴先锋"项目依托南京农业大学和中国水产科学研究院淡水渔业研究中心合作办学搭建的"产学研用"平台，因地制宜地将课堂所学、科研成果应用与国家发展需求相结合，以"长江大保护"和"全面推进乡村振兴"为创新实践之源，通过助力长江生态资源修复、绿色养殖技术创新和"互联网+"新农具开辟，在积极响应"美丽中国"建设的同时开辟了助农增收致富新路径，充分展现了新时代大学生在创新创业中的工匠精神、家国情怀与使命担当。

任 务 二　参加"创青春"中国青年创新创业大赛

"创青春"中国青年创新创业大赛是我国创办时间最长、影响范围最广的青年创新创业赛事之一，自2014年举办以来，已累计吸引超过50万个创业项目，超过200万名创业青年参与，为有志青年展示创新创业风采提供了广阔舞台，并促进众多有志青年成就创业梦想，带动他们在创新创业实践中展现才华、服务社会、奉献国家。

精选案例

小康农民讲习所：人人有所长，户户有增收

"小康不小康，关键看老乡。"这是习近平总书记对"全面建成小康社会"的生动表述和具体要求。

河南科技大学"小康农民讲习所"项目团队扎根农村创业9年，深刻意识到"不会种、不会管、不会卖"是制约农民过上好日子的3个难题。"小康农民讲习所"应运而生，就是要破解这些难题，利用所学知识和所取得的成果解决农业农村农民发展所需。

在河南科技大学的大力支持和帮助下，"小康农民讲习所"以自身产业为基础，通过培训将职业农民变为农民创客，使其能入驻"小康农民讲习所"的农业、工业"众创产业园"。

经过培训的农民可根据自身的特长和对培训内容的接受程度，向不同方向发展，通过扮演不同的角色发挥自己的专长。有经济条件的职业农民经过培训后，能在产业园的帮助下成立自己的家庭农场，成为家庭农场主；有管理才能的职业农民经过培训后可能成为农业职业经理人，作为农业产业园的管理者；擅长技术的农民创客则可参与农业产业园的正常生产；而产业园的流动资金来源于政府发给贫困户的专项扶贫资金，贫困户作为出资人，加入产业园众创生产。

如此形成产业闭环，由产业园为贫困户兜底，用产业园的利润给贫困户定期分红，帮扶贫困户可持续性脱贫，并帮助产业园的所有参与者实现增收。

在此基础上，"小康农民讲习所"项目团队又相继实施了"工业振兴计划""校企众创计划"。"工业振兴计划"即将绿色制造业引进乡村，以工业优势吸引青年返乡，使农民农忙时干农业，农闲时干工业，一年四季都有收入，带动农民脱贫奔小康；"校企众创计划"则是高校专家和大学生携带优势技术下乡，进行科研成果落地转化，帮助农民实现技术增收。

这种农民众创形式，充分释放了农业产业的生产力，使职业农民人人有所长，户户有增收，有助于实现全面奔小康。

目前，"小康农民讲习所"在河南省已广泛布局，在成都、贵阳、深圳、海口等地也建立了专属"阵地"。项目已累计培训职业农民 50 000 余人次，帮扶贫困户 5000 余人，服务了 100 多个农业经营主体，带动农民创客 10 000 多人创业就业，实现人均增收 2.98 万元，呈现出显著的帮扶成效。

与此同时，该项目团队与 10 余个"青年红色筑梦之旅"项目团队展开对接合作，合力扩大"小康农民讲习所"规模，共同搭建合作扶贫平台，齐心助力乡村振兴。

一、"创青春"中国青年创新创业大赛简介

为了促进高校学生将所学知识与经济社会发展紧密结合，培养和提高创新、创意、创造、创业的意识和能力，促进高校学生就业创业教育、创业实践活动的蓬勃开展，发现和培养一批具有创新思维和创业潜力的优秀人才，帮助更多高校学生通过创业创新的实际行动，推进大众创业万众创新，共青团中央、教育部、人力资源和社会保障部、中国科协、全国学联决定，自 2014 年开始，每两年举办一届全国大学生创业大赛。下面以第十届"创青春"中国青年创新创业大赛为例，展开参赛项目、参赛资格与申报、竞赛规则等的介绍。图 9-5 所示为 2023 年第十届"创青春"中国青年创新创业大赛的宣传界面。

图 9-5　第十届"创青春"中国青年创新创业大赛的宣传界面

二、"创青春"中国青年创新创业大赛参赛项目选择

第十届"创青春"中国青年创新创业大赛以"青创报国新时代 青春逐梦新征程"为主题，围绕科技创新、乡村振兴、数字经济、社会企业等领域举办专项交流营和创新创业赛事，不同专项赛的参赛项目各有侧重。

（1）科技创新专项：重点关注"十四五"规划明确鼓励发展的重点方向，尤其是人工智能、量子信息、集成电路、生命健康、脑科学、生物育种、空天科技、深地深海等领域具有前瞻性、战略性的项目。

（2）乡村振兴专项：重点关注先进种植养殖技术、农产品加工及销售、农业社会化服务、乡村休闲旅游、预制菜等领域相关产业，尤其是在巩固拓展脱贫攻坚成果、助力乡村振兴等方面模式成熟的项目。

（3）数字经济专项：重点关注互联网、大数据、云计算、区块链、元宇宙等领域推动数字经济和实体经济融合发展、运用数字经济手段改造发展传统行业的项目。

（4）社会企业专项：重点关注以协助解决社会问题、改善社会治理、服务特定群体或社区利益为宗旨和首要目标，以创新商业模式、市场化运作为主要手段，所得部分盈利按照其社会目标再投入自身业务、所在社区或公益事业，且社会目标持续稳定的项目。

所有专项赛的参赛项目必须符合国家法律法规和国家产业政策，不得侵犯他人知识产权，需具有良好的经济效益、社会效益，经营规范，社会信誉良好，同时具有较大投资价值的独特产品、技术或商业模式。

精选案例

福小管——乡村排水管网守护者

在第九届"创青春"中国青年创新创业大赛中，福州大学黄宇洲团队主打攻克乡村排水管网排查及非开挖技术的创业项目"福小管——乡村排水管网守护者"获得社会企业成长组金奖，赛前团队成员已经在河南驻马店完成了当地1710米排水管网的非开挖修复。

早在2013年，黄宇洲就带领团队致力于"水治理"事业，攻克了排水管网排查及非开挖技术难题，自建业内领先的农村排水管网运维平台"地管通"。

2021年，在共青团福建省委和福州大学团委的支持下，黄宇洲被聘为福建省"校园河长"，通过与各地河长办的实地调研和资源对接，进一步推动项目落地并发挥作用。他还在共青团福州市委的帮助下加入了福州市青年创业促进会，加强了与各地传统市政企业的合作。

项目成立近十年来，完成了晋江陈埭镇九十九溪等289个乡村水系排查工作，完成了3757千米排水管网排查工作，每年减少污水排放152万吨。

三、"创青春"中国青年创新创业大赛参赛资格与申报

（1）参赛项目须符合国家法律法规和国家产业政策；不得侵犯他人知识产权；具有良好的经济效益、社会效益，经营规范，社会信誉良好；具有较大投资价值的独特产品、技术或商业模式。

（2）参赛人员须为中国公民，年龄35周岁（含）以下。参赛项目可由个人申报，也可由团队申报。由2人及以上团队申报的参赛项目，团队总人数不多于5人，且团队中30周岁（含）以下的人数比例不低于50%。

（3）根据参赛项目所处的创业阶段及创办年限（以在市场监督管理部门登记注册的时间为准）不同，一般划分为创新组、初创组、成长组等。创新组指未进行登记注册，尚处于商业计划书阶段的创业项目；初创组指登记注册时间不超过2年（含）的创业项目；成长组指登记注册时间在2至5年（含）之间的创业项目。

（4）参赛项目根据自身情况，可参加不同届次的比赛，或在同一届次比赛中参加多个专项赛；但在一个专项赛中，只能根据规定的分组条件选择组别参赛，不得在多个组别中重复参赛。

四、"创青春"中国青年创新创业大赛竞赛规则

（一）赛事报名

参赛项目须在报名时间内登录"创青春"网站注册并提交相关资料，报名截止后填报信息不可修改。

（1）已在市场监督管理部门登记注册的参赛项目，须提交营业执照等相关文件，项目成长过程或生产流程相关介绍，项目发展构想及阶段性成果等资料。涉及国家限制行业和领域的，需有相关资质证明。第一申报人须为登记主体法定代表人，且持有该主体股份（个体工商户第一申报人应为经营者，个人独资企业第一申报人应为投资人，合伙企业第一申报人应为执行事务合伙人）。

（2）未在市场监督管理部门登记注册的参赛项目，须提交商业计划书，对市场调研、创业构想、项目发展等有详细介绍；可同时出具省级以上行业主管部门颁发的专利、奖项、技术等级等证书或证明。第一申报人须为产品开发、项目设计主要负责人。

（二）评审主要考察项目

根据第十届"创青春"中国青年创新创业大赛的评审标准，评审专家将从产品服务、市场前景、财务运营、团队素质、社会效益和同行业竞争优势 6 个方面对参赛项目进行评审，如表 9-4 所示。

表 9-4　第十届"创青春"中国青年创新创业大赛评审标准

评审项目	主要考察指标
产品服务	项目定位、产品功能、目标用户、商业模式等的准确性、可行性、创新性
市场前景	产业背景、市场需求、竞争策略、发展前景等的前瞻性、成长性、发展性
财务运营	融资情况、盈利模式、财务管理、风险规避等的稳定性、合理性、持续性
团队素质	人员构成、资历背景、能力素质、团队合作等的完整性、互补性、协同性
社会效益	获奖情况、创业带动就业、带动群众劳动致富、支持社会公益等的针对性、公益性、导向性
同行业竞争优势	质量成本、技术创新、市场品牌、客户渠道、运营管理等的独特性、优势性、壁垒性

（三）注意事项

（1）比赛期间，参赛者须遵守比赛秩序，服从全国组织委员会安排，严格按照比赛规则参加比赛。

（2）参赛项目提交的参赛材料须真实完整、合法有效，无虚假和侵犯第三方权益的内容。

（3）社会组织等非市场主体单位不符合初创组、成长组参赛标准，可在创新组参赛。

五、"创青春"中国青年创新创业大赛获奖作品赏析

"创青春"中国青年创新创业大赛中诞生了诸多优秀项目，大学生可了解其中的优秀项目，学习互联网时代的创新思维模式，为自己成功创业积累经验。

（一）"'e'刻不停——人工智能不停电作业机器人"项目

电力检修是生活中的常见现象，在技术设备不发达的年代，为了检修维护电气设备，维修人员通常采用停电检修的方式，但该方式会影响正常的生产生活。因此，渐渐地，检修人员开始展开带电检修，但由于线路带电，这种检测方式亦十分危险，有触电及高空坠落的可能。于是，配网带电作业机器人的相关技术研究开始出现，并取得了一定进展。

张黎明青年创客团队便在进行这方面的研究，之前，许多这类机器人都具有体积、质量较大，精细化和智能化程度不高，户外复杂环境适应性受限等问题。而张黎明团队在全力攻关配网带电作业机器人关键技术的过程中，通过不停迭代升级机器人，大大提高了该类机器人的性能，相比第一代机器人，第四代机器人采用视觉识别、运动控制、三维环境重建等核心科技，首创应用于线缆识别定位的多传感器融合技术，首次提出基于深度学习的双臂机器人带电接引流线作业的路径规划算法，自主研发出适用于带电作业机器人的末端执行工具，使机器人高效完成自主识别引线位置、抓取引线、剥线、穿线等任务。该团队针对机器人关节部位创新性研了"体—臂—腕"绝缘设计，软硬结合实现"双保险"。同时，通过电磁干扰预测与防护技术，较好地解决了机器人在复杂电磁环境中偶尔接收不到工作指令的难题。此外，该代机器人还在体积、质量方面进行了进一步优化，具有体积小、质量轻、灵活度高的特点，可以充分满足复杂地形和狭小空间带电作业需求，机器人的使用范围进一步扩大。

配网带电作业机器人相关技术的研发，填补了我国配网带电作业机器人领域多项技术、标准及规范等行业空白。从根本上保证了作业人员安全，降低了工作强度，统一了工作标准，在业扩报装接入、老旧小区改造、疫情防控重要客户供电保障等工作中发挥了重要作用。目前，机器人已在天津、北京、湖北、上海、江苏等 20 个省市试点应用，累计开展带电接引线、断引线、加装接地环等实际作业超过 2.6 万次。

最终，该项目在第九届"创青春"中国青年创新创业大赛中获得科技创新专项创新组金奖。

(二)项目赏析

配网带电作业机器人体现了人工智能技术和机器人技术的进步，是人工智能进入电气领域的创新应用，凸显了智能电网快速发展的需求。作为扎根一线创新的"蓝领创客"，张黎明的项目体现了创新竞进的奋进活力，使众多业内人士看到了智慧电力发展的新蓝图。在智慧电力方面，创新成果与创新设想还包括智能巡检机器人、省级人工智能电子系统平台、变电检修班组数字化等，这些都将助力新型电力系统的构建。总体上，创新创业大赛通过为创业青年提供培训辅导、展示交流、资本对接等支持，已成为创新创业者开展广阔交流合作展示的舞台，大学生应深化创新创业实践，自觉承担历史使命，投入强化我国科技创新水平的事业中。

任务三   参加"学创杯"全国大学生创业综合模拟演训活动

"学创杯"全国大学生创业综合模拟演训活动创办于 2014 年，由高等学校国家级实验教学示范中心联席会经济与管理学科组主办，旨在提升大学生创业团队初创企业运营管理能力，迄今已经成功举办九届。

精选案例

"三生万'木'儿童榫卯拼装积木"是基于传统木结构营造的核心——榫卯技术开发出来的益智玩具，由一群来自天津大学建筑、环艺、规划、工商管理等多专业本科生组成的团队从中国传统木结构技艺结晶转化而来。

如何使传统技艺的瑰宝变为乐高一样可以在手中自由变化的积木，进入市场为大众接受，成为"三生万木"团队组建之初尝试与研发的主要方向。"最好可以一生二，二生三，三生万物！"依托天津大学深厚的古建筑研究积累，团队以直榫、抄手榫、十字枨、肩榫等传统结构为原型，最终研发出了一套灵活度可达六面相连的"榫卯PLUS"新型积木模块库，这是一种可拼装成近2 万种不同造型的新式榫卯国潮玩具。它弥补了传统榫卯玩具变化的单一性，实现了多难度互通和造型上的千变万化，真正做到了一生二，二生三，三生万物。

怀抱发扬中华传统技艺的决心，"三生万木"团队始终致力于传统榫卯的新时代创新。其研发的儿童榫卯拼装积木，以古建筑为基础，外观以绯红色、藏青色、黛绿色等中国传统色为主色调。结合诗词、成语等优秀传统文化，团队开发出"与古建一起游家乡""从诗词中看中国"等多套产品系列。同时，他们为榫卯积木产品量身打造了独家吉祥物IP、主题漫画和表情包。以天津的地标性建筑为原型，打造"玩转天津"系列产品，助力天津本地文化IP的推广。团队同时建立了线上平台，提供榫卯科普和虚拟拼装，以中国传统榫卯文化和古建筑为主线，结合人物ID角色扮演、创新交流社区、古建故事主线任务、榫卯零件库创新及收集四大板块展开游戏探索，致力于使榫卯文化走进千家万户。

一、"学创杯"全国大学生创业综合模拟演训活动简介

"学创杯"全国大学生创业综合模拟演训活动是为深入贯彻习近平总书记在全国教育大会上的重要讲话精神，落实《国务院办公厅关于进一步支持大学生创新创业的指导意见》（国办发〔2021〕35号），进一步深化高校创新创业教育改革，深入推进大众创业万众创新，培养造就创新创业主力军，推动创新创业实验教学工作的发展而举办的创业大赛，也是中国高等教育学会《2021全国普通高校大学生竞赛排行榜》竞赛项目之一。

"学创杯"全国大学生创业综合模拟演训活动不同于其他类型的创业大赛，它通过在平台提供的市场环境中模拟经营一家制造型企业，进行研究、开发、生产、批发及零售，使学生在实战中模拟企业的运营管理，围绕创业企业发展的生命周期，制定各项决策，并最终推动企业成长壮大，由此更好地训练其实践能力，培养发现问题、分析问题和解决问题的能力。图9-6所示为2023年第十届"学创杯"全国大学生创业综合模拟演训活动的宣传界面。

图9-6　第十届"学创杯"全国大学生创业综合模拟演训活动的宣传界面

二、"学创杯"全国大学生创业综合模拟演训活动内容

（1）全国高校创新创业实验教学研讨会。会议就新文科背景下创新创业教育及经管实验教学相关主题邀请各级专家、学者、高校专业负责人共同参与交流研讨。

（2）主体活动，包括创业综合模拟演训活动、创业营销演训活动。相关活动分为校级、省级与全国活动3个阶段。

三、"学创杯"全国大学生创业综合模拟演训活动赛程安排

（一）校级演训活动（3—5月）

各院校相关学科主管部门自行组织校级演训活动，包括创业综合模拟、创业营销两项活动，校级主管部门可凭校内选拔文件申请平台校级选拔活动账号。

每所院校统一报名参加省级演训活动，一个学校不超过3支队伍。学校没有组织校级演训活动或推荐的，学生可以自主组队，通过"学创杯"官网在线报名，由技术支持单位组织参加省级演训活动。

（二）省级演训活动（5—10月）

省级演训活动以省或直辖市为单位，各省具体活动安排以各省通知为准。个别偏远地区及报名较少的省、直辖市参加全国统一的网络演训活动。省级演训活动由全国演训活动组委会统一组织，由技术支持单位负责执行。

（三）全国演训活动（10月）

各省、直辖市晋级全国演训活动团队名额，将依据各省、直辖市报名团队数量与全国总报名团队数量的占比确定，晋级名单在省级选拔活动全部结束后发布。

入围全国演训活动的团队将通过半决选（网络选拔，只比软件环节），择优选拔部分团队进入总决选现场环节。全国演训活动按比例评选特等奖、一等奖、二等奖。同时，主办单位将就活动组织工作评选"优秀组织奖"。

全国高校创新创业实验教学研讨会同期进行。

四、"学创杯"全国大学生创业综合模拟演训活动评审规则

全国大学生创业综合模拟演训活动分为创业综合模拟和创业营销2个主题活动，比赛环节和评分规则略有不同。

（一）创业综合模拟活动

（1）要求各团队在线撰写创业计划书，评审要点、评审内容如表9-5所示。

表9-5　创业计划书的评审要点、评审内容

评审要点	评审内容
项目背景	1. 项目立足于我国社会、经济、文化发展的大背景 2. 具有一定科技含量、文化含量和知识含量
项目内容	1. 项目中提出的产品或服务，可以是团队成员参与或经授权的发明创造、专利技术或课外制作，也可以是一项可能研发的概念产品或服务 2. 专利技术需要提供专利技术证书，若专利技术持有人非团队成员，需要提供授权证书
撰写要求	1. 基于广泛市场调研和分析，项目计划书完整、具体、有实施的可能，能将产品或服务推向市场 2. 着眼于特定市场、竞争、营销、财务等策略方案，清楚阐述把握机会的过程并说明所需资源 3. 符合本次活动的主题和要求；内容完整，简明扼要，格式清晰，版面美观大方，创意新颖；文笔流畅，见解独到；思想深刻，与现实联系紧密；能充分展现大学生朝气蓬勃的精神风貌和创业新人形象 4. 团队原创且未在全国性创业大赛中获得全国二等奖以上奖项
团队成员	已注册公司的，要求团队成员在公司中所占股份不低于30%，需要提供工商部门盖章的能证明个人股份比例的公司章程

最终从创新性、商业价值、团队情况3个维度对项目进行评分，评分标准如表9-6所示。

表9-6　创业计划书的评分标准

项目完成情况	分值占比	评分依据
创新性	30%	1. 具备原始创新或技术突破，并且已取得一定的效益或成果。在科学技术、社会服务形式、商业模式、管理运营、应用场景等方面有所突破，具备较强的差异化优势 2. 项目对于赋能传统产业，解决社会问题，助力形成新产业、新业态、新模式有积极意义
商业价值	40%	1. 产品或服务成熟度及市场认可度。项目在商业模式、产品或服务设计、技术基础、竞争与合作等角度具备较强的商业价值 2. 项目对市场、行业、竞争情况已经开展相关的前期工作，具备一定的落地可行性 3. 已成立公司的参赛项目需提交相关企业经营绩效材料（纳税证明、经营流水等）
团队情况	30%	1. 团队成员的创新能力、价值观念、分工协作和能力互补性。团队在组织构架与分工协作、股权结构、人员配置及激励制度方面的合理性 2. 团队成员的专业背景、创业意识、创业素质、价值观念与项目需求相匹配

（2）创业综合模拟对抗将"创业之星"软件作为竞赛平台，进行若干轮虚拟季度的创业经营决策，将在竞赛正式开始前发布活动模板及数据规则。每个组别内的团队根据最后季度运营结束跳转后的综合评价分数，减去累计扣分后的分数，从高到低进行排名计分，分数计算方法如表9-7所示。

表9-7　创业综合模拟对抗计分方法

成绩	计分方法
总成绩	软件最终成绩（A）-违反现场纪律扣分（B）
软件最终成绩（A）	1. 盈利表现＋财务表现＋市场表现＋投资表现＋成长表现－紧急借款次数×5（分／次） 2. 软件最终成绩查看方式：软件端跳转到所要求季度的下一季度后，看所要求季度最终得分
违反现场纪律扣分（B）	违反现场纪律次数×5（分／次）

（二）创业营销活动

创业营销赛将"营销之道"软件作为竞赛平台，模拟营销实战，通过制定企业营销战略，分析

市场环境，选择目标市场，制定产品策略、定价策略、渠道策略、促销策略等，与其他若干家企业开展若干季度的市场竞争。该项目得分由软件模拟系统自动评分，团队最终成绩直接取经营结束后系统自动计算的成绩，分数计算方法如表 9-8 所示。

表 9-8　创业营销计分方法

成绩	计分方法
团队最终得分（A）	结束季度综合表现分数（B）- 累计减分（C）
综合表现分数（B）	1. 盈利表现+市场表现+成长表现 2. 由计算机软件模拟系统自动评分
累计减分（C）	经营过程中累计出现紧急贷款次数 ×5

五、"学创杯"全国大学生创业综合模拟演训活动竞赛平台

（一）创业综合模拟活动

1 创业综合模拟对抗环节

创业综合模拟对抗环节将"创业之星"平台作为官方竞赛平台，该平台运用先进的计算机软件技术、网络应用技术、虚拟仿真技术，结合严密和精心设计的商业模拟管理模型及企业决策博弈理论，全面模拟真实企业的创业运营管理过程。通过这种模拟实践课程，辅助学生有效地将所学知识转化为实际动手的能力，提升学生的综合素质，增强学生的就业与创业能力。

"创业之星"涵盖从计划、准备到实施的创业全过程。"创业之星"主要包括四大功能模块：创业测评、创业计划、创业注册、创业管理。学生在教师的指导下，亲自参与创业实践，在虚拟商业社会中完成企业从设想、规划、注册、创建、运营、管理等所有工作，以及在创业管理中的团队分工、战略规划、市场研究、生产计划、研发投入、销售管理、市场拓展、报表分析等所有经营决策，掌握真实企业运营中遇到的各种决策情况，并对出现的问题和运营结果进行有效分析与评估，从而对企业管理中的各种知识技能有更深切的体会与感受，并达到提升综合管理技能与分析解决问题的能力。图 9-7 所示为"创业之星"的竞赛界面。

图 9-7　"创业之星"竞赛界面

2 创业计划书环节

创业计划书环节将"疯狂项目"打磨平台作为官方竞赛平台，该平台通过大数据与人工智能技术实现创意的智能分析与精准可度量比较，为创业者从 0 到 1 的创新过程提供强大的工具平台支撑。同时利用全球领先的人工智能语义分析技术，为创业者的项目介绍提供智能化自动分析与诊断功能，为创业者迭代打磨、精确表达，高质量介绍项目提供专业依据。

"疯狂项目"平台内置十余套围绕创业者、商业机会等一系列项目核心的专业评估工具，提供创意分析、项目介绍、团队管理、商机识别、产品服务、商业模式、市场分析、营销策略、财务预测、风险对策等一系列围绕创业项目打磨与完善的创新性服务，可以帮助创业者与创业教育工作者以更高效、智能、专业、创新的方式完成各自的工作，最终形成一份完整的创业项目计划书。图 9-8 所示为"疯狂项目"的操作界面。

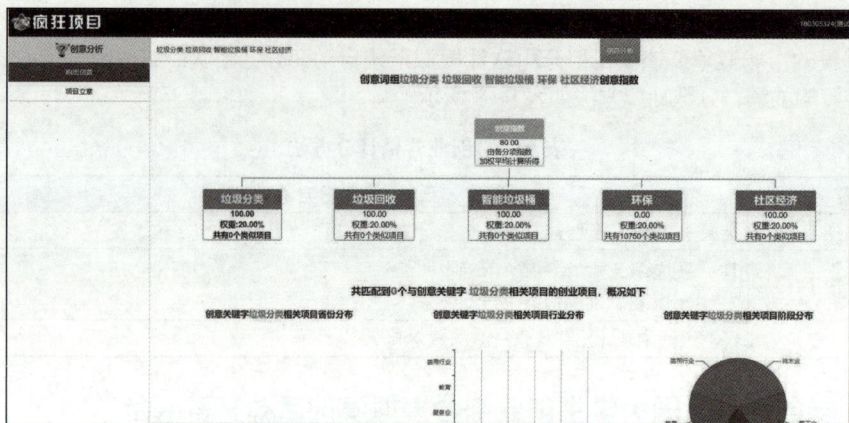

图 9-8 "疯狂项目"操作界面

(二)创业营销活动

创业营销活动全程将"营销之道"作为竞赛平台。参赛人员通过模拟经营一家创业型公司进行营销实战,通过制定企业营销战略,分析市场环境,选择目标市场,制定产品策略、定价策略、渠道策略、促销策略等,与其他若干家(以实际参加演训队伍数为准)企业展开激烈的市场竞争。每个公司在经营之初,都将拥有一笔来自股东的创业资金,用以展开各自的营销管理及企业运营管理,公司的股东团队即公司的管理团队,最终通过平衡积分卡的综合评价分数全面衡量企业的经营绩效。图 9-9 所示为"营销之道"的操作界面。

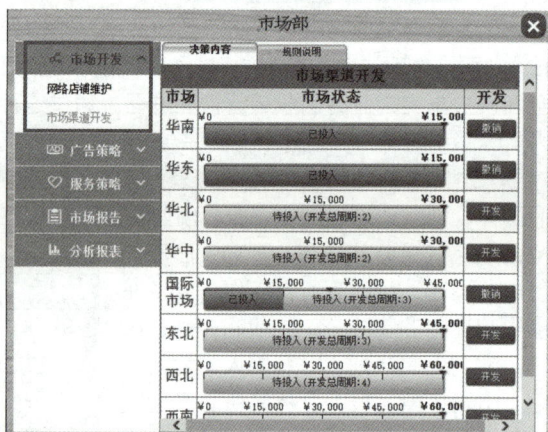

图 9-9 "营销之道"操作界面

课后思考与练习

1. 你还了解哪些创新创业大赛?请对此做简单介绍。

_____

_____

_____

2. 你是否参加过大学生创新创业大赛?如果参加过,请回顾你的创业经历,分享你的参与感想。如果没参加过,请谈谈你对大学生创新创业大赛的看法。

_____

_____

_____

_____

_____

3. 通过各创新创业大赛的官方网站，了解各大赛的往届赛事情况和获奖情况，分析获奖项目，学习其优点。

_____

_____

_____

_____

_____

4. 阅读分析以下案例，回答问题。

刘涛曾是大学校园里的创业明星和风光一时的年轻 CEO。

从大一开始，刘涛做过各类兼职，积累了一些做生意的经验，并对电子商务产生了浓厚的兴趣。于是，大三暑假前，刘涛对电子商务的几种模式进行反复研究，最终选定企业对个人模式，准备建一个面向大学生的团购网站。不久，刘涛的创业计划书得到了一个风险投资人的关注，随着双方的深入交流，投资人很快答应为刘涛投资 100 万元实施该项目。

随着铺天盖地的广告和新闻报道，刘涛的"e 路校园"网站在大学校园迅速传播开来。随后的 2 个月，网站每天点击量达 4 万～8 万次，会员迅速发展到 5000 多人，与国内同类网站相比，发展速度已为中上水平。刘涛和他的团队被突如其来的成功冲昏了头脑。身为大学生，他们竟一直未考虑到寒、暑假学生考试及离校等因素可能对网站造成的影响。当年 12 月，随着期末考试的临近，网站人气骤然下降，点击率最低滑落至日均 1000 多次，新增用户也由以前的每天 300 多个降至 50 个。尽管如此，房租、水电、人工等日常开销还得继续支付。

本来面对前几个月人气骤增的局面，刘涛打算年底启动网上团购，但随后通过市内各高校的调查及网上测试发现，本地高校学生对网购的热情远远低于预期。这无疑给一心想走校园电子商务路线的刘涛当头一棒。但刘涛仍尽最大努力维持网站运作，只不过网站宣传势头已大不如前，人气持续走低。

到了春节，好不容易闲下来的刘涛开始冷静思考。当时，网站预期的三大盈利点——网上团购、网络广告、服务提供商分成，第一个仍未启动，后两个收益也不理想。刘涛与投资人反复沟通后，不得不忍痛关掉运营半年多的"e 路校园"。

（1）分析刘涛是如何走向创业失败的。

_____

_____

（2）大学生普遍具有创业经验不足的弊端，这为他们的成功创业造成了一定阻碍。你认为参与创新创业大赛能否对大学生成功创业发挥较大作用，它的影响主要体现在哪些方面？

_____

_____

_____

_____

案例篇

学习提示

创新创业案例篇以各实际案例为主，对经典案例及"互联网+"案例进行介绍与解读，赏析创业企业从创业到经营管理过程的独到之处。大学生了解这些案例，有助于拓展自己的视野，开发自己的创业思维，提升自己的创新水平，若能从案例中学到某些经验教训，将大大有助于未来的创新创业实践，促进事业的开创，成就有价值的人生。

本篇内容

CHAPTER 10

项目十　经典案例解读

　　创业是一项充满挑战的伟大事业，成功创业的人大多是经历了诸多的困难与挑战才抵达成功的终点。他们的创业故事中蕴含企业生存的哲理，他们的经历为新一代创业者提供了宝贵经验。大学生可以多多了解这些创业故事，从中获取创业的思考与教训。

任务一　华为的浴火重生

　　华为是我国最知名的电信设备制造商和全球最大的电信设备供应商之一，在全球范围内拥有广泛的影响力。然而华为曾经历过许多的困境和挑战。通过技术创新、内部管理、品牌形象管理、供应链管理、数字化转型、企业文化和团队建设等多方面的努力，华为实现了业务的快速增长和国际化发展。华为的成功经验为其他企业提供了有益的借鉴和启示，同时证明了在全球数字化转型和不断变化的市场环境下，通过不断创新和进步，企业能够走出困境，实现新的发展机遇和成就。

一、华为的困境

　　1987年，在经历了中年退伍转业、离婚、负债等生活的重重打击后，因生活所迫，43岁的任正非向朋友借款，与友季平、郭艳艳等5位合伙人共同筹集资金，在深圳成立了一家技术公司——华为技术有限公司，主要业务是代理香港某公司的交换机。当时，国内通信设备市场基本被国外大企业及其在中国的合资企业垄断，一些国内新企业为了眼前的利润纷纷进行"价格战"，这使任正非决定华为要自己研发技术和产品。

　　作为一家初创的民营企业，任正非的要求是活下来，再谋求发展。他一边以服务获取订单，一边自己研制产品。刚开始，华为的研发组只开发用作配件的板件，再购买其他配件组成整机。之后华为开始研发局用模拟程控电话交换机，从用户小交换机的"红海"发展到局用交换机的"蓝海"，主攻电信设备，进行单一产品的持续开发和生产。

　　为了抢占市场，华为在市场竞争上采用"免费技术培训"的以技术为主导的推广策略，获得了不错的市场反响，华为的市场占有率和规模得到扩大。

　　1990年，华为成功研制出BH03交换机。

　　1992年，华为推出了一个JK1000局用交换机项目。由于研发人员对技术路线判断失误，产品刚问世就面临淘汰。这个失败的项目很快耗光了华为辛苦攒下的家底。但任正非抱着必胜的信念，四处借钱，孤注一掷地将宝押在了容量更大、技术更先进的"C&C08"数字交换机项目上。这次研发非常成功，1994年，该数字交换机在江苏邳州开局，经过两个月的上线调试，最终大获成功。

1996 年，华为的销售收入达到 15 亿元，此后逐年增长。为了吸引人才、获取研发资金，华为还在内部推行员工持股计划，"工者皆有股"解决了华为的人才和资金问题。

然而 2001 年，华为错失了后来风靡全国的小灵通的利润，业绩大幅下滑，不少骨干员工流失，个别员工甚至拒绝公司为了激励目的配给自己的虚拟股票。这次内忧外患被称为"华为的冬天"。

二、华为剑走偏锋，乘势崛起

"华为的冬天"并没有使任正非气馁和退缩，为了解决现金流问题，华为选择"断尾求生"，将非核心子公司卖出，放弃能源业务。同时不得不裁员，以应对危机。在华为进行国际业务扩张时，不少国外企业将其视作潜在竞争对手，一旦失败，华为的国际化之路将遭遇重大打击。因此，针对美国思科公司的上诉，华为坚决以法律手段反击，通过长达一年半的法律对垒，两公司实现和解。

这一危机时期，华为并没有停止自己的全球征程，在美国设立了研发中心，并与西门子公司成立合资公司，共同开发 TD-SCDMA 移动通信技术。此外，又在荷兰获得了运营商 Telfort 价值超过 2500 万美元的合同，首次实现了在西欧的重大突破。2005 年，华为还与英国、泰国、澳大利亚的电信公司达成合作。这一系列突破，帮助华为达成了全年海外合同销售额首次超过国内合同销售额的壮举。2005 年，华为成为首批通过核准并获得手机牌照的企业，移动端业务取得突出进展。

之后，华为又与摩托罗拉公司合作开发 UMTS 技术，与赛门铁克公司合作成立合资公司，开发存储和安全产品与解决方案。与 Global Marine 公司合作成立合资公司，提供海缆端到端网络解决方案。2007 年底，华为成功成为欧洲所有顶级运营商的合作伙伴。2008 年，根据 ABI 调研公司的数据，移动宽带产品全球累计发货量超过 2000 万部，市场份额位列全球第一。2009 年，华为成功交付全球首个长期演进技术（long term evolution，LTE）演进的分组核心网（evolved packet core，EPC）商用网络，获得的 LTE 商用合同数居全球首位，并且率先发布从路由器到传输系统的端到端 100 G 解决方案。之后，华为在全球多个国家建立了 5G 创新研究中心，坚持自主科技创新，企业发展一路高歌猛进。

与此同时，华为在市场营销和品牌形象方面也进行了积极的改进。华为坚持"以客户为中心，为客户创造价值"，不断提升产品和服务的质量和水平，赢得了广泛的用户信赖和认可。华为还积极开展公益事业，提升企业社会责任感，进一步树立了良好的品牌形象。

此外，华为注重企业文化和员工管理的建设，推崇"敢为人先"的企业精神，鼓励员工创新和创业，通过员工激励机制提高企业的创新能力和核心竞争力，营造了一种良好的创新氛围和企业文化。华为重视员工的培训和发展，为员工提供广阔的发展空间和机会，强调团队合作和共同成长。

最终，华为通过技术创新、品牌形象、企业文化和员工管理等方面的持续改进，实现了业务的快速增长和国际化发展，成为全球领先的科技企业之一。

三、技术突破是华为的巨大"引擎"

华为作为一家科技企业，技术创新一直是公司的核心竞争力，华为在技术创新方面取得了许多重要的成果。

（1）芯片技术

芯片是华为非常重视的领域。华为通过自主研发及与伙伴合作，不断提升芯片的性能和效率，打造自己的芯片生态。例如，华为推出了麒麟系列、昇腾系列、鲲鹏系列等多款芯片产品，覆盖了智能手机、云计算、服务器等多个领域。

（2）5G 技术

5G 是华为最具优势和影响力的技术领域，也是华为未来发展的重要方向。华为不仅在 5G 网络建设和用户发展方面取得了显著成绩，还在 5G 标准和创新方面发挥了引领作用。其利用 5G 技术开发的 5G 芯片，拥有强大算力，不仅具有高速、低延迟等优势，还具有良好的安全性和可靠性，因此得到了广泛的认可和赞誉。

（3）人工智能

华为在人工智能领域取得了一定成果，其自然语言处理技术已经在其智能手机及其他产品上得到应用，可以帮助用户更好地与设备进行交互。例如，华为开发的人工智能（artificial intelligence，AI）芯片昇腾910的性能在当时是全球最高的，可以应用于机器学习、图像识别等领域。华为也是第一个将AI引入手机的厂家，以"使用者"为中心，推动手机从"智能"走向"智慧"。

（4）操作系统

由于受到一些技术封锁，华为被迫开发操作系统。2019年，华为推出了自己的移动操作系统Harmony OS，该操作系统被设计为全场景的操作系统，可以应用于智能手机、电视、手表等多种设备。

（5）其他技术

华为在软件技术、无线领域、光领域、物联网、云计算、智能汽车、拍摄技术等方面都有突破与创新。例如，在无线领域，华为率先推出了 Single RAN 基站，实现 2G、3G 基站合一，这些系列化的创新不仅降低了 30% 总拥有成本（total cost of ownership，TCO），更是大大降低了网络建设的门槛，使网络建设的全流程更加简单。华为和赛力斯合作推出的问界 M5 汽车（图 10-1），使用了新开发的自动驾驶技术 ADS 2.0，以实现无人驾驶。其智

图 10-1　问界 M5 汽车

能座舱使用鸿蒙车载桌面、华为智能语音助手小艺作为行程"管家"，提供"一站式"贴心关怀。

此外，华为还在物联网等领域取得了许多重要的成果。华为积极推进物联网技术的研发和应用，探索了多种新的应用场景和商业模式。

发展过程中，华为一直致力于技术创新和突破，通过不断地投入和研发，保持了技术领先地位。华为的技术突破不仅有助于公司的业务发展，也为全球信息技术的发展做出了重要贡献。

四、华为凤凰涅槃，浴火重生

虽然华为突破了 5G 技术，然而受复杂国际形势的影响，华为的国际业务受到限制，进出口受到管制，这些情况对华为造成了巨大冲击和损失，包括高端新品无法生产、技术发展受阻，无法参与国际标准与合作等。对此华为采取了一系列应对措施。

（一）加快自主研发

华为更加重视技术创新，不断投入研发资源，探索新的技术领域和应用场景，为自身的发展和产业的进步提供强大的动力。例如，华为通过持续投入研发资源、采用自主创新技术，成功开发并应用了 14 纳米节点的电子自动化设计（electronic design automation，EDA）工业软件，推动了半导体产业的长足发展。并且借助自身庞大的专利数量，通过向终端产商收取一定的专利费提升营收。

（二）开展多元化经营

华为不断寻找新的市场和业务机会，以降低风险和增加收入。例如，在智能汽车方面，华为定位为汽车的增量部件提供商，与多家车企合作开发智能汽车解决方案，在车载抬头显示、激光大灯、光纤传感器等领域取得了突破；在云计算方面，华为云在全球和中国市场上都取得了不错的成绩，在消费者市场方面，虽然华为的手机业务受到了限制，但华为进一步完善了个人计算机、平板、智能穿戴、智慧屏等全场景智慧生活的战略布局。

（三）加强国际合作

华为还加强了国际合作，积极与全球合作伙伴开展合作，分享技术和经验。例如，2023 年，华为与土库曼斯坦签订合作订单，提供设备、软件、运输、安装、调试和技术支持等。华为的国际化战略得到全球市场的认可和支持，公司在全球市场上的地位逐步提高。

华为凤凰涅槃，浴火重生，成为全球科技行业的佼佼者，为中国科技企业树立了典范。华为面对挑战，坚定信心，采取果敢行动，取得了令人瞩目的成就，其身上体现了一股不屈不挠、敢于创新、追求卓越的强大精神，其对自强不息、开放合作、服务社会的价值追求也值得创业者学习。

任 务 二　共享单车引领共享经济发展

随着科技的不断发展，共享经济已成为当前发展趋势之一。所谓共享经济，是指利用网络信息技术，通过互联网平台对分散资源进行优化配置，提高利用效率的新型经济形态。其本质是整合线下的闲散物品或服务者，使别人以较低的价格提供产品或服务。共享单车是共享经济领域的典型代表之一，作为一种全新的交通工具，共享单车具有环保、便捷、低成本等优点，深受人们的喜爱。图 10-2 所示为市面上常见的共享单车产品。

图 10-2　共享单车

一、共享经济的佼佼者——共享单车的发展阶段

共享单车是一种利用互联网技术，将自行车作为共享资源提供给用户的出行服务。共享单车的出现，为解决城市交通拥堵、环境污染、"最后一公里"等问题提供了一种新的解决方案，同时促进了共享经济的发展。根据不同的运营模式和技术特点，共享单车在我国的发展大致经历了 3 个阶段。

（1）第一阶段

共享单车发展第一阶段由政府主导，分城市进行统一管理，多为有桩公共自行车租赁服务。这一阶段以解决交通拥堵、环境污染等问题为主要目的。代表企业有杭州公共自行车交通服务发展有限公司。

（2）第二阶段

共享单车发展第二阶段由私人企业进入，以承包的模式进行，仍然以有桩公共自行车为主。代表企业有永安行科技股份有限公司。

（3）第三阶段

共享单车发展第三阶段由互联网企业主导，以无桩智能锁为特征，实现了自行车的随借随还。这一阶段，受到互联网技术快速发展和共享经济理念的影响，共享单车行业迅速崛起，各大共享单车企业相继成立。2017 年下半年，共享单车行业进入快速发展期，企业数量和投资规模均呈现井喷式增长。2018 年，共享单车行业进入洗牌期，一些企业因资金链断裂而倒闭，市场规模开始缩减。目前，共享单车行业已进入稳定期，各大企业通过优化产品和服务、提高运营效率提升市场竞争力。代表品牌有青桔单车、哈啰单车等。

二、共享单车对共享经济发展的积极作用

共享单车是一种典型的共享经济模式，它将自行车作为共享资源，通过互联网技术和移动支付方式，实现了自行车的高效利用和灵活分配。共享单车的出现推动了共享经济的发展，其在多个方面发挥了积极作用。

（1）促进绿色低碳出行

共享单车作为一种低碳出行方式，可以有效减少交通拥堵和环境污染。在城市交通领域的减碳效果显著。2022 年，生态环境部发展中心发布的《共享骑行减污降碳报告》显示，共享单车每千米

骑行减少碳排放 48.7 克。美团数据显示，2023 年上半年，美团单车和电单车用户骑行减碳超过 20 万吨。深圳市生态环境局公告显示，共享单车品牌"哈啰单车"共享单车骑行项目符合《深圳市共享单车骑行碳普惠方法学（试行）》，现准予备案为市级碳普惠减排量。该项目也成为我国提出"双碳"目标后，第一个获得签发的共享单车碳减排项目。这也量化验证了普通市民可以通过骑行共享单车，为实现"双碳"目标出力。共享单车还有效替代了以小汽车和摩托车为主的燃油类出行方式，提高了出行效率，缓解了城市交通压力。

（2）减少资源浪费

共享单车的共享模式可以使一辆单车的使用率最大化，提高单车的利用率，减少资源浪费。

（3）激发市场活力和创新能力

共享单车的出现为用户提供了更多的出行选择，满足了不同层次和场景的出行需求，同时为企业创造了商业价值和社会价值。

（4）增加社会就业和收入

共享单车的运营需要人力和物力支持，共享单车企业在生产、制造、运营、回收等全链条创造了大量的就业岗位和收入来源，可以增加就业机会，促进经济发展。

（5）提升社会文明程度

共享单车用户对生态环境质量的关注度较高，具有较高的绿色行为水平。而共享单车的停放规则、出行规则等，对用户的用车行为有一定制约，有利于培养用户的文明出行习惯，有助于增强其社会责任感和公德心。

三、从共享单车存在的问题看共享经济诚信体系建设

共享单车行业在高速发展的同时，也面临着一些问题，如乱停乱放、车辆损坏、无序竞争等。这些问题不仅影响了共享单车行业的形象和用户的使用体验，也直接关系到共享经济的发展。因此，建立健全的共享经济诚信体系尤为重要。

（1）强化用户教育

共享单车企业应加强用户教育，提高用户的文明素质和道德水平，引导用户文明使用和停放单车，树立诚信意识。图 10-3 所示为停车区域内停放整齐的共享单车。

（2）建立信用评价体系

共享单车企业可以建立共享单车信用评价体系，对用户行为进行评价和记录，对违规用户进行警示和处罚，提高用户自觉遵守规则的意识。

（3）完善监管机制

图 10-3　停放整齐的共享单车

政府应建立健全的共享单车监管机制，加强对共享单车企业的监管力度，对违规停放、乱丢乱扔等行为及时制止并处罚，提高违规成本，强化行业自律。

（4）加强科技应用

共享单车行业应加强技术支持，通过智能化、数字化技术手段，全球定位系统（global positioning system，GPS）定位、人脸识别等技术的应用，提高单车的管理和运营效率，降低损坏率，减少违规行为。

（5）健全申诉处理机制

共享单车企业应建立共享单车投诉处理机制，对于用户投诉和举报进行快速响应和处理，保护用户权益。

（6）加强行业自律

共享单车行业应该加强自律，制定行业标准和规范，共同维护市场秩序。

除了共享单车之外，共享经济领域还包括共享充电宝、共享 KTV、共享汽车等，这些发展成果

具有广泛的社会价值和经济意义，能为人们带来便利。但不管是哪种共享经济模式，都面临诸多挑战和问题，需要建立健全的诚信体系，促进共享经济实现可持续和健康发展。

任 务 三　蜜雪冰城的创业之路

2022 年 9 月 22 日，蜜雪冰城披露了其招股说明书（申报稿），正式开启冲刺首次公开发行（initial public offering，IPO）之旅。招股书显示，蜜雪冰城已成为一家年入百亿、坐拥 2 万门店的企业。作为一家专业提供台湾风味甜品的连锁店，从一个小小的刨冰店，发展成了一个拥有 2 万多家门店，覆盖全国 31 个省、直辖市、自治区（数据截至报告期末），并积极开拓海外市场的饮品连锁品牌。蜜雪冰城的创业过程精彩曲折，其创业史也非常励志。

一、蜜雪冰城的创立

蜜雪冰城的创始人张红超出生于河南省一个普通的农村家庭，他高考考入河南财经学院（现河南财经政法大学）读书，由于张红超有一段初中毕业中断学业做生意的经历，因此大学期间，张红超坚持勤工俭学，尝试不同兼职。也是这些经历，使他发现家乡商丘遍布大街小巷的刨冰在郑州几乎没怎么见到，凭借着敏锐的商业嗅觉，张红超萌生了毕业后开店的想法。

"把大块的冰块刨成雪花状，然后再把糖浆之类的浇上去，点缀一些葡萄干、碎花生和山楂条……又能喝，又能吃，还特别冰爽。"这是张红超记忆里的美味。要开发产品，张红超还是选择回到家乡去品尝研究，凭借着出色的动手能力，张红超很快在开封老家用白糖、水果和冰块等材料做出第一杯刨冰，他的奶奶是第一个品尝者。喝过之后，奶奶拿出 3000 元支持孙子创业。

1997 年，张红超拿着奶奶给的 3000 块钱，在郑州开了一家"寒流刨冰"冷饮店，专营刨冰等各式冷饮。这也是蜜雪冰城的前身。

二、蜜雪冰城的起势

张红超的刨冰店以其新鲜、清爽、多样的产品，优质、热情、周到的服务，很快赢得了消费者的好评和不错的口碑。张红超不仅注重产品的质量和口味，还注重产品的创新和多样化，经常推出新品和限时活动，以吸引更多的消费者。除了刨冰外，张红超还提供各种台湾特色甜品，如豆花、芋圆仙草、爱玉等，以及各种饮品，如珍珠奶茶、红豆奶茶、水果茶等。

在经营过程中，张红超的刨冰店遇到了很多困难和挑战。首先，刨冰这种产品只在夏天有销量，受季节影响太强。一年只能卖几个月，空余的时间他就去做销售。其次，刨冰店的设备和原料都不容易采购。刨冰机没有成品可买，他就买来电机、转盘、刀盘自己做。冰块无法自制，需要先到附近的一家肉联厂买，刚买到手的冰砖有 1.2 米长、60 厘米宽、30 厘米厚。他要拿随身的刀把冰砖砍成 4 块，再用蛇皮袋装起来，放到弟弟张红甫的车上一块，自己扛剩下的。除此之外，张红超的店经常遭遇拆迁，再加上缺乏经验，张红超遭遇了不同程度的困境。

但是张红超并没有放弃，他总是能在困境中找到机会和希望。他不断地调研市场，发现冰淇淋销量非常好，但是价格非常贵。如果能卖平价且口感不打折扣的冰淇淋，市场前景会非常大。于是他记下冰淇淋的配料表，跑跳蚤市场买了大量的原料，自己研究冰淇淋制作。张红超凭借自己做刨冰的经验，很快做出了平价冰淇淋，一款爆品就这样诞生了。

2005 年，蜜雪冰城新鲜冰淇淋正式上市，价格只有 1 元一杯，比市场上其他品牌便宜很多。这款产品一经推出就引起了轰动，消费者争相购买，排起了长队。张红超借助媒体和网络进行了大力宣传，让更多人知道了蜜雪冰城这个品牌。

三、蜜雪冰城的经营转型

随着蜜雪冰城的发展迈入正规。张红超开始考虑如何将自己的品牌推广到更多地方。他发现当时国内的饮品市场还没有形成统一的标准和规范，很多小作坊和黑心商贩占据了市场份额，给消费者带来了不良的体验和危害。他认为这是一个机遇，也是一份责任。他决定采用加盟的方式，将蜜雪冰城的品牌理念和产品质量传播到全国各地。

2007 年，蜜雪冰城新鲜冰淇淋店开业，同年，蜜雪冰城开启加盟事业。张红超制定了严格的加盟条件和标准，要求加盟商必须遵守蜜雪冰城的经营理念和管理制度，保证产品的新鲜和卫生，提供优质的服务和环境。他还为加盟商提供全方位的支持和培训，涉及选址、装修、设备、物料、技术、营销等方面。他希望每一家蜜雪冰城门店都能得到消费者的信赖和喜爱。

2008 年，随着加盟店数量越来越多，郑州蜜雪冰城商贸有限公司成立。同年，蜜雪冰城率先通过商务部特许经营备案，成为国内饮品行业中最早获得该资质的品牌之一。这也标志着蜜雪冰城在加盟领域取得了重大突破和成功。2010 年，郑州蜜雪冰城商贸有限公司正式更名为郑州两岸企业管理有限公司，并成立直营事业部，开启"直营＋加盟"的市场模式。张红超认为，直营店可以更好地展示蜜雪冰城的品牌形象和产品特色，也可以更好地控制产品质量和服务水平，同时更好地收集市场反馈和消费者需求，为产品研发和创新提供依据。他还希望通过直营店的示范效应，带动加盟店的发展和进步。

虽然在加盟领域获得了成功，但张红超并没有满足于现状，他始终保持着敏锐的市场洞察和创新精神，不断寻求新的突破和发展。在发现单一的甜品市场已经不能满足消费者的需求时，他决定对蜜雪冰城的产品结构和经营模式进行转型，扩大公司提供的饮品品类，给消费者更多选择。由此出现了现磨咖啡品牌幸运咖，该品牌延续了蜜雪冰城的低价、连锁加盟模式，与蜜雪冰城保持着一致的扩张模式，逐渐走向全国市场。

四、蜜雪冰城的腾飞

随着蜜雪冰城的经营转型，其发展迎来了一个新的高峰。其产品和服务受到广大消费者的喜爱和认可，品牌和市场也得到了快速的提升和扩张。在国内市场占据了领先地位，在国际市场也展现出强大的竞争力。2017 年，蜜雪冰城设立东南亚海外事业部，积极开拓海外市场。2018 年 9 月，蜜雪冰城海外首家门店在越南河内市正式开业。这是蜜雪冰城品牌走出国门的第一步，也是中国饮品行业在海外市场的一次重要突破。由于这家门店的产品结合了当地特色食材和口味，因此受到了当地消费者和媒体的热烈欢迎和好评。

2019 年 5 月，由蜜雪冰城全球独家冠名并主办的首届冰淇淋音乐节，在郑州奥帕拉拉水公园盛大举行。这是蜜雪冰城品牌的一次创新尝试，也是中国饮品行业的一次创新突破。这次冰淇淋音乐节累计接待游客 3 万余人次，带给现场观众吃、喝、玩、乐的全方位体验，不仅展示了蜜雪冰城的品牌活力和产品魅力，还展示了蜜雪冰城的社会责任和文化影响力。2021 年 1 月，郑州两岸企业管理有限公司更名为蜜雪冰城股份有限公司，年初，蜜雪冰城获得了由美团龙珠及高瓴资本为首的资本机构的 20 亿元融资。这次融资不仅为蜜雪冰城提供了更强大的资金支持和市场资源，也为蜜雪冰城提供了更广阔的发展空间和前景。诸多媒体报道，2022 年 9 月 22 日，中国证券监督管理委员会官方网站信息显示，蜜雪冰城股份有限公司的 A 股上市申请已获受理并正式预披露招股书，拟登录深圳证券交易所主板。这是蜜雪冰城品牌的一次历史性跨越，也是中国饮品行业的一次历史性荣耀。这次上市申请不仅标志着蜜雪冰城品牌的成熟和成功，也标志着蜜雪冰城品牌将迎来一个新的发展阶段。张红超表示，他将借助这次上市申请，进一步规范和优化蜜雪冰城的企业治理和运营管理，进一步增强和保护蜜雪冰城的核心竞争力和持续盈利能力，进一步回馈和奖励蜜雪冰城的消费者、加盟商、员工、合作伙伴、投资者等各方利益相关者。

任 务 四　李宁的品牌发展历程

李宁（中国）体育用品有限公司（以下简称李宁公司）是一家涵盖运动鞋、运动服装、运动配件等产品，集研发、设计、生产、销售为一体的专业运动品牌。20 世纪 90 年代，我国市场正处于开放和转型的初期，国内崭露出了一批新兴品牌。李宁公司作为其中的代表之一，迅速崛起并成为国内体育用品领域的龙头企业。发展 30 多年后，目前李宁公司几乎家喻户晓，其市值已突破千亿港币，成为国际一流专业运动品牌。回顾其发展史，创业者可以从其中获得有价值的思考。

一、品牌初创阶段

李宁公司的创始人是我国体操运动员李宁。李宁自小热爱体育运动，长大成为专业运动员后，他先后在世界体操锦标赛、全国运动会、洛杉矶奥运会等国内外重要比赛中取得突出成绩，成为我国体育界的代表人物。1989 年，李宁退役后，决心开始自己的创业之路。1990 年，健力宝投资1600 万元，李宁公司正式成立，独立负责李宁牌运动服、运动鞋的经营。当时我国正处于市场经济体制转型的初期，市场竞争激烈，李宁也面临资金、生产技术和管理经验等方面的不足。但同时，由于改革开放，当时体育事业发展的自由度较高，且受到国家重点支持。

因此，秉承"以人为本、诚信经营、追求卓越"的理念，李宁一方面团结和培养了一批优秀的员工队伍，并引进国外的先进技术和管理经验；另一方面，1990 年首次赞助亚运会中国代表队队服，就此李宁公司的品牌形象在大型国际体育赛事曝光且在国内流行开来。亚运会一结束，李宁公司就收到了价值 1500 万元的订单，逐步步入正轨。1992 年底，李宁公司分别在北京、广东成立 3 家公司，各自从事运动服装、休闲服装和运动鞋的生产经营。李宁品牌系列产品逐渐赢得了众多荣誉，成为1990 年以来中国体育代表团参加历次重大国际比赛的专用装备，李宁品牌服装和运动鞋系列不仅被推选为中国明星产品，而且被评为全国服装行业十大名牌之一。

在品牌管理方面，李宁公司分别在 1993 年和 1997 年建立起自己的特许专卖营销体系和自营分销网络，并率先实施企业资源计划（enterprise resource planning，ERP）技术，实现对销售网络的管理优化，初步建成了自营＋特许专卖的销售网络体系，大大提高了品牌的销售能力。

二、品牌发展阶段

1993 年，李宁公司迁址北京，当年便创下了 6.7 亿元销售额的历史纪录。之后，由于东南亚金融危机的爆发，公司成长停滞。李宁深感自身知识不足，于是将公司交给职业经理人打理，自己去北大读书深造。2003 年，李宁公司营业额突破 10 亿元，并于 2004 年 6 月顺利上市，李宁公司成为第一家在港股上市的内地体育用品公司，这也标志着李宁品牌营销拉开了第二阶段的序幕。这一阶段，李宁公司开始在专业化、国际化道路上迅速发展。

在营销方面，李宁公司开始采用明星代言策略，借助明星号召力和影响力，快速提升品牌知名度和美誉度。同时，李宁公司积极赞助和支持各类体育赛事，例如全运会、亚洲杯等，希望通过体育赛事的品牌曝光，加强品牌与消费者之间的情感联系。另外，李宁公司充分运用数字化营销策略，在社交媒体、电商平台推广营销，提升品牌在年轻群体中的影响力和市场份额。例如，在微博等平台开设官方账号发布品牌信息，吸引"粉丝"，并邀请代言人在社交媒体转发，扩大品牌影响力；在国内外大型电商平台开设官方旗舰店，并进行促销，提升品牌曝光度；提供数字化服务，通过官网的退换货服务、订单查询、在线客服，以及开发移动端 App 等，提升用户体验，更好地满足消费者期待。

在市场方面，李宁公司深层次布局品牌国际化：走出中国市场，在亚洲地区陆续开设品牌形象店和专卖店；赞助国内外多家体育组织，提供专业的运动装备；赞助和支持一些全球知名赛事，提升品牌国际影响力；签约成为美国职业篮球联赛（National Basketball Association，NBA）的官方市场合作伙伴，签约NBA球星，合作推出球星专属产品线等。

在产品方面，李宁公司不断升级和优化产品组合，如研发一系列适合不同运动场景和需求的运动鞋、运动服装及配件等；积极引进和采用高科技材料，如GORE-TEX防水透气材料、Bounce+缓震科技等，保证产品的舒适性和性能；针对不同消费群体推出具有独特设计风格的产品等。

在销售渠道方面，李宁公司积极开拓线上和线下多种渠道，不断完善销售网络。

三、品牌转型至今

2008年奥运会之后，运动鞋服市场规模增速下降，其他国产品牌如特步、安踏、361度等纷纷崛起，安踏的市场占有率甚至超过李宁。这时李宁公司重新更新了品牌营销定位，计划提高品牌价格定位，将品牌高端化，原有的品牌口号"一切皆有可能"也被更改为"让改变发生"，但这次品牌重塑战略让"90后群体"无法在短时间内接受全新的品牌故事。产品力的缺乏、国际化的扩张及揠苗助长般的营销战略使公司陷入了财务危机。在品牌销售管理方面，粗放式的销售渠道管理，难以对市场的变化做出快速反应，经销商门店统一管理困难，导致经销商的零售能力与李宁在经销渠道的扩张无法匹配。虽然李宁公司此时在品牌传播和市场布局方面有不错的表现，但仍使李宁公司2011年底股价大跌，甚至2012年关闭了1000多家门店。

经过这一系列挫折，李宁重回公司担当CEO，在品牌定位方面，品牌口号重新恢复为"一切皆有可能"，品牌定位也更加清晰：互联网+运动生活体验提供商。采取"单品牌，多品类"的营销战略，定位不同消费市场，以李宁为主品牌，通过自创品牌、收购或获得特许经营权的方式，涉足更多专业体育领域，形成较为完善的品牌多元组合。

在品牌传播方面，李宁公司采取了如下措施。

积极布局数字营销。在纽约时装周上，李宁公司采用"即秀即买"模式，获得当地消费者对品牌的青睐，将李宁与"潮流""国货"等字眼紧密联系在一起，强化李宁的专业运动属性和潮流属性；整合利用新媒体平台，利用自己的新媒体矩阵在各大平台制造话题热点，利用快手、抖音、B站、虎扑等平台中的关键意见领袖，传播品牌广告定制内容，树立品牌调性，利用新媒体实现品牌的多渠道传播。

利用互联网，充分挖掘消费者购买服务数据，提升消费者的参与感与交互感。例如，举办"李宁韦德之道全球设计大赛"，邀请广大受众参与设计稿比赛，使他们通过互联网平台与品牌产生良性互动，最终的设计稿由韦德本人决定，这也使受众感觉自己真切参与到产品制作中。又如，线下跑步店提供跑步测试服务，通过体成分测试仪、3D足型扫描仪、跑姿测量台等专业测试设备，使消费者了解自己的身体成分、脚型特点及跑步姿态情况等，为其提供个性化、定制化的跑步服务。另外，店内还提供线下约跑、新品试穿等。为了升级服务体系、增加利润点、贴近年轻消费者，李宁还针对零售终端消费体验环节进行了一些创新尝试，即注册品牌咖啡商标，计划在店内提供咖啡服务。

同时李宁公司还优化渠道结构，裁撤业绩较差的经销商，强化直营渠道的布局，加强对门店的管理。其门店也积极布局新零售，利用基于位置的服务（location-based service，LBS）、抖音等技术和平台提供全场景全方位的零售服务，并且实现以终端消费者为导向的单店订货模式。集大数据、人工智能、数字化服务，线下体验及现代物流于一身，为消费者提供全新的新零售服务，进一步完善线上线下一体化品牌营销模式。李宁公司还建立会员体系，依据会员数据为客户用户画像，这样不仅可以促进全渠道产品的合理规划，而且可以提高数字广告传播的精准度。

借助"互联网+"运动生活体验服务商的品牌定位及时尚国潮概念，李宁公司重回高位。总体来说，李宁品牌的营销策略不断创新，从传统的体育赛事赞助到现在的数字化营销，李宁公司一直保持着时代先锋的姿态。

任务五　沙县小吃：小吃里的大国奋斗史

多年来，来自闽中山区的沙县小吃一步步风行天下，成为广受欢迎的"国民美食"，迄今已发展为年营业额500亿元、带动30多万人就业的大产业。沙县小吃靠什么取得成功？传统手艺如何创造发展奇迹？答案不仅仅在舌尖上。

2021年3月23日下午，习近平总书记在沙县夏茂镇俞邦村考察调研时强调，沙县人走南闯北，把沙县小吃打造成了富民特色产业。乡村要振兴，因地制宜选择富民产业是关键。要抓住机遇、开阔眼界，适应市场需求，继续探索创新，在创造美好生活新征程上再领风骚。

一、薄利多销找准发展路

沙县夏茂镇特色小吃民俗文化馆渐渐成了旅游打卡地。婚丧嫁娶各类生活场景，精细到堪称烦琐的制作工艺，将军米粿、洪武金包银、夏茂烤鸭……沙县小吃背后，是当地源远流长的美食文化传承。

沙县小吃继承了来自中原黄河流域的饮食文化传统，蒸、煮、炸、烤、腌……各类技艺手法流传至今，被称为中华民族传统饮食的"活化石"。同时，它兼具闽南一带的独特饮食"基因"和客家的饮食文化风格，口味丰富而多变，清鲜淡甜与咸辣酸爽并存，所以天南海北的食客都能在沙县小吃找到适合自己的口味。

"最早走出沙县做小吃的多数是夏茂镇人。"曾任夏茂镇俞邦村党支部书记的俞广清说。

1992年，俞广清就和亲戚在福州开起小吃店，主打"1元进店，2元吃饱"，主要经营拌面、扁肉、蒸饺和炖罐这些沙县小吃的"四大金刚"。他很快发现，小吃业市场容量大、回本快，一带十、十带百，村里人都出去开了小吃店。目前有600多人在外经营小吃店，占全村人口的50％以上。

沙县小吃有两大特质，一是"品类多"，二是"定位准"。首任沙县小吃业发展领导小组组长陈家禄这样总结。

"1元进店、2元吃饱、5元吃好"，这是早期沙县小吃经营者对小店的定位。"品种丰富、薄利多销、物美价廉、南北皆宜，是它成功的关键。"陈家禄回忆说，20世纪八九十年代，随着各地外出务工农民工的增多，便捷、便宜的沙县小吃正好解决了这部分人"吃饭难"的问题。

朴素的店面、简陋的红色塑料菜单、四方桌和塑料椅子……在很长一段时间里，这些都是沙县小吃店铺的标配。花上几百元摆个摊卖扁肉、拌面，或花数千元租个小小的店面就可以开业。"大部分店铺都选在租金比较便宜的地点，装修也比较简陋，甚至有个柴火间，两口子就可以开个小吃店。成本低，售价也低。"陈家禄介绍。

这么多年来，"便宜"仍然是沙县小吃的一大特点：5元一碗馄饨，6元一份蒸饺，7元一碗拌面。实惠的价格，让初入城市的打工族、刚刚上学的在校学生乃至工薪一族能在街头巷尾享受一口美食，而不必担心囊中羞涩，这足以让沙县小吃在各式各样的餐饮消费中脱颖而出。

不仅价廉，而且物美，除了"四大金刚"，盖浇饭、套餐、砂锅、炖汤等也出现在沙县小吃菜单里。调和各地口味、适应了人口流动背景下的大众餐饮需求，沙县小吃总能让天南海北的食客为之驻足，找到适合自己的口味。

二、敢拼实干拓展空间

走入沙县小吃产业园，迎面的大楼楼顶上写着几个红色大字——"实说实干、敢拼敢上"，这可以说是沙县人的创业信条。从最初的小吃店到如今的大产业，沙县小吃的发展历程就是沙县人干事创业的历程。

从20世纪90年代开始，在先行者致富效应带动下，沙县小吃通过"一家一店"经营模式滚雪球般向外发展，越做越大。

土生土长的沙县夏茂镇人罗光灿 2000 年左右跟着亲朋好友来到福州，发现市场已近饱和，便决定去找寻更大的市场。2004 年，罗光灿来到北京开起沙县小吃店。"刚到北京时人生地不熟，从电脑和报纸上找店铺招租广告，再去实地考察，鞋子都走破了好几双。"罗光灿说。

如今，他在北京已经拥有了 3 家店铺。儿子也在天津、河北等地开了店。但罗光灿的脚步没有停歇。2016 年，他在新加坡开了一家沙县小吃店。

目前，沙县有 6 万多人外出经营沙县小吃，并辐射带动 30 万人创业致富，沙县农村居民人均可支配收入由 1997 年的 2805 元增长到 2019 年的 20 528 元，贫困人口已全部脱贫。

"可以说，我们的房子就是靠卖扁肉和面条盖起来的。"俞广清说，20 世纪 90 年代初期，整个沙县也没几座高楼，吃苦耐劳的沙县人靠卖出一碗碗热气腾腾的扁肉和拌面，盖起了如今沙县的高楼大厦。所以，当地人用"扁肉是砖头、拌面是钢筋"形容小吃业在富民强县中的作用。

20 世纪 90 年代，沙县人罗婵玉的父母在福建厦门开起了沙县小吃店，她的手艺就是父母手把手教出来的。2003 年，罗婵玉加入去外地开小吃店的大军。她先后在温州、杭州和北京等地开过小吃店。生意最好的时候，算上和亲戚朋友们合开的店铺共有几十家。

"创业路上不容易，一路走来，苦辣酸甜都尝遍了。"罗婵玉说，"接下来，我还有新的打算。我想开直播，把制作技艺记录下来，让更多人学会怎么制作小吃。我的梦想是把沙县小吃的独特风味传遍全国，传到国外，传到千家万户。"

这条小吃发展之路就是这些有胆识的沙县人摸索出来的，他们内心充满着对外部世界的向往和追求成功的渴望。也正是这股"敢想敢闯、不甘人后"的劲儿和对家乡小吃的诚挚热爱，让罗婵玉和罗光灿这样的小吃从业者闯出了一条致富路。越来越多的沙县人背起鸳鸯锅、拎着捣肉馅的木槌，奔向一座座城市。

"沙县人身上有两种品质：一是坚韧不拔的精神，沙县人吃苦耐劳，就算失败了也可以再继续干；二是精益求精的精神。沙县人不仅是用手在做小吃，更是用心在做。"黄福松 1999 年开始担任沙县小吃业发展领导小组副组长，一直干到 2016 年退休。他认为，这种在干事创业中锤炼出来的精气神，是沙县小吃产业得以发展壮大的强大动力。

三、"有形之手"促品牌提升

沙县小吃的生意越做越红火，暴露出的问题也越来越多：卫生状况差，甚至出现了个别小吃店以次充好或偷工减料等不良行为，给沙县小吃业带来了严重的负面影响。

究其原因是缺乏行业统一标准和管理。在餐饮市场竞争日益激烈的背景下，沙县小吃原有的"夫妻店"、单家独户的经营模式已跟不上时代的脚步。

针对这种状况，沙县县委、县政府多次召开小吃产业发展专题会议，将小吃定位为当地的支柱产业。成立沙县小吃业发展领导小组，下设"小吃办"，组建沙县小吃同业公会，建设沙县小吃一条街，注册沙县小吃商标……筹办每年一次的沙县小吃文化节。小吃从自发创业的个体经营变成了政府引导的支柱产业。

沙县县委、县政府提出"统一商标、统一技艺、统一形象"的会员制发展思路：先后出台 40 多份文件，通过给予资金信贷、鼓励企业做大做强、支持群众创业、创建知名品牌等政策扶持，促进小吃产业快速发展；成立沙县小吃培训中心，免费为小吃从业人员提供经营管理和制作技艺培训，提升小吃从业人员技艺水平；针对缺乏经营经验的小吃从业人员，给予创业前的开店指导；与县市场监管部门配合，抓好原辅材料市场监管，确保源头产品质量。

2008 年，沙县小吃集团正式成立，开始实行总公司、子公司、终端店"三位一体"管理模式，编制《沙县小吃集团餐饮连锁经营管理手册》，涵盖公司组织架构、门店服务规范等管理标准体系。"标准"的沙县小吃来了！

2016 年，沙县小吃开启加盟店模式。不同于麦当劳、肯德基的加盟模式，沙县小吃的独特之处在于"先有群体，后有品牌"。经过多年发展，个体沙县小吃门店已遍布各地，如何吸引存量店铺转化为加盟店非常关键。沙县小吃集团通过加盟店方式为个体沙县小吃门店赋能。

这些改变，罗光灿有切身感受。"刚到北京开店时，各种原材料配送都不规范。2007年，沙县小吃北京推介会后，更多沙县人到北京开店，相关原料配送也一起过去了，方便了许多。再后来，沙县小吃集团成立后，我的3个店铺从招牌、装修到员工服装都是统一的，店里的小吃质量也提高了很多。"罗光灿说，他的3个店铺全部成为沙县小吃集团的加盟店。

加盟店大大降低了个体小吃门店的成本。热销小吃蒸饺可以通过机械化生产线生产并配送到全国，有效降低了门店的人力成本和经营成本。统一标识、统一口味、统一质量还让水平参差不齐的门店实现整体提升，打造典范店铺，创造品牌效益。

"如何做好加盟店，我们也是摸着石头过河。近几年，我们为沙县小吃加盟门店提供专业指导，开展新品推荐，让更多从业者获利。这种做法也让已经加盟的店主通过亲帮亲、邻帮邻方式，吸引更多小吃经营业主加入。"沙县小吃产业发展中心副主任张鑫说。

"不知沙县小吃，怎知人间烟火"，沙县小吃从起步阶段的"小作坊""夫妻店"，一步步发展成为如今的"品牌化、连锁化、产业化"经营业态。

四、开拓多元发展增长点

"2020年'双11'期间，我一天能卖出2吨拌面！"罗奋忠说。

罗奋忠是沙县长阜村沙村拌面的创始人。1992年，他在厦门开了一家沙县小吃，赚到了人生第一桶金。1997年，看到小吃调料巨大的市场前景，他又回到长阜村建起了沙县小吃调料厂。2008年，他利用村里生产面干的优势，上线了面干生产线，推出了花生酱、葱油、芝麻、香葱等多种口味。

"如今，我生产的调料供应给各地沙县小吃店，而网购我面干的顾客可以自己在家尝试做拌面。"罗奋忠说。

标准化、连锁化的沙县小吃走上了产业规模化、管理智能化、国际化发展的转型升级之路，沙县小吃产业链条不断延伸拉长，从最初的餐饮业壮大为包括从生产种植到加工销售多环节、多系列的大产业。

随着沙县小吃产业园的建立，沙县小吃生产有了先进的生产设备，采用机械化生产线进行标准化、规模化生产，借助现代化物流实现中央厨房到单个门店的配送。

和面、做馅、包饺……这些工序都在一排排先进的生产线上完成。2019年，沙县小吃中央厨房国内首条机械化沙县小吃核心产品（蒸饺）产业生产线投入使用，实现了标准化、规模化生产。

沙县小吃"四大金刚"均实现了机械化生产，扁肉可用机器自动捶打，拌面也用上了自动捞面机，蒸饺由中央厨房统一制作和配送，炖罐可用半成品材料制作。此外，沙县小吃的酱料也可使用电机驱动石磨方式进行生产。

"现在，生产方式越来越多样化了，机械化生产方式帮我们降低了人工成本。"三明沙阳食品有限公司总经理邓慧珍说。对入驻产业园的企业，政府不仅帮其搭建与国内外大企业合作的桥梁，介绍一些大企业到企业采购酱料，还给予了免租优惠和办证方面的便利。

"我认为标准化生产不会影响小吃口味的独特性。为提高产量、降低成本，标准化生产是沙县小吃的必由之路。如果未来有口味多样化需求，我们也可以定制专门口味的机械化生产线。"张鑫说。

在标准化生产基础上，沙县小吃构建起了供应链体系，将核心品种、调味品等产品安全、快捷地配送到全国各个地区连锁店。机械化生产代替手工操作，不仅降低了人力成本，还能实现口味统一、质量达标，确保了食品安全。

"把沙县小吃这个品牌做大做强，既要有规模，也要讲传承。"张鑫说。

1999年开始经营沙县小吃店的李贤锦，不仅当上了沙县小吃技艺传承人，还把沙县小吃带出了国门。2018年，他和他的"李记小吃"团队作为唯一的中餐代表入驻平昌冬奥会。"这一切都离不开政府的大力扶持。"李贤锦说。

王景熙也是第一批 10 位技艺传承人之一，他制作的烧卖皮胚晶莹剔透，深受当地消费者喜爱。1979 年，王景熙父母开始在沙县县城开烧卖店。1991 年，王景熙夫妻俩接手了烧卖店。

在小吃同业公会组织下，王景熙前往日本、北京等多地学习技艺、推广小吃，"感谢政府的大力推广，让我们这些手艺人成了技艺传承人，能将沙县小吃更好地传承下去。"王景熙说。

在人人都会做小吃的沙县，如何更胜一筹？王景熙说："做小吃要用心做，不偷懒。年轻的时候我从早上 5 点一直工作到晚上 11 点。我最大的愿望就是能把这项手艺、这个牌子传承下去。"

规模化生产带动了沙县小吃产业的发展，优秀技艺传承还推动了当地节会经济、文旅经济的发展。沙县建起了国家 4A 级景区"沙县小吃旅游文化城"和沙县小吃文化科技馆、民俗馆等，每年吸引超过 500 万人次游客前来观光旅游，2019 年实现旅游总收入 54.48 亿元。

CHAPTER 11

项目十一 "互联网＋"案例的启示

创新创业是一项艰难而漫长的旅程，创业者由于缺乏社会阅历和实践经验，正式创业前可以先学习前人的成功经验，从中汲取营养。用从前人处获得的启示指导自己的创新创业活动，使创业之路走得更稳、更顺。

引例

发起"薪火计划"非遗百课进校园项目，开创非遗品牌"薪火燎原"、国潮品牌"薪火芳华"，主持、参与国家级大学生创新创业计划项目 6 项……

这份充实的个人履历，属于湖南大学金融与统计学院 2018 级本科生王淑禾。在第八届中国国际"互联网＋"大学生创新创业大赛中，王淑禾凭借"薪火芳华"项目斩获高教主赛道全国总决赛金奖。值得一提的是，项目创始人王淑禾还被授予"中国品牌金谱奖·国潮文创行业领军人物"称号。

在一众硬核科创项目中，王淑禾和她创立的"薪火芳华"是如何突出重围，获得专家及投资机构的青睐的？

王淑禾表示，过去 4 年团队一直暗暗"蓄力"——一面开展实地调研和深入研发，搭建基于 56 个民族传统文化的 IP 数据库，通过 AI 设计系统研发、国潮文创产品开发、大型科技展馆建筑规划及 IP 品牌运营的全链路径，打造有影响力的青年国潮 IP，形成"民族""民俗""地域""文博"4 套 IP 数据库，开发基于昇腾算力的国潮 AI 设计系统；一面将文创设计转化为实用产品，开发出十六大系列国潮文化创意产品，并在央视展播。

为何选择国潮领域开启创业，并在大学期间休学一年专注研发？王淑禾回答："因为我觉得自己在做正确的事，我希望未来能推动中华优秀传统文化走向世界。"

起初，面对传统文化在传承、传播和创新等方面的困境，2018 年起，王淑禾组建大学生创业团队，发起薪火计划项目，第一个尝试的便是推动非遗百课进校园。

为此，王淑禾及其团队走访非物质文化遗产发源乡 137 个，拜访非遗传承人 583 位，并联动非遗传承人与大学生志愿者讲师为城乡中小学生线上授课。历经 4 年积累，王淑禾团队研发了十大系列国粹文化美育课程，联动来自全国各地的 4200 余名大学生志愿者，累计为全国城乡中小学授课数万余小时。

这段开展美育教育的经历就像"一颗火种"，引燃了王淑禾的创业热情。"在这一过程中，我结识了很多志同道合的伙伴，也积累了一些创业资源，便开始探索'文化＋设计'的创业路径。"

2022 年，团队已经升级到"文化＋设计＋科技"模式，创新地将区块链、深度学习等新兴技术融入文创产品开发。为了保护设计的安全性，团队不仅及时、高效做好版权登记，更引入了区块链技术辅助版权登记。

团队着手研发的"图像生成技术"也是科创助力文创的代表。"企业和个人都有设计的需要，现在我们的技术已经初步实现定制图像的生成。"王淑禾告诉记者，未来技术成熟后，使用者只需输入需求、参数，平台就能自主生成一张海报、一个 Logo、一张画像……

谈及未来发展，王淑禾信心满满，并拿出手机分享了许多设计草图、渲染图，也表示团队参与了大汉国际工匠院的设计，上线各电商平台的"薪火芳华中式婚礼伴手礼套装"也取得了可观销量。

【想一想】
1. 王淑禾创业成功的秘诀是什么？
2. 如何结合"互联网 +"理解"越是民族的，越是世界的"这句话？

任 务 一 比亚迪的趁势转型

根据国际能源署（International Energy Agency，IEA）发布的《2023 年全球电动汽车展望》报告，2022 年全球包括纯电动汽车和插电式混动汽车在内的电动汽车销量超过 1000 万辆，较 2021 年增长 55%。IEA 同时在报告中称，在电动汽车销量方面，中国电动汽车销量是"领跑者"。2022 年，中国电动汽车销量占全球电动汽车销量的 60%。如今，全球道路上行驶的电动汽车有一半以上产自中国。电动车的时代已经来临。比亚迪作为全球最大的新能源汽车研发生产商之一，在这场电动车潮流中非常突出。

一、比亚迪发展历史回顾

1995 年 2 月，王传福辞去了有色金属研究所的职务，创立了深圳市比亚迪实业有限公司（2002 年改为比亚迪股份有限公司），主营业务是电池。半年后，比亚迪靠着强大的性价比优势，成为手提电话企业大霸公司的电池供应商。1997 年，比亚迪已经成为世界第四大镍镉电池生产商，并且接连拿下摩托罗拉、飞利浦、爱立信和波导等国内外手机厂商的大额订单。2003 年，比亚迪成为国内第一手机电池制造商。

同时，比亚迪于 2002 年底进入电子代工行业，将产品从手机电池扩展到屏幕、镜头模组、键盘机壳模具等各类零组件。2022 年，比亚迪已经成为能够大规模提供精密金属、玻璃、陶瓷、塑胶等全系列结构件及整机设计制造解决方案的公司。华为、小米的诸多电子产品都由比亚迪代工。

2003 年，比亚迪收购西安秦川汽车有限责任公司，进入汽车制造行业。2005 年，比亚迪推出了第一款自主研发的汽车产品——比亚迪 F3，由于性价比颇高，取得了不错的市场反响。在燃油车领域取得一定的成功后，比亚迪又早早布局新能源汽车行业。2008 年即在北京车展上发布了电动汽车 F3e。2012 年，纯电续航里程 70 公里、百公里加速成绩 5.9 秒、最低油耗为百公里 1.6 升的比亚迪秦 DM 成为比亚迪新能源汽车的第一个"爆款"。同年，比亚迪的电动大巴 K9 在西安、武汉等城市的公交线路上正式服役。后来，比亚迪陆续推出了纯电动环卫车、纯电动牵引车、纯电动卡车等产品，几乎覆盖了汽车行业全部类别。

2016 年，比亚迪发布跨座式单轨产品"云轨"，正式宣告进军轨道交通领域。2017 年 8 月，全球首条跨座式单轨"云轨"线路在银川投入运行。2021 年 4 月 16 日，全球首条无人驾驶小量运输系统"云巴"在璧山开通运营。2017 年，比亚迪在巴西开设了光伏组件厂。2022 年，比亚迪能源巴西分公司光伏组件累计产量突破 200 万块。

2022 年 8 月，比亚迪入选 2022 年《财富》世界 500 强排行榜，位列第 436 位。此时，比亚迪集团的业务主要分为乘用车、商用车、轨道交通、电池、电子五大板块。图 11-1 所示为比亚迪集团官方网站上"产品及解决方案"界面。

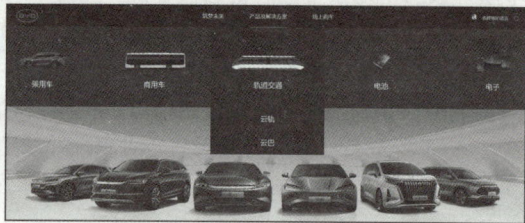

图 11-1　比亚迪产品及解决方案

二、比亚迪"互联网 + 交通"模式的探索

比亚迪的发展并非仅体现在技术创新上，更是战略的创新和模式的创新。开放、共享是行业趋势，智能化是未来发展方向，比亚迪将互联网与自身在交通方面的技术和产品结合起来，探索出了一条"互联网 + 交通"的新模式。

（一）DiLink

DiLink 是比亚迪推出的全球首个开放式车载智能网联系统，它定位于互联网行业，秉持与互联网高度融合的设计理念，包含智能开放的软硬件平台及生态服务系统，是比亚迪基于移动互联、智能 AI、语音识别、车联网、大数据等最新技术和用户洞察，通过软硬件创新完全独立自主研发的智能网联系统。

2008 年，比亚迪在燃油车产品 F6 上搭载了第一款自主研发的车载多媒体 MS8。2018 年，DiLink 智能网联系统正式发布。2021 年底，比亚迪发布了 DiLink 4.0（5G），这是全球首个量产的内置 5G 车载通信娱乐系统。如今，比亚迪的智能网联技术已应用于比亚迪王朝系列全部车型。

DiLink 由 Di 平台、DiUI、Di 生态、Di 云、Di 开放五大板块组成。Di 平台即智能自动旋转 Pad，可根据软件的应用场景和交互方式提前预判，进行智能自动旋转。DiUI 是可定制的 Widget 桌面，能为车主带来丰富、高品质的视觉体验及更多个性化选择。Di 生态是指 DiLink 全面支持安卓系统，可以全面兼容安卓 App。Di 云是云端服务，车主可基于蓝牙、网络信号在手机端通过比亚迪汽车 App 实现车辆远程控制、远程监测、预约 4S 服务。Di 开放即 DiLink 是一个开放的平台，第三方开发者可以开发相关应用。

基于 DiLink，比亚迪新一代汽车搭载的先进车载传感器、控制器、执行器等装置，能够融合现代通信与网络技术，实现车与人、车、路、后台等智能信息的交换共享，实现安全、舒适、节能、高效的行驶。

（二）云轨 + 云巴

云轨和云巴是比亚迪打造的轨道交通解决方案。云轨属于跨座式单轨产品，采用流线型车身设计，搭载无人驾驶系统、铁电池储能系统、永磁同步直驱电机、能量回馈系统等先进科技。作为中运量轨道交通系统，云轨拥有独立路权且编组灵活，具有造价低、工期短、适应能力强、景观性良好等特点，可广泛用于大中城市骨干线和超大型城市加密线、商务区、游览区等线路。图 11-2 所示为银川花博园沿线修建的比亚迪云轨，游客可以乘坐云轨拍照，提升观光体验。

图 11-2　银川花博园的比亚迪云轨示意图

云巴属于小运量交通系统，搭载无人驾驶系统、多功能深度集成的综合调度系统、自动定位、人脸识别、宽带集群+可视化对讲等高科技配置。具有建设周期短、建设费用低、运营管理省、出行效率高、低能耗、低噪声等优势。

通过云轨和云巴的组合应用，比亚迪可以帮助城市打造地下、地面和空中的立体化交通网络，推动大、中、小运量公共交通协同发展，促进城市交通新升级。

三、比亚迪"技术为王，创新为本"发展理念带来的技术优势

2022年4月15日，2021年度广东省科学技术奖正式颁发，比亚迪"高端纯电动乘用车关键技术研发及产业化"项目和"高可靠性大电流IGBT器件关键技术研发及规模化应用"项目分别荣获科技进步奖特等奖和二等奖。比亚迪能取得这样的成绩，与其创始人王传福秉承"技术为王、创新为本"的发展理念密不可分。2023年3月，比亚迪公布2022年全年业绩，数据显示2022年累计研发投入202.23亿元。

比亚迪自诞生之日起，就强调技术，长期致力于研发创新，是目前全球唯一同时掌握电池、电机、电控、绝缘栅双极型晶体管（insulated gate bipolar transistor，IGBT）等新能源汽车核心技术的企业。比亚迪在新能源汽车领域取得了多项技术成果，包括续航里程长、安全性高、使用寿命长的刀片电池；实现架构化、模块化的纯电动整车架构平台——e平台3.0；兼具燃油动力和电动的DM-i混动系统；将电池整合到车身结构中的CTB电池车身一体化技术；能够实现极限操稳、应急浮水、原地掉头和敏捷转向等场景功能的"易四方"技术；全球首款新能源越野车专属的智能液压车身控制系统云辇-P系统等。截至2022年底，比亚迪全球累计申请专利超3.9万项、授权专利超2.7万项。

技术的优势也体现在市场数据中，2022年比亚迪实现营业收入4240.61亿元。新能源汽车全年累计销量达到186.35万辆，同比增长208.64%，其中"汉"系列产品全年销量超27万辆，"唐"系列产品全年销量超15万辆。同时，比亚迪新能源乘用车已进入日本、德国、澳大利亚、巴西等43个国家和地区。

四、比亚迪联手忽米网，开启数字化建设新征程

2022年6月17日，比亚迪通信信号有限公司（以下简称比亚迪通号）与忽米网签署战略合作协议，全面开启工业互联网平台、数字化应用、用户营销、生态建设等多领域数字化建设深度合作。

忽米网是中国领先的工业互联网平台，也是工业和信息化部发布的国家级跨行业跨领域工业互联网平台和首批国家级工业互联网平台试点示范项目，致力于为中国制造企业提供数字化平台及解决方案，以大数据智能化创新技术消除中国制造企业"数字鸿沟"，帮助企业实现转型升级。

比亚迪通号是比亚迪股份有限公司的全资子公司，作为国家高新技术企业，比亚迪通号坚持自主创新战略，致力于成为全自动运行平台服务商。

作为各自领域的优势企业，忽米网与比亚迪通号将在产品、技术、解决方案，国家、地方工业互联平台和标杆示范项目，市场品牌、生态打造等多个方面展开深度合作，基于忽米网在工业互联网数字底座开发、标识解析、5G边缘计算、数字孪生应用及比亚迪通号在系统产品、智慧园区、数字能源、通信集成等方面的优势，在工业互联网平台搭建、数字化应用、用户营销等领域互相赋能。此外，双方将共建生态合作圈，共享生态资源。在品牌联合、市场营销、生态打造等方面共同探索，加强交流合作，不断扩大行业覆盖的广度和深度，促进双方跨行业跨领域取得建设成果。

忽米网牵手比亚迪，全面赋能开启数字化建设"新征程"，其目的是加速推进制造业与工业互联网融合发展，一起为数字经济产业发展添砖加瓦，助推产业经济高质量发展。

精选案例

创新技术——"易四方"技术平台

2023 年 1 月 5 日，以"敢越星河"为主题的比亚迪仰望品牌暨技术发布会在深圳召开，比亚迪正式发布了全新高端汽车品牌仰望及其核心技术"易四方"。"易四方"技术平台是一套以四电机独立驱动为核心的动力系统，从感知、控制、执行 3 个维度围绕新能源汽车的特性进行了全面重构，彻底颠覆了以往燃油车的动力系统能力体系。感知方面，"易四方"率先发挥了轮边电机强大的感知能力，实现了对车辆运动状态不间断的全方位感知，并结合摄像头、激光雷达、毫米波雷达等智能驾驶传感数据，为后续的决策、执行环节提供感知数据基础。在控制环节中，"易四方"技术平台搭载中央计算平台＋域控控制架构高度协同的电子电气架构。中央控制器与各域控间通过高带宽、低延时、高安全的车载以太网等，实时互通感知信息和控制策略，通过控制器及传感器间的高度协同，实现四电机精准和多样化控制。执行层面，"易四方"技术平台搭载的 4 个轮边电机，能够实现纯粹的四轮独立驱动，并根据驾驶场景需求，对 4 个车轮的动力进行独立、精准的控制。感知、控制、执行三大环节的全面创新，使"易四方"技术平台拥有了四电机独立控制、极限防滑控制、车身稳定性控制三大核心控制技术，从而创造更丰富的驾驶可能性。

除了极致的安全，"易四方"技术平台还为用户提供了极致的性能与极致的体验：首先，在动力层面，"易四方"技术平台搭载的电驱总成系统最大马力可超 1 100 匹，最高转速可达 20 500 转／分，行业领先。同时，"易四方"技术平台全系车型都将标配 800 V 高压 SiC 电控，最高效率可达 99.5%。其次，在安全层面，在"易四方"技术平台的加持下，比亚迪可为用户提供更好的安全保障，四轮转向会最大限度减少驾驶员精神紧张的机会，这无形中大大增加了安全性。再次，"易四方"技术平台拥有优秀的感知、控制和执行效率，使车辆不仅可以应对日常行驶中最容易出现的高速爆胎安全风险，还拥有凭借四轮独立矢量控制功能获得的应急浮水脱困能力。最后，"易四方"还提供原地掉头功能，通过左右两侧车轮的反向转动和两侧差异化的扭矩输出，缩短车辆的转弯半径，狭窄弯道抑或遇到 90° 直角弯道，车辆都可以通过原地掉头或敏捷转向功能调整行进方向，使大型 SUV 在类似场景中拥有出色的机动性。

任务二　东方甄选的横空出世

2023 年 4 月 11 日，东方甄选发布公告，将向 154 名合格参与者（承授人）授出股份奖励 3045.9 万股。根据东方甄选当天收盘价 29 港元计算，此次股份奖励总价值约 8.83 亿港元。对于这个 2021 年底才转型为直播带货的企业，这次股权激励计划可谓是大手笔，同时映衬了东方甄选从教育领域转型到"互联网＋直播"领域取得的成功。

一、东方甄选横空出世的时间线

2021 年 12 月 28 日，知名教育培训集团新东方在微信公众号发文称，当晚 8 点将推出直播带货新平台"东方甄选"。首场直播销售额 460.4 万元，"粉丝"数达 2 万多。

2022 年 3 月 25 日，东方甄选抖音"粉丝"量达到 40 万。一边卖货，一边教英语的双语直播带货模式初见成效。

2022年6月9日，董宇辉在东方甄选直播间担任主持人，他的直播片段被剪成短视频，在多个社交平台传播。东方甄选直播间观看人数在3天内从65万暴涨至超过760万，直播销售额较首播成绩翻了近3倍，6月16日一天内增张的"粉丝"数超过420万人，新东方直播转型取得突破性进展，抖音带货榜排名居前。

2022年6月29日，东方甄选的直播间"粉丝"正式突破2000万。

2022年7月17日，东方甄选首次将直播间搬至户外，带货农产品桃子，不到10分钟，产品即售罄。

2023年3月9日，新东方在线发布公告：本公司证券的中英文股份简称将由"KOOLEARN"及"新东方在线"分别变更为"EAST BUY"及"东方甄选"，自2023年3月14日上午9时起生效。

2023年4月19日，新东方（09901.HK）公布截至2023年2月28日第三季度未经审核的财务业绩。根据业绩数据，新东方2023财年第三季度的净营收同比上升22.8%至7.54亿美元；经营利润同比上升147.1%至6650万美元。新东方首席执行官周成刚表示，"东方甄选在其自营产品及直播电商业务取得重大进展，业务运营和财务业绩取得突破性表现。东方甄选在本财年前3个季度已创造数百万美元的收入。此财季，东方甄选持续投入资源以改进产品、服务和内容。"

二、东方甄选直播带货的优势

东方甄选直播带货的平台是抖音，同时也有自己的App，其以农产品为主要销售品类，同时涵盖美妆、智能家居、图书、音像等商品品类，图11-3所示为东方甄选的直播间界面。东方甄选的直播带货有以下优势。

（一）新东方集团品牌背书

东方甄选借助新东方集团的品牌影响力和用户基础，能够快速吸引流量和"粉丝"。东方甄选的主播团队都是新东方前培训教师，具有高学历、高专业素养和丰富的教学经验，受到学生和家长的信赖和喜爱。原来在新东方培训的用户自然而然成为东方甄选的第一批受众。根据蝉妈妈数据，截至2023年1月，"东方甄选"6个抖音直播账号合计"粉丝"数量达到3 800万。2023财年上半年商品交易总额（gross merchandise volume，GMV）达48亿元。

（二）创新双语知识直播带货模式

东方甄选的主播在介绍商品时，会用中英双语穿插各种文化知识、历史故事、诗词歌赋等内容，让用户在购物的同时，能学习到有趣、有用的知识，增加直播间的趣味性和文化气息。这种"科普+带货"的直播模式，在抖音平台上具有较强的独特性和竞争力，也使用户对东方甄选形成了独特的认知和记忆，提升了用户体验和黏性。

图11-3　东方甄选直播间界面

（三）深耕农产品供应链

东方甄选致力于帮助农民整合农产品上下游资源，推进农业产业发展，为此供应链团队深入农产品行业学习农业知识，筛选出高质量、能切实帮扶农民的好产品，贯彻东方甄选选品"严要求"的信条。同时，东方甄选开启了自营品征程，打造绿色产品产业链，目前已经推出泰国金枕榴莲、大米、玉米等自营品，并取得了不错的销售成绩。

（四）注重内容输出和社会责任

东方甄选不仅是一个直播带货平台，它还是一个内容输出平台。主播们在直播间不断分享各种知识、见解和故事，使用户感受新东方教育的魅力和价值。同时，东方甄选积极承担社会责任，响应国家农业振兴政策，通过直播带货帮助农民增收致富，为乡村振兴做出贡献。

三、东方甄选强势崛起背后的商业逻辑

东方甄选以双语直播、知识分享、才艺展示等方式，打造了一种与众不同的直播带货内容风格，

吸引了大量用户关注,取得了不错的销售业绩,仅用了两年时间便得到了突飞猛进的发展,卓越的成绩背后是东方甄选严密的商业逻辑。

(一)人群策略

东方甄选的目标用户主要是一、二线城市的年轻群体,这部分用户有一定的消费能力和审美水平,消费意愿较强,也有对知识和文化的需求和兴趣,容易被垂直内容吸引。同时,这些用户是抖音平台的主要使用群体,东方甄选的直播平台用户与自身目标用户重叠性强。

因此,东方甄选选择了新东方的培训教师作为主播团队,利用新东方的品牌影响力和用户基础,以及创新双语知识直播带货模式,实现了快速吸引流量和"粉丝"的效果。

(二)货品策略

东方甄选以农产品为主要销售品类,后续拓展到美妆、智能家居、图书、音像等商品品类。在货品选择上,东方甄选打出了选品"严要求"的口碑,使买家获得良好的购物体验,赢得了买家的信任。同时,东方甄选还大力推进自营品,通过产业链整合,摆脱对供应商的依赖,增强对产品的把控。

四、东方甄选的拓展:扩充直播账号矩阵和产品品类

2022年一炮而红后,东方甄选很快开始拓展之旅,主要体现在直播账号矩阵的建立及产品品类的扩充。

(一)东方甄选直播账号矩阵的建立

随着东方甄选的发展,一个账号已经无法满足观众的需求和市场的潜力。2022年12月28日,东方甄选直播账号从1个增加到6个,分别为东方甄选、东方甄选生活馆、东方甄选美食馆、东方甄选文化馆、东方甄选健康馆、东方甄选旅行馆。几经调整后,截至2023年4月,东方甄选的抖音直播账号矩阵包括"东方甄选""东方甄选美丽生活""东方甄选之图书""东方甄选自营产品""东方甄选看世界""东方甄选将进酒"。

(二)东方甄选产品品类的扩充

随着直播账号矩阵的建立,东方甄选的产品品类也逐渐丰富,不同的账号能够覆盖不同的产品品类,满足观众的多元化需求。

(1)东方甄选。东方甄选作为主账号,其涉及的品类最广,包括各种生鲜农产品、零食特产、粮油、调味品、冲饮产品、个人护理产品、厨房用具、餐具、婴儿辅食、家庭清洁用品等。

(2)东方甄选美丽生活。东方甄选美丽生活账号涵盖的品类包括美容护肤品、纸品湿巾、彩妆香水、体育用品、厨房电器、家电、床上用品、住宅家具、运动鞋靴、生活电器、女装等。

(3)东方甄选之图书。东方甄选之图书账号主营图书产品,以及阅读架、护眼台灯、教学用具、文具等产品。

(4)东方甄选自营产品。东方甄选自营产品账号主营农产品、食品、生活用品等。

(5)东方甄选看世界。东方甄选看世界账号主营旅游产品及酒店产品。

(6)东方甄选将进酒。东方甄选将进酒账号主营酒水饮料产品。

精选案例

董宇辉——开启主播新时代

2022年6月9日,曾经的新东方英语名师董宇辉重新回到了聚光灯下。"这个牛排的口感,第一个叫作juicy,多汁的;你的牙齿咬到感受到的叫作tender,嫩的,我们一般说一个东西嫩,

还可以用 delicate ……"他用发音标准的英文介绍牛排，也能随口用"美好的就如山泉，就如明月，就如穿过峡谷的风，就如仲夏夜之梦"来形容商品；他介绍铁锅是妈妈的手，是父亲忧愁的面容，是老人盼游子回家的心；他说火腿，是风的味道，是盐的味道，由大自然的魔法和时光腌制而成。当晚，董宇辉成为抖音热搜第一名，占据同时段带货排行榜第一，高峰时单场 4 万观众在线。

曾几何时，董宇辉还是新东方英语名师，人称"中关村周杰伦"。而在辅导了约 50 万名学生后，29 岁的董宇辉转型成为东方甄选一名销售农产品的直播主持人。他在直播间一边卖牛排，一边进行知识传播，从杜甫、苏东坡到尼采、黑格尔、苏格拉底、莎士比亚……"终于看到高级知识分子闯入直播带货领域了，这才是直播变革的开始，'卷王'驾到。"一段在东方甄选抖音号下获得了最高赞的评论，透露出消费者对知识的肯定，也代表着新东方和董宇辉正式开启了知识性主播的新纪元。

任 务 三 《流浪地球》开启中国电影新纪元

2019 年，电影《流浪地球》上映，该片一举拿下 46.87 亿元的票房，位列国内票房总榜第 5 位（截至 2023 年 4 月）。2023 年 1 月，续集《流浪地球 2》上映，票房很快突破 40 亿元，成为中国电影史上第 10 部票房超过 40 亿元的电影。两部流浪地球电影的成功，不单是电影的成功，更是中国电影迈入新纪元的标志。

一、《流浪地球》系列电影打开中国科幻电影新大门

科幻电影是以科幻元素为题材，以具有科学性的幻想性情景为背景，展开叙事的影视作品。科幻电影展现了人类对未来、宇宙、异域、超能力等主题的想象和探索，颇受广大观众的喜爱。自 1902 年乔治·梅里爱执导的电影《月球旅行记》开创了科幻片先河之后，百年间影视界产出了一系列脍炙人口的科幻佳作，如《黑客帝国》《机器人总动员》《2001 太空漫游》等。但我国的科幻电影发展比较滞后，虽有《未来警察》（2010）、《全城戒备》（2010）、《逆时营救》（2017）等科幻电影上映，但是整体口碑和票房成绩都不尽如人意，科幻电影这一品类一直未能取得突破。

《流浪地球》是中国第一部真正意义上的硬科幻电影，改编自刘慈欣的同名小说，由郭帆导演，吴京、屈楚萧、李光洁、吴孟达等主演。该系列电影讲述了在太阳即将毁灭的危机下，人类为了拯救地球和自己，启动了"流浪地球"计划，即用巨型发动机推动地球离开太阳系，寻找新的栖息之地的故事。《流浪地球》在故事、画面效果、电影制作上都非常出色，上映后获得了空前的成功和好评，创造了多项票房和口碑纪录，成为我国第一部票房超过 40 亿元、观影人次突破 1 亿的现象级科幻电影大作。同时，《流浪地球》为了达到良好的视觉效果，很多道具是 1∶1 实体制造、实景拍摄的，并培养了 7000 人的电影制作团队，这实际推动了我国科幻电影道具生产、特效制作等方面的发展。从某种意义上说，《流浪地球》打开了中国科幻电影新大门。

《光明日报》如此评价流浪地球："科幻电影起源于欧美，是类型电影中重要的一种。长久以来，大家都觉得中国缺少科幻的土壤，但刘慈欣获雨果奖就表明我们在科幻文学领域是可以有所作为的；而在导演郭帆的带领下，《流浪地球》用 4 年时间证明中国也能拍出一部属于自己的科幻电影。在探索中，《流浪地球》借鉴了西方特别是好莱坞科幻电影的创作模式，结合中国电影发展现状与资本状况，建立一套中国科幻电影前期筹备、拍摄和后期制作的完整流程。而最终呈现的影片效果也

让西方媒体惊叹中国有能力挑战这一曾经由好莱坞垄断的题材。"

2020年8月，国家电影局、中国科学技术协会印发《关于促进科幻电影发展的若干意见》，提出将科幻电影打造成为电影高质量发展的重要增长点和新动能，把创作优秀电影作为中心环节，推动我国由电影大国向电影强国迈进。2023年，《流浪地球2》同样大获成功，这无疑证明我国科幻电影已经达到国际先进水平。

二、《流浪地球》的成功之路

《流浪地球》系列电影能够在众多科幻电影中脱颖而出，取得出色的成绩，掀开中国科幻电影的新篇章，是因为它经历了一条艰辛而又充满奇迹的成功之路。

（一）故事精彩

《流浪地球》讲述了面对"氦闪"（太阳急速衰老膨胀，短时间内包括地球在内的整个太阳系都将被太阳吞没）危机，地球人为自救提出"流浪地球"计划，倾全球之力在地球表面建造上万座发动机和转向发动机，推动地球离开太阳系，用2500年的时间奔往新家园的故事。

《流浪地球》系列电影源于刘慈欣的同名小说。刘慈欣是中国科幻小说代表作家之一，是首位获得世界科幻大会雨果奖的亚洲作家。《流浪地球》是首次发表于《科幻世界》2000年第7期的中篇小说，这篇小说虽然篇幅不长，但是构思巧妙，气魄非常恢宏，并获得了2000年度中国科幻银河奖特等奖。小说无疑为电影提供了一个非常优秀的剧本底本，同时刘慈欣亲自任编剧，参与剧本创作，使《流浪地球》电影能为观众讲述一个非常精彩的故事，足够精彩的故事是电影能够赢得观众、赢得票房的基础。

（二）高标准制作

《流浪地球》具备优秀的视觉观感，直接得益于电影的高标准制作。拍摄前，团队制作了8000余格的分镜、30多分钟的动态预览、详尽的制作流程和拍摄方案，以及以镜头为单位的统筹和通告单等。拍摄过程中，《流浪地球》8座摄影棚，置景延展面积近10万平方米，规格颇高。

科幻电影是电影中较为特殊的一类，由于其"幻"的成分，所以必然会有超越现实的场景，这也正是科幻电影的魅力所在。而要将这些"幻"的场景制作得真实、出彩，考验着电影制作团队的水平。为呈现地球在太空流浪的奇观，美术团队从线稿、上色到动态预览，设计了十几版方案，对置景车间的细节精雕细琢。《流浪地球》最终呈现出2200个视效镜头，50%是高难度的视效镜头，其中还有大量的全计算机动画（computer graphics，CG）镜头，图11-4所示为《流浪地球》中的太空镜头。

在电影幕后采访中，创作团队表示，除了空间站等个别场景以外，电影中出现的所有室内场景几乎都使用实体制作，制作组表示剧组制作了超过一万件实体道具辅助拍摄。其中重要道具防护服由北京物理特效421工作室及新西兰维塔工作室制作，外骨骼防护服重达40千克，极尽精良，如图11-5所示。

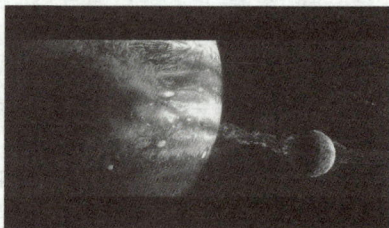

图11-4 《流浪地球》特效镜头

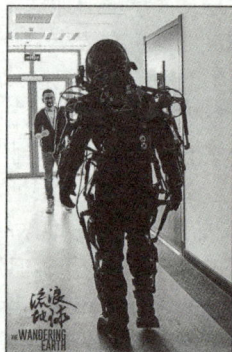

图11-5 《流浪地球》道具防护服

IGN 中国也充分肯定了《流浪地球 2》的制作："《流浪地球 2》展现了出众的工业特效水准，无论是高耸入云的太空电梯，还是规模庞大的地球发动机，全部都是一板一眼的特效工业产品，观众在视觉上得到满足的同时，也不会觉得空洞。同时，影片在特效的处理上相当扎实，即便是一闪而过的次要镜头也有详尽的细节，这一方面使影片的世界观更经得起推敲，另一方面最大限度避免了观众出戏。"

（三）大胆创新

科幻电影既要有科学的严谨，又要有幻想的浪漫。创作团队在《流浪地球》《流浪地球 2》的创作上可谓大胆创新，引入了一系列新方法、新技术。

创作团队在科影融合方面进行了深度探索，邀请了 20 多名中国科学院研究员、中国科学院大学教授组成科研顾问团队，深度参与科学观念构架和剧本创作，在保护影片想象力的同时，用科学依据推演影片幻想世界的合理性，这些科学构思体现在影片中的方方面面，最大程度给予观众真实感。

在拍摄流程上，《流浪地球 2》引入了"全程预拍摄"概念，预拍摄即"提前模拟拍摄"，要求创作团队通过分镜绘制、动态预演、虚拟拍摄 3 种方式，在影片正式开拍前完成部分影片的模拟拍摄和剪辑制作。通过增加这一流程优化实拍方案，能够大幅节约筹备、调度和拍摄的时间。

在电影道具制作上，《流浪地球 2》运用 3D 打印、数字车床、激光雕刻等新技术，提升了道具制作的精细度和效率。

（四）出色的资源整合

作为制作精良的科幻电影，《流浪地球》《流浪地球 2》显然需要投入高额的成本。由于该系列电影的规模和难度都非常大，需要大量的资金和人力投入，而且没有任何先例可循，郭帆导演及其团队在电影制作过程中面临巨大的困难和压力。创作团队凭借出色的资源整合能力，为电影寻找到了诸多外部资源，成功完成了电影创作。

徐州工程机械集团有限公司是电影的重要赞助商。在电影《流浪地球 2》的拍摄过程中，徐州工程机械集团有限公司先后投入 42 款 61 台主机设备、400 多套零部件及车间道具、61 套三维模型、319 名工作人员，从工业设计、产品改造、涂装改色、物流运输、现场执行等各方面为《流浪地球 2》做好资源配置和保障。

同时，创作团队积极与同期电影合作，《流浪地球》使用了电影《疯狂外星人》的设备和场景，也使用了《独行月球》《万里归途》的场景、道具。上海傲鲨智能科技有限公司赞助了多款外骨骼机器人，深圳市漫步者科技股份有限公司赞助了所有的耳机，主演吴京在拍《流浪地球》时不仅没有片酬反而自掏腰包 6000 多万元维持电影的拍摄……各种外部支持最终成就了这两部优秀的国产科幻电影。

三、《流浪地球》展现的中国力量

《流浪地球》系列电影不仅是一部优秀的科幻电影，更是一部展现中国力量的电影。该系列电影从多个方面体现了中国力量的内涵和外延。

（一）《流浪地球》系列电影展现了中华文化的力量

该系列电影以中国为主要背景和视角，展现了中国人对家庭、祖国、人类命运共同体等主题的情感和价值。该系列电影中的人物，无论是刘培强、刘启、韩子昂等主角，还是其他的配角，都有着鲜明的中国特色和个性，他们在面对危机和困难时，表现出了不屈不挠、团结协作、勇于牺牲奉献的精神和品质。电影结尾的一句台词尤其令人印象深刻："人类的勇气可以跨越时间，跨越当下，跨越未来。"

该系列电影中的故事充满了中国元素和符号，如春节、北京、上海、长城、国际空间站等，都是中华文化的象征和代表。该系列电影通过自己的语言和表达方式，向世界展示了中华文化的魅力和影响力。

（二）《流浪地球》系列电影展现了中国科技的力量

该系列电影是一部硬科幻电影，它在科学和技术方面有着严谨和创新的追求和表现。该系列电影中的设定（如流浪地球计划、地球发动机、木星点火等）都是基于科学原理和数据的推演和构想，既有想象力又有合理性。该系列电影的特效、美术、摄影等方面也达到了国际一流水平和标准，展现了中国科技在电影制作领域的进步和突破。该系列电影通过自己的技术和质量，向世界展示了中国科技的实力和水平。

（三）《流浪地球》系列电影展现了中国人民的力量

该系列电影是反映我国人民心声和愿景的电影，在全球范围内引起了人们的共鸣。电影不再是超级英雄拯救世界，而是人类共同改变自己的命运。该系列电影中的主题（如拯救地球、守护家园、人类命运共同体等）都体现了中国人民对自己和世界的关注和期待。该系列电影中的情感（如亲情、友情、爱情等）都是中国人民对生活和理想的感悟和表达。该系列电影通过自己的声音和态度，向世界展示了中国人民的力量和信心。

精选案例

《流浪地球 2》这部电影是纪录片

2023 年初，《流浪地球2》在全国院线热映，行星发动机、智能量子计算机、太空电梯等"硬核科技"元素使观众深感震撼，引发了影迷广泛热议。其实，电影中的很多装备并不是特效，而是用国产尖端装备设计改造出来的——中核集团官方账号发布了融合电影中的行星发动机与现实中的中国环流器二号制成的海报，并配文"你们负责想象，我们负责实现"；电影中的行星发动机利用"烧石头"产生核聚变释放能量，从而推动地球。而从科幻回到现实，新一代"人造太阳"（HL-2M）装置则是我国目前规模最大、参数最高的受控核聚变托卡马克装置；可垂直起降的双座战斗机"歼-20C"，救援队员穿戴得非常先进的工程外骨骼，用于太空电梯基地建设的步履式挖掘机，2045 年有望成为现实的天梯、地球车站、空间驿站……都说"科幻源于科技""艺术源于生活"，这已经不是"源于"，而是无缝对接了！这是电影吗？这是预告！正如刘慈欣所言，中国的飞速发展、中国的现代化进程才是中国科幻产生和发展的土壤，中国科幻的背后离不开强大的中国制造，而中国制造的背后则有无数个挺膺担当、勇于挑战的工作者，他们挥洒才智与汗水，在荆棘中远征，直至冲上云霄！

创新创业启示

阅读上述案例，谈一谈你从中得到的启发。

_____

_____

_____

_____

_____

_____

_____

_____